»Ich bin eine befreite Frau«
Peggy Guggenheim

DAS BUCH

Peggy Guggenheim ist die Personifizierung der Provokation, sie kümmerte sich nie darum, was man dachte: »Women's lib. Ich war eine befreite Frau, bevor es die Bezeichnung überhaupt gab«, sagte sie voller Trotz. Sie ist die Amerikanerin aus reichem Hause und wird Venedigs letzte Dogaressa, stets auf der Suche nach dem Funkeln in ihrem Leben. Aus schierer Langeweile braucht sie das Unkonventionelle. Alle zerreißen sich die Mäuler über sie, aber allen hat sie es gezeigt.
Zuerst sieht alles nicht nach einer rabenschwarzen Schafskarriere aus. Das Kind jüdischer Eltern ist still, aber immer unglücklich, denn über Gefühle darf in der Familie nicht gesprochen werden. Dann stirbt der Vater beim Untergang der Titanic in den eiskalten Fluten: Peggys Leben beginnt. Endlich. Sie kann jetzt alle Moralvorstellungen abstreifen, eben die Männer nur so konsumieren. Doch der Rastlosen reicht das bald nicht mehr. Die Stunde der Kunst und der Künstler ist gekommen, von deren Glanz möchte sie ein Stück abbekommen.
Die Hindernisse können nicht groß genug sein. Nur davon fühlt sie sich belebt. Sie kauft zeitweise jeden Tag ein Bild und erweist sich als kühle Busineßlady. Sie steigt zu Spottpreisen in die Szene ein und erwirbt sich damit endlich Achtung. Alle Welt kennt sie nun, bewundert sie als Kunstmäzenin. Der Ruf der Erbin hat sie abstreifen können.
Peggy Guggenheim ist immer ganz sie selbst – bis in ihren Tod. Sie gibt alles aus, was sie hat, und noch mehr. Kinder und Enkel gucken in die Röhre. Aber Peggy war es immer schon egal, was man von ihr dachte . . .

DIE AUTORIN

Annette Seemann, 1959 in Frankfurt am Main geboren, studierte Germanistik und Romanistik an der Universität Frankfurt sowie in Poitiers. Sie schloß ihr Studium 1986 mit einer Promotion in der vergleichenden Literaturwissenschaft ab. Seitdem arbeitet sie als freie Übersetzerin aus dem Französischen und Italienischen sowie als Autorin. Sie ist freie Mitarbeiterin des FAZ Magazins.
Annette Seemann ist verheiratet und Mutter von drei Kindern.

ANNETTE SEEMANN

»Ich bin eine befreite Frau«

Peggy Guggenheim

LIST TASCHENBUCH

Besuchen Sie uns im Internet:
www.list-taschenbuch.de

Dieses Taschenbuch wurde auf FSC-zertifiziertem Papier gedruckt. FSC (Forest Stewardship Council) ist eine nichtstaatliche, gemeinnützige Organisation, die sich für eine ökologische und sozialverantwortliche Nutzung der Wälder unserer Erde einsetzt.

Originalausgabe im List Taschenbuch
List ist ein Verlag der Ullstein Buchverlage GmbH, Berlin
5. Auflage 2006

Umschlaggestaltung und Konzeption: RME Roland Eschlbeck und Kornelia Bunkofer (nach einer Vorlage von Hauptmann & Kompanie Werbeagentur, München-Zürich)
Titelabbildung: Peggy Guggenheim, sechziger Jahre: Foto: Archiv für Kunst und Geschichte GmbH, Berlin
Lektorat: Ulrike Preußiger-Meiser, Düsseldorf
Satz: KompetenzCenter, Mönchengladbach
Papier: Munken Print von Arctic Paper Munkedals AB, Schweden
Druck und Bindearbeiten: Clausen & Bosse, Leck
Printed in Germany
ISBN-13: 978-3-548-60318-6
ISBN-10: 3-548-60318-1

INHALT

VORWORT

Wäre Peggy Guggenheim noch am Leben, könnte sie in diesem Jahr (1998) ihren 100. Geburtstag feiern. Sie wurde am 26. August 1898 in New York geboren und starb am 23. Dezember 1979 in Padua. Ihre Lebenszeit umfaßte den Ersten und den Zweiten Weltkrieg, das Wirtschaftswachstum nach dem Krieg und die Studentenrevolution. Wichtiger für sie war jedoch, daß sie alle bedeutenden Kunstströmungen unseres Jahrhunderts aus nächster Nähe miterleben konnte.

Peggy Guggenheim ist in ungeheurem Luxus aufgewachsen – ihre Familie stellte die bedeutendsten Kupfermagnaten der Vereinigten Staaten. Als sie erwachsen war, löste sie sich aus den von ihr als Fesseln empfundenen Familienbanden, ließ die Werte ihrer Erziehung hinter sich und suchte Aufnahme in den Kreisen der Pariser Bohème. Sie fand sie über ihre Beziehung und baldige Heirat mit dem König der Bohemiens, Laurence Vail. Doch auch die Ehe war nur eine Etappe in ihrem bunten Leben. Peggy wurde Mutter zweier Kinder und ließ sich nach sieben Jahren scheiden. Sie fand in verschiedenen, teils längeren, teils kürzeren Beziehungen zwar meist nicht das ersehnte Glück, sammelte jedoch außergewöhnliche Erfahrungen und wurde ihrer Familie mehr und mehr zum Dorn im Auge, was ihr nichts ausmachte. Gleichzeitig begann Ende der dreißiger Jahre für sie die Epoche ihrer Sammelleidenschaft. Mehr durch historischen Zufall als durch Planung wurde Peggy Guggenheim mitten im Zweiten Weltkrieg sehr rasch zu einer der bedeutendsten Sammlerinnen moderner Kunstwerke. Auch in diesem Bereich erwies sie sich als rebellisch-widerständige Individualistin. Ihr Instinkt für qualitätvolle moderne Kunst war außerordentlich.

1947 erfüllte sie sich einen Wunschtraum – sie kaufte einen Palazzo am Canal Grande in Venedig. Und die Familienmitglieder, die sie wegen ihrer unmoralischen Lebensführung lange abgelehnt hatten, näherten sich gegen Ende ihres Lebens aufgrund ihrer Verdienste um die moderne Kunst wieder an.

1. KAPITEL

Aufstieg der Guggenheims – ein amerikanischer Traum

Peggy Guggenheim hat das erste Kapitel ihrer Autobiographie »Gilt-edged Childhood«, »Kindheit mit Goldrand« betitelt.

Sie beginnt dieses Kapitel, beginnt ihre Memoiren mit einem charakteristischen Bonmot, dem eine paradoxe Äußerung folgt: »Ich kann mich nicht gut erinnern. Ich sage immer zu meinen Freunden: ›Erzählt mir nichts, von dem ihr nicht wollt, daß es wiederholt wird. Ich kann mir einfach nicht merken, daß ich das nicht soll. Immer wieder vergesse ich alles und wiederhole es dann.‹« Im Jahre 1923 begann ich damit, meine Erinnerungen aufzuschreiben. Sie fingen so an: »Ich stamme von zwei der besten jüdischen Familien ab. Einer meiner Großväter wurde wie Jesus Christus in einem Stall geboren, oder besser: über einem Stall in Bayern, und mein anderer Großvater war Hausierer.«

Hier erheben sich erste Fragen. Wie kam es in nur zwei Generationen zu dem ungeheuren Reichtum der Familie Guggenheim bzw. Seligman, von der Peggy mütterlicherseits abstammt?
Die Frage des Geldes ist wichtig für die Einschätzung von Peggys Charakter und ihrer späteren Bedeutung: Vieles, was sie in ihrem Leben unternahm, wäre ihr ohne diesen Reichtum nicht gelungen. Das wußte sie, und zumal als sie älter wurde, wurde es zum Problem für sie.
Die mütterlichen Vorfahren: Um 1800 sind die Seligmans, Juden ebenso wie die Guggenheims, seit einem Jahrhundert in dem kleinen Dorf Baiersdorf bei Nürnberg ansässig. David Seligman ist Schneider. Mit elf Kindern gesegnet, hat die Familie selten genug zu essen. Doch dem ältesten Sohn Joseph finanzieren die Eltern – irgendwie – ein Universitätsstudium, damals der Beginn so mancher glänzender Karriere.
Das Jahr von Josephs Überfahrt nach Amerika ist 1837. Die Biographin Laurence Tacou-Rumney spricht von 100 Dollars, die der mutige junge Mann, »in den Hosenboden eingenäht«, in die Neue Welt mitnimmt. Über die Gründe der Auswanderung schweigt sie – wahrscheinlich glaubte der junge Mann, im Land der tausend Möglichkeiten Amerika könne man mit guter Arbeit rasch zu Geld kommen. Anders als in Deutschland.
Zwei Jahre später hat Joseph tatsächlich durch Hausieren mit Uhren, Ringen, Messern und anderem so viel einnehmen können, daß er seiner Mutter das geliehene Geld zurückzahlen und zwei seiner Brüder nachkommen lassen kann. Jetzt machen sich James Seligman, der einmal Peggys Großvater sein wird, und sein Bruder William auf die Reise.
Hier erst setzt Peggys Bericht ein, die sich nicht bei für ihre Erzählabsicht überflüssigen Personen wie Joseph Seligman aufhält. Im Unterschied zu dem Älteren reist der Jüngere mit nur 40 Dollars Wegzehrung, erwähnt Peggy und nennt als seine erste Tätigkeit das Dachdecken, während Tacou-Rumney behauptet, er sei zunächst mit den Brüdern als Hausierer unter-

wegs gewesen, bis sie wenig später in Lancaster in Pennsylvania ihr erstes festes Geschäft eröffneten. Für Peggy sind diese Jahre ihres Großvaters unwichtig, unwichtig ist auch, daß man bald nach 1842 nach New York expandierte, daß man einen großen Gewinn aus dem Gold-Rush in Kalifornien ziehen konnte, daß die gesamte Familie ab 1842 nachgekommen war und die drei Brüder bei ihren geschäftlichen Aktivitäten unterstützte, daß der Handel mit Gold auf den Märkten New Yorks es war, der den großen Reichtum der Familie initiierte. Für Peggy ist der nächste erwähnenswerte Karrierepunkt des Großvaters erst wieder das Uniformschneidern für die Soldaten des Amerikanischen Bürgerkriegs im Jahre 1861. Wie riskant dieses Geschäft jedoch für damalige Verhältnisse war, interessiert sie nicht.

Dennoch ein kurzer Exkurs: Der verschuldete Staat lieh sich Geld bei den Seligmans, die ihrerseits nach Europa reisen mußten, um wieder flüssig zu werden. Erst diese Kette von Ereignissen führte dazu, daß die Seligmans nun begannen, sich als internationale Bankiers zu betätigen. Peggy erwähnt lapidar, ihr Großvater sei dann später ein angesehener Banker und Vorsteher des Tempels Emanu-El (der wohl »feinsten« Synagoge New Yorks) geworden. Wichtig ist wohl auch – wenngleich für Peggy nicht –, daß gegen Ende des Amerikanischen Bürgerkriegs in Europa und Amerika insgesamt 104 Mitglieder des Seligman-Clans leben, von denen alle männlichen Erwachsenen im und für das Familienunternehmen arbeiten. Tacou-Rumney vergleicht diese enorm verschlungene Struktur von Privatem und Geschäftlichem sehr zu Recht mit der der Familie Rothschild.

James Seligman gelingt es – und zwar einzig und alleine aufgrund seines Reichtums –, in eine der ältesten jüdischen Familien New Yorks einzuheiraten. Eigentlich ist die Familie Content zu fein, um sich mit Parvenus wie den frischeingewanderten Seligmans zu verbinden. Doch James Seligman hat Glück. Rosa

Content wird ihm eine gute Frau, mit der er im Laufe der Jahre acht Kinder haben wird, die alle, das bezeugt auch Peggy, als Erwachsene sehr exzentrisch waren. Da gibt es zum Beispiel Tante Frances mit der schönen Sopranstimme, die an jeder Bushaltestelle Tonleitern singt, nur schlampig gekleidet ist, immer eine Rose im Haar trägt und mit ihrem langen Schleppkleid die Straße fegt. Sie will es so. Da gibt es auch jene andere Tante, die aus Reue darüber, daß sie eine (eingebildete) Liaison mit ihrem Apotheker hatte, schwermütig wird und ins Heim kommt. Der attraktivste Seligman-Onkel lebt in nur zwei Zimmern, gibt aber sein gesamtes Geld für Pelzmäntel aus, die er an junge Mädchen verschenkt. Alle diese Onkel und Tanten der Familie Seligman sind übrigens notorische Spieler. Peggy betont, daß die Seligmans, die ihrerseits verglichen mit den Contents als weniger fein galten, gegenüber den Guggenheims immerhin bei weitem die feinere Familie waren, die Guggenheims seien die Reicheren gewesen. Woher nun stammten sie, und wie wurden sie reich?
Peggy erwähnt das Dorf Lengnau in der deutschsprachigen Schweiz. Lengnau im Kanton Aargau, ein Dorf mit 2116 Einwohnern heute. Bereits im 18. Jahrhundert hatte man die Juden in der Schweiz auf zwei Ghettos in der Landvogtei Baden verteilt: Lengnau und Endigen. Ursprünglich kamen diese Juden aus Deutschland, von wo sie vertrieben worden waren. Der Aufenthalt in der Schweiz war mit harten Restriktionen verbunden: Juden war kein Landbesitz erlaubt mit Ausnahme des eigenen Wohnhauses. So kam für sie das Leben als Bauer in einer vollagrarischen Gemeinde nicht in Frage. Die Häuser der Juden in der Gemeinde waren auf 108 beschränkt, und nur dann konnte ein Jude ein Haus käuflich erwerben, wenn dieses Haus zuvor bereits dreimal zum Kauf angeboten war und kein Christ es hatte kaufen wollen. Man kann sich ungefähr vorstellen, was für Häuser das gewesen sein mußten. Doch weiter im Text der Unterdrückung: Die Häuser der Juden mußten Stroh-

dächer haben, keine Dächer mit Schindeln. Die Häuser durften nicht vergrößert oder außen verändert werden, und die Juden Lengnaus und Endigens besaßen auch nicht die Bürgerrechte.

Dem Erwerb von Wohlstand waren ebenfalls strenge Grenzen gesetzt. Juden mußten alle sechzehn Jahre vom Landvogt ein Dokument kaufen, das sie unter seinen Schutz stellte – eine Art Aufenthaltsgenehmigung, die immerhin ein halbes Jahreseinkommen kostete. Waren Juden zu einigem Reichtum gekommen, wurden die Schutzabgaben drastisch angehoben. Viele andere Ungerechtigkeiten, die meist zu Zahlungen führten, waren üblich. Darüber hinaus gab es massive Einschränkungen in der Berufswahl. Mit Ausnahme der Berufe des Geldverleihers, des Hausierers, des Krämers und Schneiders waren den Juden alle übrigen Erwerbszweige verschlossen.

Und kamen Juden auf die Idee zu heiraten – was natürlich nur wieder unter Juden möglich war –, so war eine Heiratserlaubnis nötig, die die Braut nur erhielt, wenn ihre Mitgift mindestens 500 Gulden betrug (wovon ein Teil als Steuer einbehalten wurde). Hier ist anzumerken, daß man für den Betrag von 500 Gulden damals etwa im Appenzeller Land – und die Preise im Aargau dürften sich nicht erheblich davon unterschieden haben – ein kleines Wohnhaus oder acht Kühe kaufen konnte. Es war also das Verheiraten von jungen jüdischen Mädchen eine äußerst kostenaufwendige Angelegenheit, die nur wenigen Familien gelang.

Wie sieht es unter diesen Umständen in der Familie Simon Guggenheims aus? Sie ist seit mehr als 150 Jahren in der Landvogtei Baden ansässig. Simon ist Schneider. Zwar hat sein Großvater ein Vermögen ansammeln können, doch dieses wurde im Lauf der Jahre durch die immer höheren Abgaben, die den Juden aufgebürdet wurden, aufgezehrt. Simon Guggenheim muß daher ganz von seinen mageren Einkünften leben. Seine Frau ist vor kurzem gestorben. Er hat sechs Kinder. Fünf Töchter sind es und nur ein Sohn, Meyer, der als Hausierer durchs Land reist. Die Lage ist aussichtslos – nie wird es Simon gelingen, Geld auch nur für die Mitgift einer seiner Töchter aufzubringen. Vielleicht hätte er sich in sein Schicksal gefügt, aber was zuviel ist, ist zuviel. Simon Guggenheim schäumt vor Wut, denn die Obrigkeit will ihm auch noch die zweite Heirat untersagen. Er hat sich in die Witwe Rachel Weil Meyer verliebt. Sie ist 41, er 55. Sie hat sieben Kinder, er sechs. Die Begründung für das Heiratsverbot in der Schweiz ist die stereotype: Man gehe davon aus, die Familie habe kein genügend großes Einkommen, um sich erhalten zu können.

Das Maß für Simon und Rachel ist voll. Auch sie haben gehört, daß Juden nach Amerika ausgewandert sind, daß es dort keine einschränkenden Gesetze gegen Juden, keine Sonderabgaben für sie gibt. Im Jahre 1848 beschließen Rachel und Simon daher, beide in fortgeschrittenem Alter, mit zwölf ihrer insgesamt dreizehn Kinder nach Amerika auszuwandern.

Die Bedingungen auf der Überfahrt von Hamburg nach Philadelphia sind katastrophal, das Schiff ist überfüllt, die Hygiene entsprechend, die Essensrationen klein. Aber für den jungen Meyer Guggenheim ist diese Schiffsreise trotzdem schön, denn er verliebt sich in die Tochter seiner Stiefmutter, in die 15 Jahre alte Barbara.

Erst an dieser Stelle beginnt Peggy mit dem Bericht über ihre väterlichen Vorfahren: »Mein anderer Großvater, Meyer Guggenheim, lebte glücklich mit der Tochter seiner Stiefmutter, die er geheiratet hatte. Sie zogen eine noch größere, wenn auch weniger exzentrischere Familie auf als die Seligmans. Es gab sieben Brüder und drei Schwestern. Sie bekamen 23 Enkelkinder. Als meine Großmutter starb, sah die Köchin nach meinem Großvater. Sie muß seine Geliebte gewesen sein. Ich erinnere mich daran, daß sie heftig weinte, weil sich mein Großvater übergab. Meine einzige andere Erinnerung an diesen Gentleman ist, wie er durch New York fuhr, in einem Pferdeschlitten.

Er fuhr alleine und trug einen Mantel mit einem Kragen aus Seal und einer passenden Mütze. Er starb, als ich noch sehr klein war.«

Wieder fällt auf, daß Peggy alles, was in der für sie bereits fernen Familienvergangenheit stattfand, alles, was mit Armut, Rechtlosigkeit und harter Arbeit zu tun hat, selbst in einer an sich objektiven Erzählung dieser Vergangenheit ausspart. Höchstens in Form des Bonmots, des Paradoxes haben diese Dinge ihren Platz. Mit ein paar Strichen tuscht sie das Bild dieser Familien hin: hier die feinen Seligmans, dort die reichen Guggenheims. Interessant sind ihr immer die Abweichungen von der Norm, exzentrisches Verhalten oder Seitensprünge, Eigentümlichkeiten, die ja auch bei ihr eine erhebliche Rolle spielen werden.

Ihr erzählerisches Ziel ist es, schnell bei ihrer Geburt und allem, was folgte, anzulangen. Die Verbindung mit den Vorfahren ist in ihren Augen uninteressant. Daher werden alle Details ausgelassen, so die auch nicht uninteressante Geschichte, wie Meyer Guggenheim, Peggys Großvater, zu seinem Reichtum kam. Sie sei nachgeholt.

Die erste Illusion, die der junge Mann verliert, ist die von der Gleichheit aller Menschen in Amerika. Zwar ist es ihm als Juden gestattet, jedes Geschäft, das ihn interessiert, einzugehen, sozial jedoch gibt es Barrieren zwischen der guten, und das heißt christlichen Gesellschaft, und den Juden. Simon, der Vater, und Meyer, der Sohn, beginnen sofort mit dem Gelderwerb durch Hausieren. Der Vater in Philadelphia, der Sohn auf dem Land, in Pennsylvania. Meyer, erfindungsreich wie er ist, hält sich allerdings nicht lange bei dem sicheren, jedoch wenig einträglichen Verkauf von Schnürsenkeln, Nadeln und Herdreinigungspaste auf. Er hat begriffen, daß er als unterstes Glied in der Reihe der Positionen vom Rohstoff bis zum Verkauf des fertigen Produktes zwar viel und anstrengend arbeitet, aber am wenigsten verdient. Daher läßt er den beliebtesten Verkaufsar-

tikel seines Sortiments, die Herdreinigungspaste, chemisch analysieren, verbessert ihre Formel und stellt sie kurzentschlossen mit Hilfe des alten Simon und einer gebraucht gekauften Wurstmaschine selber her.
Jetzt beträgt sein Gewinn ein Vielfaches des früheren Satzes, und er hat nach vier Jahren des Lebens und Arbeitens in den Vereinigten Staaten genug Geld beisammen, um Barbara zu heiraten und mit ihr ein eigenes Haus zu mieten. Doch dies ist erst der Anfang eines, wie man immer wieder hört, typisch amerikanischen Märchens.
Der alte Simon ist mittlerweile in die zweite Reihe getreten, und Meyer ist das Oberhaupt der zahlreichen Geschwister, Halbgeschwister und im Laufe der Jahre immer wachsenden eigenen Kinderschar.
Wie war dieser Patriarch als Mensch, was zeichnete ihn aus? Meyers Liebe zum Geld grenzte, so behaupten Zeitgenossen, an das Pathologische. Er war äußerst schweigsam, bis zur Kälte, was durch die erworbenen geschmeidigeren Qualitäten des Händlers zunächst überdeckt wurde. Er liebte Musik. Er war sehr klein. Auffallendstes Kennzeichen war seine Kartoffelnase, die er durch die Generationen an fast alle Abkömmlinge der Familie vererbte. Auch an die Enkelin Peggy. Er galt als äußerst mißtrauisch. Alle Personen, die nicht zur Familie gehörten, wurden prinzipiell aufmerksamst beäugt. Meyers unerschütterliche Überzeugung, die gewiß wesentlich seine Erfahrungen als Kind und Jugendlicher widerspiegelt, war, daß großer Geldbesitz allein die Bedingung zu einem sicheren und glücklichen Leben ist. Diese Überzeugung wird dereinst von seiner Enkelin Peggy grundsätzlich in Zweifel gezogen werden.
Meyer Guggenheims Motto lautete: »Die gerösteten Tauben fliegen einem nicht von selbst in den Mund.«
Während sich der Patriarch Meyer ausschließlich für seine Geschäfte und hierbei besonders für immer neue, vielversprechende Investitionen interessiert, das Geldausgeben zu ande-

rem als akkumulativen Zwekken haßt, ist Mutter Barbaras Sinnen und Trachten ausschließlich auf das Wohlergehen der Kinder, die Ordnung im Haushalt und die Wohltätigkeit gerichtet. Wie sich diese verschiedenen Wesenszüge dereinst bei Peggy sowohl mischen wie verändern werden, wie sie aber auch zum Teil verschwinden, wird zu zeigen sein.

Meyer Guggenheim (1828–1905), Peggys Großvater väterlicherseits, das geniale Oberhaupt der Familie: Sein geschäftlicher Spürsinn wurde legendär. (Foto: University of Oklahoma Libraries, Bass Collection)

Die Kinder also sind Barbaras ganzer Stolz – der Erstgeborene (1854) ist Isaac, es folgen Daniel (1856), Murry (1858), Solomon (1861), Jeannette (1863), Benjamin (1865), die Zwillinge Simon und Robert (1867), William (1868), Rose (1871) und Cora (1873). Elf Kinder in 19 Jahren – mit steigendem Kinderreichtum und dem Wachstum des Vermögens angemessenen Abständen zieht die Familie in immer größere Häuser in immer vornehmeren Vierteln von Philadelphia.

Meyer handelt übrigens schon lange nicht mehr mit Herdreinigungspaste, er ist groß eingestiegen. Er investiert: zuerst in Eisenbahnaktien, ein florierendes, neues Terrain. Außerdem importiert er Spitzen und Stickereien aus der Schweiz, wo die Juden mittlerweile auch freier leben und Geschäfte treiben dürfen.

Die Kinder wachsen heran – Meyers Strenge und Sparsamkeit auf der einen Seite, Barbaras alles verzeihende Liebe und Großzügigkeit auf der anderen sind die Eckpfeiler des Erziehungs-

systems. Mit Ausnahme des jüngsten Sohnes, William, ist keiner der Söhne an einem Universitätsstudium interessiert. Vielmehr treibt es sie früh in das Geschäftsleben, das von Meyer zur Vollkommenheit vertretene »wahre« Leben. Die Unterweisung in der jüdischen Religion spielt bereits in dieser Generation eine äußerst geringe Rolle. Die einzige fromme Person der Familie ist Barbara Guggenheim. Meyer schickt die vier älteren Söhne nach Europa, um sie sprachlich wie fachlich – im Bereich der Spitzenherstellung – gut ausbilden sowie um ihnen den begehrten europäischen Schliff ihrer Manieren verpassen zu lassen. Die beiden jüngeren Söhne bleiben in Amerika (Simons Zwilling Robert ist im Alter von elf Jahren an den Folgen eines Sturzes vom Pferd gestorben), die Mädchen werden auf die Heirat vorbereitet – in katholischen Schulen zuerst, später in Paris in sogenannten »Finishing Schools«.
Meyer läßt sich die Ausbildung seiner Kinder etwas kosten, ganz gemäß seines Grundsatzes, daß nur Investitionen zählen. Er geht davon aus, daß alle seine Kinder bald in und für die Familie tätig sein, daß sie somit den Wohlstand und das Glück der Guggenheims mehren werden. Ein Glück außerhalb dieses Kreises existiert für ihn nicht, daher darf es auch nicht für eines seiner Kinder existieren. In diesem Sinne ist die Gründung der Familienfirma M. Guggenheim and Sons im Jahre 1877 zu verstehen – jeder der erwachsenen Söhne erhält einen gleichen Anteil, die jüngeren, die noch nicht das Alter erreicht haben, eintreten zu können, werden versichert, der Platz in der Firma stehe für sie bereit. Gegen das Votum der älteren Söhne hält Meyer daran fest, daß auch die später eintretenden Söhne einmal zu gleichen Anteilen im Familienunternehmen arbeiten können. Meyer Guggenheims Bestreben ist es, das Gleichheitsprinzip unter den Söhnen aufrechtzuerhalten, koste es, was es wolle. Und worin drückt sich Gleichheit mehr aus als in gleicher Bezahlung?
Im Jahre 1879 beträgt das Vermögen Meyer Guggenheims

800 000 Dollar – er ist fast ein Millionär, und das, obwohl die entscheidenden Geschäfte, die, mit denen der Name Guggenheim in Amerika berühmt wird, noch nicht einmal angedacht worden sind.
Viele Bekannte raten ihm ab, als ein Bekannter ihm im Jahre 1881 Anteile an zwei Blei- und Silberminen in Leadville, Colorado, anbietet, doch Meyer, der zu diesem Zeitpunkt keine Ahnung vom Minengeschäft hat, kauft und steht wenige Wochen später vor den Schächten der mittlerweile überraschend überschwemmten Minen A.Y. und Minnie. Mehr Geld braucht es, um die Minen leerzupumpen. Meyer zahlt, und immer noch mehr Geld kostet die Sanierung der Minen. Fast ärgert es ihn – da trifft im August des Jahres ein Telegramm in Philadelphia ein, das in knappen Worten verkündet, in den bisher nur mäßig abwerfenden Minen seien enorme Funde an Silber und Blei zutage gefördert worden. Tatsächlich hatte erst die Sanierung der Minen es ermöglicht, den Boden besser auszuschachten. In wenigen Jahren häuft Meyer jetzt ein Vielfaches seines bisherigen Vermögens an – 15 Millionen Dollar bringen ihm die beiden Minen alleine ein. Da lohnt es sich schon, die in Abständen leider immer wieder auftretenden Streiks der Minenarbeiter, die bei gewiß keineswegs üppigem Lohn 12 Stunden am Stück arbeiten müssen, mit Gewalt brechen zu lassen.
Als nächstes macht sich Meyer aus Ärger darüber, daß – wie schon im Fall der Herdreinigungspaste – der Schmelzofenbesitzer eigentlich den größten Profit aus seinem Erz zieht, daran, auch eigenständig in das Schmelzgeschäft einzusteigen. Er schickt seinen zweitjüngsten Sohn, Benjamin, nach Colorado auf die Minenschule, kauft die Mehrheit der Anteile eines Schmelzofens und errichtet nach diesem Vorbild gleich noch einen zweiten in Pueblo. Diesen übergibt er seinem jüngsten Sohn William.
Bald wird Meyer deutlich, daß ein so bedeutendes Geschäft wie das von Minen und Schmelzöfen nicht nur seine gesamte Ar-

beitskraft, sondern auch die aller seiner Söhne benötigt, um gut und erfolgreich geführt zu werden, und daher zitiert er Isaac, Daniel, Murry, Solomon und die anderen, die in aller Welt verstreut sind, nach Hause und bespricht mit ihnen die Vorgehensweise.

Die Söhne sind zaghaft, denn die Schmelzöfen tragen Verluste ein, Verluste, die sich täglich steigern, dazu streiken die Schmelzarbeiter, weil sie den Zwölfstundentag bekämpfen. Sie wären lieber in der friedlichen Sphäre ihrer Spitzen- und Stikkerei-Importe geblieben.

Doch hier kommt noch einmal Meyers große Stunde: Er spricht deutliche Worte. Ein mittelmäßiger Wohlstand alleine reicht ihm nicht. Ein guter Name in Fachkreisen auch nicht. Erstens möchte er, daß der Name Guggenheim weltweite Bedeutung erhält. Und zweitens will nicht nur er ein vermögender Mann sein, sondern die Voraussetzungen dafür schaffen, daß alle seine Söhne bald mindestens ebenso vermögend sind.

Die Söhne nicken ergeben und ziehen gemeinsam mit Meyer, dem Weitsichtigen, aus Philadelphia weg nach New York, dem neuen amerikanischen Finanzplatz, der Philadelphia abgelöst hat. Das alles passiert im Jahr 1888/89.

Welten zwischen Philadelphia und New York tun sich auf – hier die alte amerikanische Hauptstadt, in der die zuerst gekommenen Familien sich als Aristokraten fühlen und keinen Newcomer, geschweige denn einen Juden eindringen lassen, dort der nur am Big Business interessierte New Yorker, der auch in sozialer Hinsicht offener ist. Diesmal ziehen die Guggenheims gleich in die richtige Gegend, Manhattan, West Fifties. Nachbarn des Sohns Daniel sind die Astors, Vanderbilts und Rockefellers.

Doch Meyers Ziel ist immer noch nicht erreicht. Da er begreift, daß die beiden Minen in Colorado über kurz oder lang ausgebeutet sein werden, entwickelt er das Vorhaben, nach Mexiko zu expandieren, wo bedeutende Blei- und Silberminen liegen. Er schickt seinen Sohn Daniel direkt zu dem mexikanischen

Benjamin Guggenheim (1865–1912), Peggys eleganter Vater, ein homme à femmes, den diese Leidenschaft auch das Leben kostete – er kam auf der Titanic ums Leben. (Foto: Ullstein Bilderdienst)

Präsidenten Diaz, und das Wunder geschieht: Daniel Guggenheim erhält die Erlaubnis, Minen in Mexiko zu bauen, gleichfalls Schmelzöfen, das Material hierfür ohne Zoll zu importieren und das Kapital steuerfrei zu investieren. Diaz ist heilfroh, daß Leute von der Statur der Guggenheims in seinem noch nicht industrialisierten Land einsteigen möchten. Eine große Stunde des Glücks für die Familie Guggenheim!

Meyer, wie in dem Märchen vom Butt die Frau, ist immer noch nicht zufrieden. Er gibt eine neue Parole aus: *Alle* Minen und Schmelzöfen Amerikas müssen aufgekauft werden! Genau in dieser Zeit kehrt Benjamin Guggenheim, nachdem er als einziger der Söhne im mexikanischen Minengeschäft einige Patzer zu verantworten hatte, nach New York zurück. Ob gezwungen oder freiwillig, ist nicht bekannt. Wie schon in Mexiko interessieren den gutaussehenden reichen jungen Mann im wesentlichen die Frauen. Wechselnde Beziehungen. Wir schreiben die Jahre 1893/94.

Plötzlich, Anfang 1895, hat aber auch Benjamin Guggenheim eine Idee. Keine Idee zwar von der Art: Ich möchte eine Mine kaufen. Oder doch? Ben möchte heiraten. Vielleicht sagt er sich, daß er nun dreißig Jahre alt ist, ein Alter, in dem alle seine Brüder schon seit längerem verheiratet waren. Vielleicht auch lockt ihn der gute Name seiner Braut. Ihre Mitgift. Vielleicht ist er in sie verliebt. Vielleicht ist es ein Gemisch all dieser Gründe.

James und Rose Seligman sind merkwürdigerweise trotz des enormen Reichtums der Guggenheimfamilie nicht gerade entzückt über den Antrag, den der gutaussehende Benjamin ihrer jungen Tochter Florette macht. Man bedenkt die Schweizer Parvenus in den »feineren«, da älteren deutsch-jüdischen Kreisen New Yorks mit dem Spitznamen »die Googs«, behauptet, sie seien traditionslos und ohne Manieren.

2. KAPITEL

»Kindheit mit Goldrand«

Noch im selben Jahr, 1895, wird das erste Kind Florettes und Benjamins geboren. Benita ist zeit ihres Lebens die große Liebe für die um drei Jahre jüngere Tochter Peggy, eigentlich Marguerite.

Sie war bei der Erwähnung Meyer Guggenheims im eleganten Schlittenpelz stehengeblieben, danach macht sie einen Absatz und fährt munter-sprunghaft fort: »Ich wurde in der 69. Straße Westen in New York City geboren. Ich kann mich an keine Einzelheit erinnern. Meine Mutter erzählte mir, ich sei, während die Schwester ihr die Wärmflasche frisch gefüllt habe, mit meiner üblichen Geschwindigkeit in die Welt gerast und habe wie eine Katze geschrien.«

Nur wenige Sätze später berichtet sie über den ersten Umzug ihres Lebens – dem unzählige folgen sollen: »Bald zogen wir in ein Haus in der 72. Straße Ost in der Nähe des Parkeingangs (gemeint ist der Central Park, A.S.). Unsere Nachbarn waren die Stillmans und die Rockefellers. Uns gegenüber lebte Präsident Grants Witwe. Als ich fast fünf Jahre alt war, wurde hier meine zweite Schwester, Hazel, geboren. Ich war teuflisch eifersüchtig auf sie.«

Drei Dinge erscheinen bemerkenswert in diesen Sätzen, mit denen Peggy ihr eigenes Leben einleitet: Zunächst betont sie ihre Vitalität und Schnelligkeit – jeder, der sie kannte, hob diese Züge an ihr hervor. Wichtig hier ist, daß die, die als schnell und vital eingeschätzt wird, sich entweder mit diesen Eigenschaften *selbst erkennt* oder aber die allgemein übliche Einschätzung ihrer Person übernimmt.

Zum zweiten ist die Beschreibung des neuen Hauses interessant, denn sie ist nicht wertfrei – es wird weder ein hübsches Haus beschrieben noch ein großes oder sonstwie äußerlich besonderes, statt dessen ein Haus in einer bestimmten sozialen Umgebung. Das ist wichtig, denn diese Umgebung ist die denkbar beste. Nur sowohl sehr reiche wie sehr bedeutende Leute – keineswegs ausschließlich Juden – können in diesem Stadtviertel am Park leben. Wer so schreibt, für den ist, selbst wenn er sich aus seinen Kreisen gelöst haben sollte, die soziale Anerkennung immer noch äußerst wichtig. Auch dies wird bei der Betrachtung von Peggy Guggenheims Rebellion von Interesse sein.

Drittens ist die Betonung der eifersüchtigen, also konfliktreichen Beziehung zur jüngeren Schwester von Bedeutung. Ist Benita, die große Schwester, die gute, die geliebte, so muß – innerhalb des Peggykosmos – Hazel die böse kleine Schwester sein. Warum? Mit Peggys äußerer Schnelligkeit und Vitalität verbindet sich grundsätzlich auch die Schnelligkeit ihres Intellekts, ihre Fähigkeit, in kürzester Zeit ein Urteil zu fällen über einen Menschen, eine Sache, eine Situation, ein Kunstwerk. Sie weiß immer sofort, ob ein Mensch interessant oder uninteressant, ein Kunstwerk gut oder schlecht ist. Meist haben diese Urteile etwas Frappierendes, sie überrumpeln. Man neigt spontan zur Zustimmung. Aber manchmal wirken sie im Gegenteil naiv, vereinfachend, schwarz-weiß-gezeichnet, kurz: kindlich. Für das Kind Peggy ist das Denken und Urteilen in groben Kontrasten angemessen – sie grenzt sich von Hazel ab, denn sie ist auf die Jüngere eifersüchtig, die Eigenschaften hat oder Zuwendungen bekommt, die Peggy auch gerne hätte. Bei der erwachsenen Peggy ist diese Eigenschaft, je älter sie wird, um so verblüffender.

Ein Grund für Peggys Wunsch nach Rebellion könnte also in der frühkindlichen Eifersucht begründet sein, in dem übermächtigen Bedürfnis, mehr Zuwendung als die anderen zu erhalten. Dies wird im weiteren Verlauf auszuführen sein, erhält jedoch seine spannungsreiche Motivation durch das Ringen des Kindes Peggy – zusammen mit vielen anderen Frauen – um seinen Vater.

Es folgt in Peggys Text die genaue Beschreibung des Hausinnern. Wieder hebt sie die ungeheure Eleganz und Pracht des Hauses hervor, das ganz und gar nach den Vorstellungen des Vaters hergerichtet wurde. Wieder sind nicht die Schönheit oder Kälte oder Gemütlichkeit des Hauses bedeutsam, also nicht das Atmosphärische, sondern die Attribute von Reichtum und Eleganz, die das Haus bedeutsam machen, das Vestibül mit den Glastüren etwa, der Marmoreingang, die zahlreichen Jagdtrophäen des Vaters – Insignien eines Leben als Gentleman – und die Glaskuppel, die das Treppenhaus überwölbt. Wir erfahren auch nicht, daß Benjamin Guggenheim beispielsweise Gemälde von Corot sammelte, wie Schwester Hazel kolportiert. Und nicht einmal ein Wort über das eigene Zimmer fällt. Dem Leser wird lediglich mitgeteilt, daß Peggy gemeinsam mit ihren Schwestern den vierten Stock bewohnt. Hingegen ist ihr die Aussage wichtig, daß die Wendeltreppe sich vom ersten bis in den vierten Stock zieht und sie sich noch genau an die Melodie erinnert, die der Vater erfunden hatte und die er pfiff, um sie herbeizulocken, wenn er spät nach Hause kam. Woher kam der Vater am Abend? Hazel berichtet, die Eltern seien »jeden Abend« in der Oper gewesen. Natürlich hört Peggy das beschwingte Pfeifen nach dem glänzenden Opernabend, und natürlich kommt sie herbei, denn sie betet den Vater an, der traumhaft schöne Anzüge und Krawatten trug.

Ist Benita die zentrale weibliche Gestalt im kindlichen Peggy-Kosmos, so ist der Vater – wen wundert es – der männliche Fixstern.

Daneben hat sie wenige angenehme Erinnerungen an die Kindheit. Ein Dienstmädchen ist einzig dazu angestellt, zu überwachen, daß sie genug ißt. Dabei hat sie nie Appetit. Die großen Tränen rollen täglich, und sie kann sich alleine dadurch helfen, daß sie sich übergibt.

Der Reichtum in den vorderen Räumen des Hauses, die Helligkeit und Sauberkeit der Zimmer kontrastiert auf eindrückliche Weise mit der primitiven Beschaffenheit der Dienstbotenquartiere im dunklen hinteren Teil, durchaus keine rein Guggenheimsche, vielmehr eine zeittypische Erscheinung. Peggy lebt sozusagen »zwischen« den Welten und hat Einblick in beide. Sie hat bereits als Kind ein Gefühl für soziale Probleme, empfindet Mitleid und versteht, daß es für arme Menschen ausweglose Situationen gibt. So ist die Geburt eines von der Dienstbotin unerwünschten Babys und dessen Tötung in der Küche des Hauses ein unvergessenes Ereignis für das Kind Peggy.

Dies um so mehr, da ihr Leben sich fast ausschließlich im Haus abspielt. Sie besucht bis zum Alter von fünfzehn Jahren keine öffentliche Schule, sondern wird von Hauslehrerinnen unterrichtet, ebenso wie ihre Schwestern. Demzufolge hat sie bis zu diesem Alter keine Freundinnen. Im nachhinein kommt ihr ihre Kindheit wie eine sich langhin ziehende Agonie vor.

Aber es gibt auch Interessantes aus der Kinderzeit zu berichten.

Als sie vier Jahre alt ist, reist sie gemeinsam mit den Eltern und der älteren Schwester zum ersten Mal nach Europa. In München läßt der kunstbegeisterte Vater Benjamin seine beiden Töchter von Franz Lenbach malen. Peggy kann sich nicht mehr daran erinnern, beklagt aber, daß ihr der Maler braune statt grüner Augen und rotes Haar statt kastanienbraunes gegeben hat. Ernst und fest schaut das kleine Mädchen den Betrachter an. Es steht gerade und trägt ein Kleid im Stil von Vandyck, einen dazu passenden Hut, eine wertvolle Kette um den Hals sowie einen Fingerring.

Das erste Geschenk, das Benjamin Guggenheim seiner Tochter macht, ist ein Armband – wie allen Schmuck für »seine Frauen« entwirft er ihn selbst: eine Kette mit Margeriten aus Diamanten und Perlen in Anspielung auf den ursprünglichen Namen Marguerite. Der Vater nennt sie immer Maggie, schreibt Peggy. Erst viel später wird sie Peggy.

Erinnernswert in der frühen Kindheit ist ihr auch ein schönes Puppenhaus, das sie besaß, und das schreckliche Schlittschuhlaufen im Winter im Park, dem sie mit schwachen Fußgelenken und schlechter Durchblutung nur halb gewachsen ist. Auch später wird ein Mißtrauen gegenüber den unterschiedlichen, in ihren Kreisen gepflegten Sportarten Kennzeichen ihrer Person bleiben, und die schwachen Gelenke sind verantwortlich für die vielen Verstauchungen und Brüche Peggys, wahrscheinlich auch für den finalen.

Peggys Erziehung in den frühen Jahren entspricht in fast allen Punkten der äußerst konventioneller, reicher Familien. Die Rollenerwartungen an das Mädchen sind eindeutig definiert: Es soll brav, schön, wohlerzogen und zurückhaltend sein. Die einzigen Besonderheiten der Erziehung liegen in des Vaters Interesse für den »guten Geschmack«, der für ihn auch das gute Auge für Kunstgegenstände meint, das er durch regelmäßige Europaaufenthalte schulen möchte und in der in dieser Zeit noch untypischen areligiösen Gesinnung der Familie.

Peggy nimmt den Faden der traurigen, einsamen Kindheit nach der Abschweifung in den Central Park wieder auf: »Meine Kindheit war nicht nur unmäßig einsam und traurig, sondern auch voller Qualen. Einmal hatte ich eine Kinderschwester, die drohte, sie würde mir die Zunge abschneiden, wenn ich all die schlechten Dinge zu meiner Mutter sagen würde, die sie, die Schwester, zu mir sagte. Voller Verzweiflung und Angst erzählte ich das meiner Mutter, und die Schwester wurde sofort entlassen. Auch war ich nicht besonders kräftig, und meine Eltern machten immer ein großes Getue um meine Gesundheit. Sie bildeten sich ein, daß ich alle Arten von Krankheiten hätte, und sie schleppten mich ständig zu Ärzten. Zu einer Zeit, ich war ungefähr zehn Jahre alt, hatten sie beschlossen, daß ich eine Darmstörung hätte, und sie fanden einen Arzt, der mir Darmspülungen verordnete. Sie wurden von Hazels Kinderschwester verabreicht, und da diese ganz ungeeignet für diese Aufgabe war, war das Ergebnis eine Katastrophe. Ich bekam eine akute Blinddarmentzündung, wurde um Mitternacht eilig ins Krankenhaus gebracht und sofort operiert. Tagelang wurde ich im Unwissen über die Operation gelassen, da sie dachten, ich wäre zu klein, um es mir zu erzählen. Jedenfalls glaubte ich ihre dummen Geschichten nicht und behauptete steif und fest, mein Bauch sei aufgeschnitten worden.«

Das Beispiel illustriert die eine Seite der widersprüchlichen Erziehung, die Peggy zuteil wird: Die Eltern lassen ihre Tochter im Unwissen über eine wichtige, ihren eigenen Körper betreffende Angelegenheit. Sie halten sie für zu klein und zu unreif, um die Notwendigkeit einer Operation zu verstehen.

Auf der anderen Seite, und das zeigen die folgenden Beispiele, beziehen die Eltern das Kind in das soziale Geflecht mit ein, und zwar in einem Maße, der von dem Kind als überfordernd betrachtet wird – Peggy stöhnt über die ewigen Tea-Partys, die ihre Mutter gibt und bei denen sie anwesend sein muß (hier empfängt die Mutter nur Damen der guten jüdischen Gesellschaft). Die Anwesenheit bei Abendgesellschaften hingegen, bei der das Kind gleichfalls früh zugelassen ist und Gäste unterhalten darf, findet es angenehm, denn sie verliebt sich schon sehr früh in erwachsene Männer.

Darüber hinaus erlebt die junge Peggy, daß das nach außen so perfekte, glänzende Elternhaus eigentlich eine Lüge ist, daß hinter der schönen Fassade ein Abgrund an Lieblosigkeit lauert. Diese Ambiguität – hier das unmündige Kind, da das überforderte – prägt Peggy tief: »Als ich fünf oder sechs Jahre alt war, fing mein Vater damit an, Geliebte zu haben. Eine gewisse ausgebildete Krankenschwester wohnte in unserem Haus, um den Kopf meines Vaters zu massieren, denn er litt unter Neuralgien. Meiner Mutter zufolge war diese Krankenschwester der Urgrund all ihrer Lebensprobleme, denn sie habe meinen Vater irgendwie zum Schlechten hin beeinflußt, ohne jedoch selbst wirklich seine Geliebte gewesen zu sein. Meine Mutter brauchte Jahre, um sich von der vergiftenden Anwesenheit dieser Frau in unserem Haushalt zu befreien, aber es war zu spät. Von da an hatte mein Vater eine ganze Reihe von Geliebten. Meine Mutter nahm es als große Beleidigung, daß meine Tanten immer freundlich zu dieser Krankenschwester waren, und sie hatte lange Auseinandersetzungen mit ihnen, weil sie mit ihr so umgingen. All dieses trübte meine Kindheit. Ich wurde ständig in die Probleme meiner Eltern hineingezogen, und das machte mich frühreif.«

Neben der Widersprüchlichkeit ihrer Erziehung ist bei der Entwicklung der selbstkonstatierten Frühreife sicherlich gleichfalls die konsequente Isolierung des Kindes von Gleichaltrigen bedeutsam. Mit Ausnahme der Schwestern und Cousinen gibt es keine Kameradinnen, mit denen Gefühlsbindungen außerhalb der Familie »probiert« werden können. Konsequent wird daher das Sich-Verlieben in erwachsene Männer so wichtig – in dieser Kinderwelt gibt es ausschließlich Erwachsene.

Auf dieselbe Weise erklärt sich natürlich auch die überaus star-

ke Faszination durch den Vater, die allerdings durch das Wissen darüber gebrochen wird, daß der Vater der Mutter durch seine wechselnden Liebschaften so viel Kummer bereitet. Hier konstelliert sich eine lebenslange Konstante: Liebe und Haß werden immer gleichzeitig präsent sein, wenn Peggy einem Mann gegenübersteht.
Als drittes ist die in der Kindheit fehlende geregelte Ausbildung zu nennen, die die Frühreife fördert. Und schließlich ist da der Reichtum der Familie, der vieles ermöglicht. Beispielsweise die jährlichen Sommerreisen nach Europa, nach Paris und London, wo sich die Mutter mit »Hunderten von französischen und englischen Seligmans« trifft und die Töchter von einer eigens dafür engagierten Dame, Mrs. Hartmann, in die großen Museen und zu den bedeutenden Kulturdenkmälern, etwa den Loireschlössern, geführt werden.
Mit ihrer unübertroffenen Ehrlichkeit gibt Peggy zu, daß sie zur damaligen Zeit Mrs. Hartmanns Ausführungen über die Wagneropern und die Werke Thackerays und Eliots weit weniger interessierten als »other things«. »Other things« ist konkret zu nehmen – gemeint sind wieder die Flirts und kleinen Verliebtheiten. Peggy ist zum Beispiel in den Freund ihres Vaters verliebt, einen Lebemann, dem sie verrückte Briefe schreibt, in denen sie ihre Leidenschaft schildert. Und was tut Rudi, der Umschwärmte? Er heiratet wenig später auf Betreiben Florettes eine Cousine Peggys. Die weint bittere Tränen und beklagt sich darüber, daß »er kein Recht habe, mit den Gefühlen zweier Frauen auf einmal zu spielen«. Peggy Guggenheim ist zu diesem Zeitpunkt elf Jahre alt.
Liebe und Verliebtheiten sind zentrale Themen auch für Florette, die Familienheiratspolitik betreibt, und offen spricht sie mit den Töchtern über die jeweiligen Geliebten des Vaters. Natürlich sind ihre Gefühle verletzt, und als Ben in Europa eine Zeit lang mit der Gräfin Taverny liiert ist, verläßt Florette eilig das Modeatelier von Lanvin, als sie sieht, daß auch die Gräfin dort

Peggy, Hazel und Benita Guggenheim. Die drei Schwestern bei einem Aufenthalt in der Schweiz (1908). (Foto: Guggenheim Foundation, Venedig)

gerade zur Anprobe weilt. Ihre Auflehnung bei der ersten Geliebten hätte beinahe zu einer Scheidung geführt, doch die Heerscharen der Guggenheims, die alleine und in Gruppen intervenierten, konnten das Schlimmste verhindern – in langen Verhandlungen einigte man sich darauf, die Geliebte finanziell abzufinden, und kittete so die Ehe notdürftig. Es ist eine im wesentlichen vom Materiellen diktierte Welt, in der nur gilt, wer reich ist.

Peggy wächst wie in einem abgeschotteten Mikrokosmos, einem sicheren, aber ungesunden Treibhaus, einem archaischen Clan auf, der sich trifft, die immer gleichen Themen hin- und herwälzt und all seine Probleme mit dem ständig mehr werdenden Geld zu lösen glaubt.

Je älter Benjamin Guggenheim wird, um so weniger läßt er sich in seine Angelegenheiten hineinreden, um so mehr ist ihm der molochartige Clan zuwider, um so mehr sondert er sich ab. Und auch in diesem Sinne ist seine weitreichende Entscheidung zu interpretieren: Gemeinsam mit seinem jüngsten Bruder William verläßt er die Partnerschaft der Guggenheim-Brüder. Es ist das Guggenheim-Ereignis des Jahres 1901. Was bewegt den jüngeren Bruder mit einem Mal, der Familienfirma, die für ewige Zeiten auf Wachstumskurs abonniert zu sein scheint, das Mißtrauen auszusprechen?

Benjamin reagiert mehr als ablehnend, als sein älterer Bruder Daniel kurz zuvor die Partnerschaft mit »Outsidern« vorschlägt – noch immer wollen die Guggenheims das Ziel erreichen, die amerikanische Metallschmelzindustrie zu dominieren. Den älteren Brüdern, noch in der »Gründerzeit« der Familie aufgewachsen, nicht so verwöhnt wie die »Kleinen«, Ben und William, ist dieses für Guggenheimsche Verhältnisse unkonventionelle Vorgehen recht – sie haben keinerlei Vorurteile, wenn sich der Reichtum nur mehrt. Daß die jüngeren Brüder, die sich ja ohnehin nur in ein gemachtes Nest gesetzt hatten, die Partnerschaft verlassen, ist ihnen ebenfalls recht. Die fünf großen

Brüder Guggenheim fusionieren tatsächlich mit der mächtigen ASARCO, der American Smelting and Refining Company. Bereits im selben Jahr 1901 dominieren sie das riesige Wirtschaftsunternehmen mit 51 Prozent der Anteile.
Meyer Guggenheim ist jetzt sicher, daß seine Söhne das einmal von ihm gesteckte Ziel erreicht haben, und kann sich zurücklehnen.
Für Benjamin Guggenheim bedeutet die Verweigerung der von den älteren Brüdern gewünschten Fusion ab sofort auch die Verweigerung der Arbeit für die Familienfirma – er behält lediglich Anteile an dem bisher Erworbenen auf der Grundlage seiner bis zum Zeitpunkt seines Ausscheidens geleisteten Arbeitszeit. Diese Summe erscheint ihm ausreichend, um ein Leben, wie er es sich vorstellt, führen zu können, denn keineswegs schwebt ihm bloßes Müßiggängertum vor. Er hat eigene Ideen, die er alleine und vor allem in Europa verwirklichen möchte.
Überraschenderweise wird Peggy die Vorstellungen, daß man nicht mit Familienmitgliedern zusammenarbeiten kann und daß Europa der Kontinent der Sehnsucht ist, dereinst teilen.
Was Benjamin betrifft – er gründet in Paris eine Firma, die International Steam Pump Company, die unter anderem die Aufzüge für den Eiffelturm baut. Allerdings laufen die Geschäfte dieser Gesellschaft eigentlich von Anfang an nicht zum besten, und Benjamin ist gezwungen, mehr und mehr seines Kapitals (und Erbes seiner Töchter) in dieses Unternehmen zu investieren.

3. KAPITEL

Der Schock »Titanic« und seine Folgen

Es sind die Jahre von Peggys Pubertät, als sich der Vater fern von der Familie in Europa ein eigenes Leben aufbaut. Peggy schreibt: »Im Jahre 1911 hatte sich mein Vater mehr oder weniger von uns befreit.« Er lebt die meiste Zeit des Jahres in Paris. An die Stelle der Gräfin Taverny ist eine junge blonde Sängerin getreten. Dennoch sind die Beziehungen zu Florette und den Kindern nicht völlig abgerissen.

Im Frühling 1912 erwarten Florette, Benita, Peggy und Hazel den Mann und Vater nach einer achtmonatigen Abwesenheit wieder zurück in New York.

Benjamin hatte auf einem Dampfschiff gebucht, aber durch einen Streik der Heizer dieses Schiffs wird die Überfahrt gestrichen. Benjamin Guggenheim bucht daher um. Er läßt die Familie wissen, daß er mit dem neuen Luxusliner, der *Titanic*, reisen wird. Die *Titanic* ist der größte und luxuriöseste Ozeandampfer ihrer Zeit. Sie ist nagelneu und soll ihre Jungfernfahrt antreten – von Southampton nach New York. Sie hat neun Decks, ist so hoch wie ein elfstöckiges Haus, ein »schwimmender Palast«, der das erste Schwimmbad überhaupt auf einem Schiff bot, eine Turnhalle, Luxusrestaurants, einen Palmenhof, ein Türkisches Bad – kurz: alles, was um 1912 an Annehmlichkeiten denkbar ist. Auf der *Titanic* reist man in drei Klassen, und das Schiff ist absolut sicher, so wird behauptet. Die wasserfesten Schotten im Rumpf machen es nahezu unsinkbar.

Selbstverständlich reist Benjamin Guggenheim erster Klasse. Mit ihm gehen die blonde Sängerin und sein Sekretär Victor Giglio an Bord. Viel später wird Hazel Guggenheim von einer ehemaligen Mitreisenden erfahren, die sogenannte Mrs. Guggenheim sei mit teuren Kleidern und Schmuck behangen gewesen, dabei nur von der »gewöhnlichsten Sorte«, die frühere Geliebte eines anderen reichen Mannes, immer begleitet von zwei Bulldoggen.

Am 10. April 1912 lösen sich die Leinen im Hafen von Southampton. Neben Kapitän Smith reist auch der Besitzer der *White Star Line*, Bruce Ismay, mit.

Am 14. April hat das Schiff nahezu zwei Drittel seiner Reise zurückgelegt. Wird es die Geschwindigkeit halten, kommt es in einer Rekordzeit in New York an. Das ist Mr. Ismays Ziel, das er sich auch nicht von den störenden Meldungen über Treibeis in der Gegend verderben lassen möchte, die den Schiffsfunkern ständig von anderen Schiffen warnend gesandt werden. Mr. Ismay hat mit Kapitän Smith ausgemacht, daß er die Geschwindigkeit zwar nicht drosselt, aber den Kurs noch ein wenig südlicher wählt.

Am Sonntag, den 14. April, nachts kurz vor Mitternacht, spüren die Passagiere ein leichtes Schwanken des Schiffes. Kurz darauf setzt das Geräusch der Maschinen aus. Stille. Die Motoren lassen sich nicht mehr neu starten. Das Schiff hat einen Eisberg gerammt, den der Mann am Ausguck zwar noch ausma-

Bildnis der vierjährigen Peggy, gemalt von Franz Lenbach auf der ersten Europareise – der viele folgen sollten.
(Foto: Guggenheim Foundation, Venedig)

chen, dem der Erste Offizier aber trotz »voller Kraft zurück« nicht mehr ausweichen kann – die Geschwindigkeit der *Titanic* ist zu hoch.

Die supersicheren Rumpfplatten des Luxusliners sind gerammt worden. Die sie zusammenhaltenden Stahlnieten platzen, und Wasser dringt in den Rumpf ein. Sofort ertönt lebhafte Tanzmusik. Kein Mitglied der Schiffskapelle wird überleben. Die fröhliche Musik erklingt, bis das Schiff sinkt. Signalraketen steigen in die Luft. Die Menschen, zum Teil in Pyjamas, kleiden sich so warm an wie möglich und legen Schwimmwesten an. Die Funker morsen um Hilfe.

Die Rettungsboote werden fertiggemacht, als der Bug bereits zu sinken anfängt. Es stellt sich für die Reisenden erst jetzt heraus, daß die Kapazität der Rettungsboote bei weitem nicht für alle Passagiere ausreichen wird – die Erklärung für diesen Mißstand liefert Mr. Ismay selbst: Die *Titanic* galt als so sicher, daß sie selbst im Falle einer Katastrophe so lange hätte schwimmfähig bleiben sollen, bis Rettung durch ein anderes Schiff eingetroffen wäre. Genau das geschieht nicht. Die nahe *California* reagiert nicht auf die Hilferufe.

Da deutlich ist, daß nur ein Teil der Passagiere gerettet werden kann, sind es in der Regel Frauen und Kinder, die die Boote besteigen. Allerdings haben alle Passagiere der ersten Klasse den Vortritt, auch die Herren, und so erklärt es sich, daß die weitaus größte Anzahl der Opfer später unter den Passagieren der dritten Klasse und der Mannschaft zu verzeichnen sein wird. Unter den Geretteten wird sich auch der Besitzer der *White Star Line* befinden, Bruce Ismay.

Benjamin Guggenheim hat sofort einen klaren Entschluß gefaßt: Er kleidet sich mit seinem Sekretär in den Abendanzug und hilft Frauen und Kindern, die Rettungsboote zu besteigen. Selbstverständlich hilft er auch seiner blonden Freundin, einen Platz zu finden. Seinen eigenen Platz nimmt er nicht ein. Wenig später bricht die *Titanic* in zwei Hälften. Diejenigen, die sich

noch auf dem Schiff befinden, stürzen in das eiskalte Wasser und ertrinken zumeist.
Peggy schildert die Tragödie so: »Am 14. April, als die Leute aus der Metropolitan-Oper kamen, wurden sie mit den Rufen ›Extra!‹ begrüßt – so wurde das dramatische Sinken dieses Riesendampfers auf seiner Jungfernfahrt angekündigt. Um die Fahrt in einer Rekordzeit für die *White Star Line* zurückzulegen, hatten Bruce Ismay, der Präsident der Kompanie, der selbst an Bord war, und der Kapitän die Warnungen vor den Eisbergen ignoriert und waren weitergefahren, ohne die Gefahr zu beachten. Die *Titanic* raste in ihren Untergang. Der erste Eisberg, auf den sie traf, riß ihren Rumpf auf. Innerhalb einer Stunde sank sie, Bug und Heck gingen nach einer schrecklichen Explosion, die sie in zwei Stücke riß, gleichzeitig unter. Es gab nur für ein Viertel der Passagiere genügend Rettungsboote. Andere, die schwimmen konnten, ertranken in dem eiskalten Wasser, bevor Kapitän Rostrom von der S.S. *Carpathia* ihnen zur Rettung kommen konnte. Siebenhundert von 1800 Menschen wurden gerettet. Die Welt war erschüttert von dieser Katastrophe. Jeder wartete atemlos auf die Ankunft der *Carpathia*, um zu erfahren, wer die glücklichen Überlebenden waren. Wir kabelten an Kapitän Rostrom, um zu erfahren, ob mein Vater auf dem Schiff sei. Er kabelte zurück, ›nein‹. Aus irgendeinem Grund hatte man es mir erzählt, während meine Mutter bis zur letzten Minute im unklaren gelassen wurde. Dann gingen zwei meiner Cousins hin, als die Überlebenden eintrafen. Sie sahen die Geliebte meines Vaters.
Zusammen mit meinem Vater starb ein reizender junger Ägypter, Victor Giglio, sein Sekretär. Er hatte in der Vergangenheit viel Schweres erlebt und war froh, daß mein Vater ihn engagiert hatte. Er dachte, seine Probleme seien damit gelöst. Ich fühlte mich sehr von diesem hübschen Jungen angezogen, doch mein Vater billigte meine Leidenschaft nicht. Ein Steward der *Titanic*, ein Überlebender, trat zu uns, um eine Botschaft meines

Vaters zu überbringen. Er sagte, mein Vater und sein Sekretär hätten Abendanzüge angelegt, um in den Tod zu gehen. Sie wollten als Gentlemen sterben, und das taten sie ganz gewiß, denn galant überließen sie ihre Plätze in den Booten Frauen und Kindern.

Niemals fand man die Leiche meines Vaters, und daher wurde er auch nicht zusammmen mit denjenigen, die die See hochgetrieben hatte, in Halifax begraben. Viele andere bekannte Männer verloren ihr Leben auf der *Titanic*, unter ihnen Harry Elkins Widener, John B. Thayer, John Jacob Astor, Edgar Meyer und Isidor Straus mit seiner Frau, die ihn nicht verlassen wollte. In diesen Tagen vor dem Ersten Weltkrieg und vor dem Sinken der *Lusitania* war das Unglück der *Titanic* für die Menschen weltweit eine Tragödie. Natürlich gab es eine Untersuchung, doch der Kapitän hatte Selbstmord begangen, oder besser gesagt: Er hatte den Anstand besessen, zusammen mit seinem Schiff unterzugehen. Von da an mieden wir die *White Star Line* wie die Pest.«

Die Auswirkungen des vorzeitigen Todes Benjamin Guggenheims mit nur 47 Jahren sind unabsehbar. Er hinterläßt eine – wiewohl schon zuvor desillusionierte – Witwe und drei halbwüchsige Töchter. (Die blonde Geliebte, die als »Mrs. Benjamin Guggenheim« auf der *Titanic* reiste und gerettet wurde, erhält, wie das bei Guggenheims so üblich ist, eine einmalige Abfindung, um einen Skandal zu vermeiden.)

Peggy sucht in ihrem Kummer Zuflucht zu ihrer Religion. Aber auch die Praktiken des Judentums, ein kurzes Intermezzo in Peggys ansonsten religionsfernem Leben, lassen sie den entsetzlichen Verlust nicht vergessen: »Der Tod meines Vaters berührte mich ungeheuer. Ich brauchte Monate, um über den schrecklichen Albtraum der *Titanic*, und Jahre, um über den Tod meines Vaters hinwegzukommen. In gewisser Hinsicht habe ich mich eigentlich nie davon erholt, denn ich glaube, seitdem suche ich immer nach einem Vater.«

Darüber hinaus hinterläßt Benjamin Guggenheim seine geschäftlichen Angelegenheiten in der größten nur denkbaren Unordnung. Das Vermögen, das ihm nach Ausscheren aus der Partnerschaft mit den Brüdern blieb – 8 Millionen Dollar –, hatte sich durch die Pariser Geschäfte erheblich dezimiert. Der Rest ist fest angelegt, wirft keine Zinsen ab und kann nicht verkauft werden, da die Anleihe schlecht im Kurs steht. Vorerst verheimlichen die Guggenheim-Brüder Florette jedoch die katastrophale Wahrheit und unterstützen sie aus dem eigenen Portefeuille, so daß sie auf demselben großen Fuß weiterlebt wie bisher. Aber dann erfährt sie doch, wie sich die Dinge in Wahrheit verhalten. Als wahre Seligman-Tochter kann sie das Almosen der mächtigen »Googs« nicht annehmen, dankt und beginnt, ihren Etat zusammenzustreichen. Eine kleinere Wohnung, Auszug aus dem teuren Hotel, weniger Dienstboten, Verkauf der teuren Schmuckstücke, Bilder und Wandteppiche. Und schließlich: der Griff zum eigenen Kapital. Florette versucht die Dinge beherzt anzugehen. Peggy jedoch behält von dieser Zeit, die nur wenige Jahre dauert – schon vier Jahre nach Benjamins Tod stirbt Florettes Vater, sie erbt ein kleines Vermögen und kann die Schulden zurückzahlen –, ein Gefühl der Degradierung gegenüber ihren viel reicheren Verwandten zurück, ein Gefühl, sie sei gar keine richtige Guggenheim. Dieses Gefühl wird sie fast lebenslang begleiten, und einige ihrer späteren Handlungsweisen lassen sich – auch – damit erklären, daß Peggy Guggenheim, die arme Verwandte, es einmal allen so richtig zeigen wollte.

Sieben Jahre später tritt allerdings erst vollkommene Ruhe ein – jetzt ist Benjamins Nachlaß von den Guggenheim-Onkels dergestalt geordnet, daß jede der drei Töchter Benjamins die Summe von 450 000 Dollar erbt, Florette etwas mehr. Selbstverständlich wird dieses Geld sofort in todsicheren Trusts angelegt. Peggy stellt dem Leser diese Summen mit einer herauszuspürenden Freude am Detail und einer tüchtigen Portion Stolz vors Auge. Sie weiß ganz genau, wie hoch ihr Ausgangskapital war, sie weiß es, denn sie ist eine Guggenheim. Und genausogut weiß sie, was am Schluß bilanziert werden muß. Jeder Mensch möge daraus ersehen, wie sie mit ihrem Geld gewirtschaftet hat. Jedenfalls braucht sie sich jetzt, am Ende ihres Lebens, keinesfalls mehr hinter den anderen Guggenheims zu verstecken.

Was ihre Minderwertigkeitsgefühle angeht, die durch Benjamins Tod ausgelöst wurden, so sollte man die Fakten etwas zurechtrücken: Das kleine Vermögen, das Florette von der Seligman-Seite erbt, beträgt immerhin 2 Millionen Dollar, so kolportiert es zumindest der Guggenheim-Biograph Davis. Zwar mietet sie tatsächlich eine kleinere Wohnung, doch den Sommer verbringt die Familie weiterhin standesgemäß: in den Residenzen der Verwandten an der Küste von New Jersey. Allenhurst heißt der Ort, an dem die meisten jüdischen Familien, die mit Guggenheims Umgang pflegen, ihr Sommerhaus haben. Peggys Kommentar zu Allenhurst ist harsch: »Das war der häßlichste Ort der Welt.«

Bald versuchen daher die Töchter, die Mutter zu überreden, mit ihnen den Sommer wieder in Europa zu verbringen, wie zu Zeiten, als der Vater noch lebte, und schon 1913, dann wieder 1914, trifft man sie in England. Kein geradezu billiges Vergnügen. Fraglos ist das Geld für die mehrmonatigen Reisen vorhanden, der Unterschied zu früher ist der: Man ist nicht mehr superreich, man hat nur noch sein Auskommen. Die Zeit vergeht mit Tennisspielen und Überraschungsparties. Peggy und Benita üben sich im Flirten. Der Erste Weltkrieg bricht aus. Peggy macht sich weniger Gedanken über den Krieg und die politischen Ereignisse als über die jungen Männer und die Frage, ob sie in sie verliebt und wie weit sie notfalls zu gehen bereit ist. Peggy ist neugierig, schnell entflammbar, aber immer noch die brave Tochter aus gutem Hause. Und außerdem: Der Mann ihres Lebens ist ihr bisher noch nicht über den Weg gelaufen.

Zurück in New York, reagiert Florette auf die wohl zu registrierende Umtriebigkeit der Tochter mit einer lange versäumten Entscheidung – Peggy wird zur Schule geschickt. Die Mutter wählt eine ausschließlich der Erziehung jüdischer Mädchen aus guter Gesellschaft gewidmete Schule – die Jacoby School – die so nahe gelegen ist, daß Peggy den Schulweg durch den Central Park zu Fuß machen kann. Ein Keuchhusten mit Bronchitis zwingt sie allerdings den ganzen ersten Schulwinter (1914/15) ins Bett, was doppelt schade ist, denn die geliebte Schwester Benita hat in diesem Jahr ihr Balldebüt. Peggy fühlt sich vernachlässigt und gelangweilt. Sie lernt im Bett und liest viel: Ibsen, Thomas Hardy, Turgenjew, Tschechov, Oscar Wilde, Tolstoi, Strindberg, den schottischen Dramatiker Sir James Barrie (der unter anderem auch den unvergeßlichen Peter Pan schuf), George Meredith und Bernard Shaw – im wesentlichen also die neuere und neueste Literatur. Sie wird lebenslang eine begeisterte Leserin bleiben.
Die Schule besucht Peggy noch im Jahre 1915 – dann ist diese Lebensphase schon wieder beendet. Kurz überlegt sie, ob sie eine College-Ausbildung anschließen soll, aber sie verwirft den Plan, ebenso wie die ältere Benita ihn vor ihr verworfen hat. Jahrelang noch wird sie diesen Entschluß bereuen.
Es kommt zum berühmten ersten Kuß. Peggy berichtet getreulich. Die kleine Affäre des Sommers 1915 findet hauptsächlich in Florettes Auto statt, das der junge Verehrer immer leiht, wenn er mit Peggy ausgeht. Das junge Glück findet ein rasches Ende, als Florette Peggy mit dem jungen Mann eines Nachts in der Garage findet und in flagranti – beim Kuß – erwischt.
Um überhaupt etwas zu tun zu haben, wählt Peggy einige Kurse aus, in denen sie Geschichte, Wirtschaft und Italienisch lernt, und weiter liest sie mit großer Begeisterung. Eine wichtige Begegnung ist die mit der Lehrerin Lucile Kohn, die Peggy als ein Erweckungs- und Befreiungserlebnis beschrieben hat: »In der Tat, es war sie, die meinem Leben eine gänzlich andere

Richtung gab. Das passierte nicht plötzlich; es war ein allmählicher Prozeß. Sie war leidenschaftlich daran interessiert, die Welt zu verbessern. Ich wurde radikal, und schließlich befreite ich mich aus der beengenden Atmosphäre, in der ich aufgezogen worden war. Es dauerte eine lange Zeit, bis ich mich selbst befreit hatte, und obwohl es einige Jahre dauerte, bis sich irgend etwas ereignete, ging die Saat, die sie gelegt hatte, doch einmal auf und verzweigte sich in Richtungen, von denen sie nie geträumt hätte. Sie war ausschließlich an Politik und Wirtschaft interessiert...«

Peggy sendet Lucile Kohn wenig später regelmäßig Geld und wird das bis an das Lebensende der Lehrerin beibehalten, die weit über neunzig Jahre alt wurde. Die genauen Beträge gibt sie nicht bekannt, sie nennt nur »große Summen« – Lucile Kohn sagt in einem Brief, es seien unendlich viele Hundertdollarscheine gewesen, die Peggy ihr über die Jahre geschickt habe. Aufgrund der Zuwendungen kann sich die Lehrerin wenig später in der Labour-Bewegung engagieren, der sie immer treu bleiben wird. Sie ist die erste Person in einer künftigen langen Reihe, die man als Peggys Protégé bezeichnen kann.

Während des Ersten Weltkriegs ist für Amerikaner das Reisen in Europa unmöglich geworden. Statt dessen lebt die auf die Frauen reduzierte Familie entweder in Allenhurst oder fährt im Sommer durch Kanada. Peggy hat mit Kriegsbeginn das Sockenstricken erlernt und begeistert sich sehr dafür, denn sie hat das Gefühl, etwas Gutes für die Soldaten tun zu können. Als sie von der Sommerreise zurückkommt, versucht sie, Stenographie und Maschinenschreiben zu lernen, doch verglichen mit den anderen Schülerinnen, es sind ausschließlich Mädchen aus Arbeiterfamilien, kommt sie sich »zu dumm« vor, und so gibt sie diese neue Beschäftigung bald auf.

Im Jahre 1916 findet dann auch Peggys Balldebüt statt – im Tent Room des New Yorker Ritz – ein eleganterer und teurerer Ort für ein solches Ereignis ist nicht vorstellbar. Mit diesem

Moment ändert sich ihr Leben völlig: Sie ist in die »Gesellschaft« eingeführt und darf von jungen Männern ausgeführt werden – beziehungsweise sollte das »dating« von jetzt an ihre ausschließliche Beschäftigung sein, damit sie recht bald einen Heiratskandidaten aus bester Familie vorzuzeigen hat. Peggy durchschaut das äußerst durchsichtige Spiel und belegt es sofort mit den Begriffen »idiotisch« und »künstlich«. Vor allem beklagt sie, daß sie mit keinem der jungen Männer »ernsthaft« reden kann, und sie meint damit vermutlich Gespräche, die nicht im rein Scherzhaften verbleiben, sondern Gegenstände des allgemeinen und spezielleren Interesses behandeln, also literarische und künstlerische Themen.

Peggy und Benita Guggenheim (1895–1927), Peggys geliebte ältere Schwester, deren Schönheit sie bewunderte – ein braves Gegenstück zur widerständigen Jüngeren. (Foto: Guggenheim Foundation, Venedig)

Es zeigt sich bereits bei dieser frühen Ablehnung des für das Mädchen aus guter jüdischer Familie vorgesehenen Lebens die durch keinerlei Erziehungsmaßnahmen korrumpierte glasklare Selbständigkeit des Standpunkts. Es zeigt sich auch, daß für Peggy Guggenheim das amerikanische Partywesen und der locker wirken wollende und zugleich puritanische Lebensstil nicht paßt, daß sie die Widersprüchlichkeit ihrer Welt durchschaut und ablehnt, obwohl sie Alternativen noch nicht kennt.

Ganz anders verhält sich da die ältere Schwester Benita, die von

Anfang an ausschließlich die Brave und Angepaßte war und recht bald anfängt, Peggy wegen ihrer absonderlichen Ideen und ihres Verhaltens zu kritisieren. Florette zieht mit den Töchtern in die Park Avenue Nr. 270 um.

Und Peggy, man höre und staune, nimmt im Jahr 1918 einen Kriegshilfejob an: »Ich saß an einem Schreibtisch und versuchte, unseren frischgebackenen Offizieren dabei behilflich zu sein, Uniformen und andere Dinge zu verbilligten Preisen zu kaufen. Ich mußte Ratschläge erteilen und viele Empfehlungskarten schreiben.«

Sie teilt sich die Arbeit mit ihrer früheren Schulfreundin Ethel Frank. Doch als diese krank wird, muß Peggy alles allein machen. Die Arbeit erweist sich als zu anstrengend für sie. Sie bricht zusammen, kann nicht mehr schlafen und essen. Sie magert ab und wird von Tag zu Tag nervöser. In ihrer Verzweiflung sucht sie einen Psychologen auf und schildert ihr Problem. Sie habe Angst, den Verstand zu verlieren. Daraufhin erntet sie nichts als Spott. Der Arzt fragt sie: »Sind Sie sicher, daß Sie einen Verstand zu verlieren haben?«

Peggy weiß genau, daß sie tatsächlich im Begriff steht, verrückt zu werden. Eine Wahnidee hat von ihr Besitz ergriffen. Zwar kann sie ihr Problem beschreiben, aber sie kann sich nicht gegen die damit verbundene Zwangshandlung wehren: Sie muß, ob sie will oder nicht, jedes, aber jedes Streichholz, das am Boden liegt, aufheben, in der Angst, unter Tausenden abgebrannten das eine frische zu finden, das einen entsetzlichen Brand verursachen könnte. Und schlaflos liegt sie im Bett und grübelt darüber nach, welche Katastrophe entstehen würde, wenn sie ein Streichholz übersehen hätte. Sie wäre schuld!

Florette Guggenheim ist außer sich vor Sorge und stellt die frühere Krankenschwester des Großvaters Seligman ein, die sich um Peggy kümmern soll. Miss Holbrook folgt Peggy auf Schritt und Tritt. Die hat es schwer, denn sie ist nur noch äußer-

lich Peggy Guggenheim, in Wahrheit, im Inneren ist sie Raskolnikov aus *Schuld und Sühne.* Alle Probleme des Raskolnikov sind ihre, wie er fühlt sie sich vereinsamt, abgespalten von den übrigen Menschen, fühlt sich fremd unter ihnen, weil sie nicht ihre moralischen und intellektuellen Überzeugungen teilen kann. Peggy leidet die Qualen der Menschheit und ersehnt sich den wahren Fortschritt. Doch wie soll das gelingen?
Miss Holbrook schafft es mit bloßer Willenskraft, Peggy von ihren fixen Ideen zu lösen und sie dazu zu bringen, daß sie an anderes denkt. An Dinge, wie sie ein »normales« junges Mädchen interessieren. Allerdings dauert das seine Zeit.
All diese mentalen Verstörungen hindern Peggy während des Krieges jedoch nicht daran, mit verschiedenen aufeinanderfolgenden Herren sogenannte Verlöbnisse einzugehen. Der letzte dieser Herren ist ein Fliegeroffizier aus Chicago, der noch in Amerika weilt. Sie nimmt diese Engagements nicht weiter ernst, sind sie doch die unausweichlichen Folgen ihres Kriegshilfsjobs, also so etwas wie berufsbedingt: »Ich hatte während des Krieges verschiedene Verlobte, denn wir organisierten immer Unterhaltungsveranstaltungen für Soldaten und Seeleute.«
Und ernst waren die Bindungen auch nicht. Kein Name außer dem des Fliegers ist ihr die Erwähnung wert.
Zieht man ein Resümee dieser durch den Krieg radikal veränderten Jugend Peggys, so muß man sagen, trotz materieller Sorglosigkeit war sie durchaus nicht rosig. Die junge Frau weiß nicht im geringsten, wofür sie sich interessiert und womit sie ihre Zeit verbringen will. Am ehesten weiß sie noch, was sie *nicht* will. Sie versucht viele Beschäftigungen, ist aber keineswegs erfolgreich mit diesen Aktionen. Am besten gelingt es ihr, junge Männer zu fesseln, und da sie immer neue Erfolgserlebnisse braucht, wechselt sie die Männer häufig. Es herrscht Krieg, und ihre Tätigkeit dient letztlich einem patriotischen Ziel – dem Amüsement der Soldaten; aus diesem Grund wird auch

Florette ein Auge zugedrückt haben. Aber möglicherweise hat Peggy auch nicht alles erzählt.
Beobachten läßt sich bei ihr ein grundsätzliches Unausgefülltsein bei gleichzeitiger objektiver Überforderung. Dieses Ungleichgewicht ist so problematisch, daß sie mit Wahnideen und körperlichen Störungen reagiert. Dies sind deutliche Zeichen. Bei aller Vitalität darf ihre Tendenz zu Depressionen und zur Lebensverweigerung nicht übersehen werden. In dieser Mischung aus starker Verweigerung und äußerster Bejahung läßt sich auch der Grund für ihre bald zutage tretenden Versuche einer Rebellion gegen ihre Familie und die von dieser vertretenen Werte sehen.
Ein in Peggys Augen schlechtes Beispiel führt zur selben Zeit die geliebte Schwester Benita der Familie vor – sie heiratet in einer Art Überstürzung aus enttäuschter Liebe zu einem russischen Baron, der sich ihr jahrelang nicht erklärt hat, einen jungen amerikanischen Flieger, Edward Mayer, den sie nicht liebt. Der junge Mayer drohte, Selbstmord zu begehen, würde Benita ihn nicht erhören. Und die sanfte Benita gibt nach, heiratet und reist mit ihm in die Flitterwochen. Peggys Urteil über den jungen Mann ist vernichtend: »In meinen Augen war er ihrer ganz und gar unwürdig. Er war in auffälliger Weise elegant, aber oberflächlich, ohne irgendeine leidenschaftliche Tiefe. Er war melodramatisch. Ich war zum Verrücktwerden eifersüchtig und unglücklich. Ich entbehrte ihre Anwesenheit in unserem Haus, so daß ich es nicht sagen konnte, und ich blieb alleine mit meiner Mutter, denn Hazel war im Internat. Der einzige Gedanke, den meine Mutter hatte, war, daß sie ihren Kindern ihr Leben opfern müsse, und seit meines Vaters Tod hatte sie nichts anderes getan. Wir wünschten, sie hätte statt dessen noch einmal geheiratet.«
Peggy leidet, sie hat Angst, die ältere Schwester, die seit dem Tod des Vaters für sie noch an Bedeutung gewonnen hat, zu verlieren. Benita, die Schönheit in Person, ist zu schade für die-

sen Mann. Im Grunde für jeden Mann. Benita sollte immer bei ihr leben. Es scheint kein Zweifel zu bestehen, daß Peggy auch von weiblicher Schönheit erotisch stark angezogen wurde. In der Liebe zu ihrer Schwester ist das Urbild zu diesem Komplex der Anziehung zum eigenen Geschlecht gegeben. Es wird in ihrem Leben neben den Männerliebhabern immer auch schöne Frauen, gute Freundinnen geben, mit denen sie intensive Beziehungen pflegt.

Doch nicht nur Benita erhält von ihr eine schlechte Note, auch der neue Lebensentwurf der Mutter fordert Peggys Freude an der Kritik heraus, insbesondere Florettes Verzichts- und Opferhaltung irritiert sie. Selbst wird sie sich dereinst deutlich von einem solchen Verhalten abgrenzen. Sie wird als Mutter niemals die Opferwillige spielen, sondern immer in erster Linie das eigene Interesse sehen. Dieser Zug ihres Charakters, der in ihrer Zeit gewiß nicht gerade häufig anzutreffen war, läßt sich nur durch Peggys unstillbaren Hunger nach immer neuen Erlebnissen, seien es intellektuelle, emotionale, künstlerische oder sexuelle, erklären. Vielleicht ein Erbteil ihres Vaters.

Dann kommt der Sommer 1919 und damit der 21. Geburtstag. Peggy Guggenheim wird volljährig und gelangt damit in den Besitz ihres väterlichen Vermögens. Es handelt sich um die genannte Summe von 450 000 Dollar, die in Trusts angelegt sind und jährlich 22 500 Dollar Zinsen bringen. Mindestens.

Für Peggy ist dieses Datum *das entscheidende*. Sie ist endlich unabhängig. Sie kann machen, was sie will. Gehen, wohin sie will. So sieht sie es. Und die Mutter muß alles akzeptieren, kann ihr nicht mehr alle Pläne ausreden, sie nicht länger kontrollieren. Was Florette ungeheuer ärgert, wie Peggy behauptet.

Nach außen nimmt die erwachsene Tochter den Ärger aber nicht zur Kenntnis, lädt die Cousine ihres Schwagers als Begleitung ein und unternimmt erst einmal eine Reise durch die gesamten Vereinigten Staaten. Alles, was schön ist, wird betrachtet. Die Niagara-Fälle, der Yellowstone-Park, ganz Kalifornien, Mexiko und die Rocky Mountains. Am Ende Hollywood, damals ein kleiner Ort, der im Aufbau begriffen ist. Peggy lernt Kinoleute kennen und findet sie ziemlich verrückt. Sie wirft noch einen Blick auf den Grand Canyon, bevor sie nach Chicago zurückreist, um Harold Wessel, den Verlobten, zu treffen. Er ist soeben demobilisiert worden und stößt sich sehr an den schnodderigen Reden, die Fräulein Guggenheim über die Provinzialität Chicagos zu führen beliebt. Auch bei der Familie ist ihr Auftritt nicht gerade ein Erfolg, und so sieht Harold sich genötigt, das Verlöbnis bei ihrer Abreise zu lösen.

Kurzfristig glaubt Peggy, wirklich in Harold verliebt zu sein, und ist unglücklich. Sie beschließt in romantischem Überschwang, auf ihn zu warten, bis er ein reicher Mann ist.

Im Winter 1920 dann findet die durch Langeweile bedingte platzende Lust, irgend etwas zu tun, und sei es das Dümmste, im Verein mit den lockenden Vermögenszinsen bei Peggy ihren Niederschlag in der fixen Idee, sie müsse ihre Guggenheimsche Kartoffelnase von einem Schönheitschirurgen richten lassen und auf diese Weise die Prinzessin werden, die bereit ist, den Traumprinzen zu treffen.

Sie fährt nach Cincinnati, denn dort, nur dort, gibt es den Mann, der alles kann in Sachen Nasen. Einen Chirurgen, der eine Reihe von anmutigen und stolzen, frechen und hochwürdigen Gips-Nasenmodellen vor ihr aufbaut und sie wählen läßt. Peggy hat nur eine einzige Nase im Sinn, diejenige nämlich, die sie an eine Zeile eines Tennyson-Gedichts erinnert, wo von einer Nase »tip-tilted like a flower« die Rede ist. Die gibt es dummerweise nicht in der Gips-Auswahl. Aber nun ist sie schon einmal hier, dann muß sie sich eben schicken. Sie deutet auf irgendeine Nase. Auf geht's. Der Gott in Weiß verabreicht eine örtliche Betäubung, Peggy leidet große Pein, wird von einem fünfköpfigen Schwesterntrupp umringt und muß, mitten in die Prozedur hinein, hören, daß die ausgewählte Nase nicht realisiert werden kann. Sie möge neu wählen. Da ist es ihr zuviel, und sie fordert den sofortigen Abbruch der Operation. Gleichwohl muß sie teures Geld bezahlen. Ergebnis ihrer tausend Dollar kostenden Verschönerungsaktion ist eine auf längere Zeit geschwollene Nase, die darüber hinaus vor jedem Regen tüchtig zu jucken beginnt, ein kleines eingebautes Barometer. Peggy fühlt sich genötigt, noch einige Zeit im Mittleren Westen unterzutauchen, bevor sie den Fuß wieder nach New York zu setzen wagt. Mit einer Freundin fährt sie nach French Lick in Indiana und verspielt, trotzig wie sie ist, eben noch einmal tausend Dollar nach dem Motto: was die Seligman-Verwandten können, kann ich auch.

Peggy spricht über diese Jugenddummheiten ohne das geringste Pathos, auch ohne Bedauern oder ein Gefühl der Reue. So war es und fertig. Sie hatte eine Idee und setzte sie rasch in die Tat um. Sie wollte etwas und bekam es. Manchmal, wenn es etwas Besonderes war – wie die Nase –, dann gab es eben Schwierigkeiten. Auch mit einem schlechteren Ergebnis kann sie fertig werden. So mit der lebenslang gräßlich verunstalteten Nase. Sie läßt sich eben von jetzt an nicht mehr von der Seite photographieren. Ganz einfach. Peggy ist exzessiv pragmatisch. Aber gleichzeitig liebt sie auch das Ideale – Raskolnikov, die Nase von Tennyson, die besondere. Diese seltene Mischung aus Pragmatismus und Idealismus, verbunden mit dem in ihren Augen kleinen Vermögen, das ihr zur Verfügung steht, wird es sein, die es Peggy ermöglicht, in ihrer späteren Domäne, der modernen Kunst, Großes zu leisten.

In den folgenden Monaten vertritt Peggy die erkrankte Hilfe ihres Zahnarztes und lernt das Arbeitsleben als den Ausweg aus einem langweiligen, konventionellen Dasein schätzen. Als die Krankenschwester gesund ist, beschließt sie daher, sich gleich einen neuen Job zu suchen.

Es fällt ihr der Vetter Harold Loeb ein, Sohn ihrer Tante Rose. Auch er ist jemand, der arbeitet, obwohl er es nicht nötig hätte.

Peggy mag ihn. Er ist ein Intellektueller und führt gemeinsam mit Mary Mowbray-Clarke die Buchhandlung »Sunrise Turn« unweit der Grand Central Station, einen Treffpunkt der Intellektuellen in New York. Hier gehen junge Berühmtheiten ein und aus, die schöne Journalistin Djuna Barnes, der junge Dichter und Maler Edward Estlin Cummings, der sich eigentlich nur mit Kleinbuchstaben schreibt und der noch jüngere – mit Peggy gleichaltrige – Malcolm Cowley, später bekannt als Literaturkritiker und Herausgeber der Zeitschriften *Secession* und *Broom* in Paris, ein feingesponnener Geist, der die sogenannte »Lost Generation« der zwanziger Jahre treffend beschrieb. Weiter kaufen hier Leon und Helen Fleischman, die später Giorgio, den Sohn von James Joyce heiraten soll, kommt auch Marsden Hartley, der abstrakte Maler, der von Alfred Stieglitz ausgestellt wird, kommt schließlich ein gewisser Laurence Vail, Maler und Schriftsteller. Der ist noch nicht sehr bekannt, und für Peggy zunächst nur einer von vielen.

Eine erlesene Truppe ist es jedenfalls, die sich dort beim Vetter Loeb und der von Peggy bewunderten Mary Mowbray-Clarke trifft, und ihrer aller Augen sind auf einen Punkt gerichtet, weit im Osten, in der Alten Welt. Peggy kommt dieser träumerische Blick der jungen Leute sehr bekannt vor, sie hat ihn schon einmal gesehen – bei ihrem Vater. All diese, wie sie da ein- und ausgehen und Bücher kaufen und diskutieren, wollen nach Paris. Paris!

Peggy bezeichnet »Sunrise Turn« kurzentschlossen und wenig poetisch als »kleinen radikalen Buchladen«. Sie wird – weil sie im Gegensatz zu den hochintelligenten Ladeninhabern so gut mit Geld umgehen kann – als Büroangestellte eingesetzt. Sehr zu ihrem Ärger, denn wozu sollte man in einem Buchladen tätig sein, wenn nicht zum Verkaufen von Büchern? Oder zum Reden mit den Käufern? Schmollend nimmt sie oben auf der Galerie Platz, schreibt Schecks aus und erledigt andere »boring jobs«. Nur in der Mittagszeit, wenn die Buchhändler beim Essen sind, darf auch Peggy mal ran.

All das behagt ihr überhaupt nicht, kränkt ihr immer leicht zu verletzendes Selbstbewußtsein, und es fällt ihr nichts anderes ein, als mit einem mehr als auffälligen Erscheinungsbild zu glänzen. Sie parfümiert sich stark, trägt einen wunderbaren Pelzmantel, Schmuck und rauscht so angetan jeden Tag in den Laden. Ab und zu taucht Mutter Florette, leicht angewidert von der inferioren Arbeitstätigkeit der Tochter, mit Gummigaloschen bei Loeb auf, damit das Kind sich bei dem Regen nicht erkältet. So heißt es. In Wahrheit möchte Florette herausfinden, was zum Teufel die Tochter in dem obskuren Laden tut. Solche Besuche sind Peggy peinlich, noch peinlicher aber ist es ihr, wenn die reichen Tanten Seligman und Guggenheim hereinspazieren und Bücher am Meter kaufen, zum Füllen der bislang noch leeren neuen Bücherregale.
Es wird deutlich, daß die Welt, für die Peggy sich zu interessieren beginnt, sich von der Welt, aus der sie stammt, sehr unterscheidet. Hier die reiche, ausschließlich am Materiellen interessierte Sippe, von der bereits der Vater Benjamin durch sein Interesse an der bildenden Kunst sich abzusetzen begann, dort Peggy, die die Welt der Bücher so anziehend findet, daß sie selbst einen kleinen, uninteressanten Bürojob – ohne Bezahlung übrigens – erledigt, nur um im Dunstkreis interessanter Menschen sein zu können.
Deutlich wird auch, daß Peggy es einerseits störend findet, als Abkömmling einer solchen materialistisch orientierten Familie erkannt zu werden, daß sie andererseits aber auch versucht, durch ihr Auftreten aufzutrumpfen. Hier widerstreiten zwei unterschiedliche Züge in ihr, zum einen der Wunsch, im Kreis der Intellektuellen und Künstler anerkannt zu werden, zum anderen ihre auf das Gefallenwollen ausgerichtete Weiblichkeit. Peggy schreibt: »Die Leute, die ich im ›Sunrise Turn‹ traf, faszinierten mich. Sie waren so real, so lebendig, so menschlich. All ihre Werte unterschieden sich von den meinen... Marsden Hartley beeindruckte und erschreckte mich. Vor Lau-

rence hatte ich viel weniger Angst. Er war ungefähr achtundzwanzig damals, und er kam mir wie jemand aus einer anderen Welt vor. Er war der erste Mann, den ich kannte, der niemals einen Hut trug. Sein schönes, goldsträhniges Haar floß hin und her, wenn der Wind es sich griff. Ich war durch seine Freiheit zugleich schockiert und fasziniert. Er hatte sein ganzes Leben in Frankreich gelebt und hatte einen französischen Akzent, er rollte die R's. Er war wie ein Lebewesen aus der Wildnis. Niemals schien er sich darum zu kümmern, was die Leute dachten. Wenn ich die Straße mit ihm hinunterging, hatte ich das Gefühl, daß er plötzlich davonfliegen könnte – er hatte so wenig Zugang zu einem normalen Verhalten.«

All diese Menschen sind so frei, daß auch Peggy sich zum ersten Mal in ihrem Leben wirklich frei fühlt. Denn, so kurz auch ihre Erbschaft zurückliegt, eines hat sie schon begriffen: die Freiheit, die allein das Geld ermöglicht, ist ihr nicht genug. Sie will mehr.

Im Zusammensein mit den Fleischmans erfährt sie merkwürdige Dinge, etwa daß Helen nicht eifersüchtig ist, wenn sie, Peggy, sich in Leon verliebt. Das ist die wahre Freiheit, denkt Peggy und möchte so sein wie Helen. Sie sieht das erste abstrakte Gemälde ihres Lebens, ein Landschaftsbild von Georgia O'Keeffe. Sie weiß nicht, wo oben und unten ist – eine großartige Erfahrung! Wer so etwas malt, muß wirklich frei sein. Die festgeschriebenen erlernten Kategorien schwanken – es ist herrlich. Peggy ahnt, eine Welt ist im Aufbruch, und sie könnte dabeisein. Sie will dabeisein. Unbedingt.

Die Fleischmans werden so etwas wie Peggys Ersatzfamilie, jetzt, da sie Benita an Mr. Mayer verloren hat.

4. KAPITEL

Paris oder der Traum von der Freiheit

Und Laurence Vail? Der junge Autor des Bühnenstücks mit dem appetitmachenden Titel *What do you want?* Der ist nach kurzem Aufenthalt wieder aus New York verschwunden. Wahrscheinlich Richtung Paris. Paris!

Und Peggy? Die beginnt sich seit Laurence Vails Abreise sogar in Vetter Harolds interessantem Buchladen zu langweilen. Sie fragt sich mit Inbrunst: What do I want? Und denkt, was ihr fehlt, kann sie allein in Europa finden. Sie reist durch Europa, Holland, Belgien, Spanien und Italien. Mit der ihr eigenen Unermüdlichkeit und Hartnäckigkeit gibt es – das behauptet sie zumindest – bald kein Bild, das sie nicht gesehen hätte. Hazels Hochzeit im Frühling ruft sie kurz nach Amerika zurück. Die achtzehnjährige Schwester heiratet »Siggy Kempner«, wie er in Peggys Diktion heißt.

Ein Gutes hat dieser kurze Amerika-Aufenthalt – Peggy trifft die

Fleischmans wieder, die inzwischen ein Kind haben, und überredet sie, mit ihr nach Paris zu reisen. Peggy muß nach Paris. Schnell. Die Fleischmans sowie Mutter Florette schließen sich tatsächlich an. Florette reserviert eine Suite im Hotel *Crillon.*
Die Peggy-Biographin Tacou-Rumney behauptet, zwischen Laurence und Peggy habe der »Coup de Foudre« eingeschlagen, Liebe auf den ersten Blick, schon in New York. Und das Wissen Peggys, Laurence sei nach Paris gegangen, habe ihre Entscheidung beeinflußt. Allerdings darf man weitere Gründe durchaus beim Namen nennen, so die Tatsache, daß Paris seit 1920 unbestrittenes Zentrum der geistigen und künstlerischen Avantgarde war. Tacou-Rumney nennt auch die Prohibition als einen Grund für die große Auswanderungswelle von Intellektuellen und Künstlern zu dieser Zeit – Hemingway, Cummings, Dos Passos und Man Ray hatten die Staaten in der Stunde Null bereits verlassen. Weiterhin wirkte das geistige Klima in Amerika kurz nach dem Ersten Weltkrieg vielfach für Intellektuelle schier erdrückend. Auch Peggy hat das so empfunden. Doch ist ihr Begriff von Freiheit auch konkret zu verstehen.
Sie erwähnt, daß sie auf ihrer Europareise einige Verehrer hatte. Zum einen Armand Lowengard, den Neffen des späteren Lord Duveen, einem Kenner italienischer Kunst, der sie mit dem Werk des Kunsthistorikers Berenson und dessen sieben Kriterien, die ein wahres Kunstwerk ausmachen, bekannt macht. Aber Armand sei nicht ihr einziger Verehrer gewesen – Peggy ist ehrlich und protzt gerne mit ihren Erfolgen bei Männern: »Ich hatte noch einen Freund, Pierre. Er war eine Art von Vetter meiner Mutter. Ich kam mir schlecht vor, weil ich sowohl ihn wie Armand am gleichen Tag geküßt hatte. Er wollte mich heiraten, ich aber wollte lediglich so viele Verehrer haben, wie ich nur sammeln konnte.«
Diese Stelle offenbart zum einen das schon sehr früh auftretende Interesse Peggys an verschiedenen Beziehungen zu Männern zur gleichen Zeit. Sie zeigt zum anderen Peggys ursprüng-

Laurence Vail (1895–1927), König der Bohemiens, von Peggy bewundert vor allem, weil er nie einen Hut trägt und zu fliegen scheint.
(Foto: Collection Kathe Vail)

liche Abneigung gegen die Ehe. Drittens verdient der Ausdruck »collect«, in bezug auf die Verehrer angewandt, überdacht zu werden.

Peggy Guggenheim hat erst Jahre später das Sammeln von Kunstwerken begonnen. Dennoch scheint es nicht verfehlt, das Prinzip des Sammelns als Grundlage ihres erotischen Selbstverständnisses insgesamt anzusehen und die Entscheidung für dieses Prinzip als Grund ihres Ausweichens nach Europa anzunehmen. Mit anderen Worten: Peggy weiß, in dem sehr puritanischen Amerika muß sie über kurz oder lang verheiratet sein, und zwar mit einem reichen Langweiler. Das wollen die Gesetze ihrer Zeit und ihres Clans. Sie weiß, daß dann mit dem Sammeln (von Männern zumindest) Schluß ist. Sie ahnt und fühlt, daß es in Europa anders sein wird und daß sie bald dem Einfluß von Florette entzogen sein wird. Durch ihr nicht zu bändigendes Interesse an auch schwer zu erreichenden Kunstschätzen und die ungeheure Energie, die sie hierbei entfaltet, erreicht sie es, daß Mutter Florette erschöpft zurückbleibt und ihr als Anstandswauwau die etwas robustere Valerie Dreyfus an die Seite stellt.

Vielleicht lohnt es sich, einige Überlegungen zum Typus des Sammlers – hier in der Spielart des weiblichen Sammlers – anzustellen. Der Sammler ist ein Mensch, der in einem oder mehreren Gebieten Auswahlkriterien entwickelt hat, nach denen er seine Sammlung bestücken möchte. Sein Ziel ist eine möglichst vollständige, schöne oder große Sammlung – das hängt von den Auswahlkriterien und seinen Mitteln ab. Der wahre Sammler ist ein Mensch, dem die Sammlung über alles geht. Er zögert nie, wenn ihm wieder ein Stück für seine Sammlung vor die Linse gekommen ist. Dem wahren Sammler sind menschliche Beziehungen niemals so wichtig wie die Sammlung. So gesehen ist der wahre Sammler im Grunde ein Unmensch.

Peggy Guggenheim war eine Sammlerin. Zuerst von Männern.

Ihre Auswahlkriterien waren eindeutig: Männer, die sie anzogen, mußten schön sein. Durchaus in einem klassischen Sinn. Außerdem mußten sie außerhalb des Kreises stehen, in dem sie großgeworden war. Auf keinen Fall sollten es Männer sein, die sich irgendwie mit Geldverdienen beschäftigten. Wie langweilig. Es mußten, das war ihr seit dem Intermezzo in der Loebschen Buchhandlung klar, Intellektuelle oder Künstler sein. Und am allerbesten Europäer. Wirklich kultivierte, dabei aber exzentrische Männer. Peggy suchte, das äußerte sie mehrfach, in all ihrem Sammeln von Männern eigentlich immer den Vater, den sie früh verloren hatte und der seinerseits ein Sammler von Frauen war. Vielleicht auch von Kunstwerken.
Peggy, die Kunstsammlerin, entwickelt sich erst später, aus der Sammlerin von Männern=Künstlern heraus. Bei ihrem Kunstsammeln hatte sie sehr gute Berater – und bald einen eigenen Instinkt; den sie bei Männern=Liebhabern übrigens lebenslang nicht hatte. Als sie älter wurde, beschützte sie junge Künstler und ihre Sammlung. Im Beschützen ihrer eigenen Kinder ging sie nicht auf.
Peggy berichtet, daß sie ihren Kampf um männliche Anerkennung, genannt Sammeln, im nachhinein als idiotisch betrachtet. Aber in dieser Pariser Zeit war es ihr größter Triumph, ihre damalige Freundin mit noch mehr Anträgen von Verehrern, mit ständig neuen Pariser Modellkleidern zu übertrumpfen. Es sei ihr um nichts als das gegangen. Doch war sie nicht nach Paris gekommen, auch um Laurence wiederzutreffen?
In Peggys Bericht sind es die Fleischmans, die die Affäre mit Laurence so richtig ins Rollen bringen, oder besser: Es ist eine gespannte erotische Atmosphäre über Kreuz. Hören wir Peggy selbst: »Durch die Fleischmans traf ich Laurence wieder. Helen Fleischman war gut Freund mit Laurence. Sie hatte eine kleine Affäre mit ihm, in die Leon sie hineingestoßen hatte. Das erregte ihn. Sie sagte mir, sie wollte, daß Laurence und ich mit ihnen zum Abendessen kommen sollten, und dann sagte sie zu Lau-

rence, er solle mich nicht so sehr beachten, sonst sei Leon beleidigt. Ich denke, Leon war beleidigt, denn Laurence und ich wurden ganz gute Freunde.«
Wenig später gehen Laurence und Peggy spazieren, an der Seine entlang wie unendlich viele Liebespaare vor und nach ihnen. Peggy ist natürlich immer noch das verwöhnte New Yorker Mädchen aus reicher jüdischer Familie und bestellt sich auch im einfachsten Pariser Café einen Porto Flip, weil sie nur exklusive Bars kennt, die diese Art von Getränken servieren. Sie hat nur ein einziges großes Problem im Augenblick: »Zu dieser Zeit war ich bekümmert darüber, daß ich noch Jungfrau war. Ich war dreiundzwanzig, und ich fand es belastend. Alle meine Freunde waren bereit, mich zu heiraten, aber sie waren so voller Respekt für mich, daß sie mir nie Gewalt angetan hätten. Ich hatte eine Sammlung von Photographien der Fresken, die ich in Pompeji gesehen hatte. Sie zeigten Menschen, die in verschiedenen Positionen Liebe machen, und natürlich war ich sehr neugierig und wollte sie auch alle ausprobieren. Bald sollte die Gelegenheit für mich kommen, daß ich Laurence für diesen Zweck benutzen konnte.«
Laurence Vails Familienverhältnisse sind nicht einfach – seine Mutter ist eine sich aristokratisch gerierende Dame aus Neuengland, sein Vater ist Maler, halb Bretone, halb Amerikaner. Er lebt meist in Sanatorien, denn er hat starke Nervenkrisen, unter denen die Familie zu leiden hat, wenn er einmal nicht im Sanatorium ist. Die Schwester Clotilde steht Laurence am nächsten – doch noch weiß Peggy nichts davon, wie sehr Laurence an seine Schwester gebunden ist.
Mutter Vail ist, obgleich recht wohlhabend, nicht gerade großzügig: Mehr als hundert Dollar im Monat gibt sie ihrem Sohn nicht. Und er hätte zwar gerne einerseits eine eigene Wohnung, hat aber andererseits fürs Arbeiten wenig übrig.
Peggys Wünsche rücken schon in die Nähe ihrer Erfüllung, als Laurence ihr erzählt, er wolle eine kleine Wohnung mieten. Sie

schlägt ihm vor, die Hälfte der Miete zu übernehmen, dafür die Wohnung mitzubenutzen. Doch Laurence scheint ein Mann von wankelmütigem Sinn zu sein. Kurz darauf mietet er ein Hotelzimmer im Quartier Latin. Als er Peggy in ihrem Hotel, dem Plaza-Athénée, besucht, ist Florette gerade ausgegangen, und Laurence sieht die Gelegenheit gekommen. Peggy gibt ihm so schnell nach, daß er erstaunt ist – das Ziel auch ihrer Wünsche ist nah… Aber gleichzeitig warnt sie ihn – die Mutter kann jeder Zeit zurückkommen. Kein Problem für den König der Bohemiens –; er vertröstet die neugierige Peggy auf ein anderes Mal und schlägt sein kleines Hotelzimmer als Treffpunkt vor. Doch Peggy, die das Eisen immer schmiedet, solange es heiß ist, hat schon ihren Hut aufgesetzt und brennt darauf, den Schauplatz zu wechseln: »Ich bin sicher, so hatte er es nicht gemeint. So verlor ich meine Jungfräulichkeit. So einfach war das. Ich denke, Laurence hatte eine ziemlich harte Zeit, denn ich verlangte alles, was ich auf den pompejanischen Fresken gesehen hatte. Ich ging nach Hause und aß mit meiner Mutter und einer Freundin zu Abend, weidete mich genüßlich an meinem Geheimnis und fragte mich, was sie wohl denken würden, wenn sie es wüßten.«

5. KAPITEL

Familienleben in der Bohème

Ab jetzt beginnt für Peggy ein äußerst buntes Leben. So hat sie sich die Bohème in ihren kühnsten Träumen nicht vorgestellt. Eigentlich lebt man ausschließlich im Café, die Namen sind seitdem in aller Munde: Dôme, Rotonde, Coupole, Select, Jockey, Flore und Deux Magots. Laurence kennt alle Welt, und alle Welt kennt ihn, wohlverstanden: Er kennt die »expatriates« (Ausgebürgerte), wie die amerikanischen Künstler und Intellektuellen in Europa genannt werden, und einige Franzosen.

Die »expatriates« wiederum sind keineswegs homogen, sondern unterscheiden sich durch ihre Aktivitäten wie auch durch die Gründe, die sie nach Paris brachten. Was sie vereint, ist eine allgemeine Respektlosigkeit dem Überkommenen gegenüber, seien das die sogenannten guten Sitten, seien es Traditionen, im allgemeinen und in den Künsten. Heilig ist ihnen nichts, und

Amerika war ihnen schon lange zu flach, zu puritanisch, ein einziger »bore«. Nur wenige von ihnen sprechen gutes Französisch, und sie mischen sich nur selten mit den Franzosen. Die »expatriates« bilden ihre eigenen Zirkel, wissen, wer zu ihnen gehört und wen man meiden muß. In der Buchhandlung von Sylvia Beach jedoch, Shakespeare & Company, verkehren alle, egal ob sie zum Kreis um James Joyce gehören, der seit 1915 in Paris lebt, oder ob sie sich um das »monstre sacré« in der Rue de Fleurus Nr. 27 scharen: Gertrude Stein lebt schon seit 1903 in Paris. Findet man sie interessant, so hat man bei James Joyce nichts zu suchen. Die Entscheidung ist gefordert. Zu welchem Kreis will man gehören? Zu welchem intellektuellen Milieu paßt man am besten? Ist der »expatriate« eine Frau, fällt die Entscheidung flach – Gertrude Stein, das ist vielfach verbürgt, mag keine bedeutenden Frauen und überläßt die oftmals interessanten Gattinnen oder Begleiterinnen ihrer genialen Proselyten immer der eigenen Gefährtin Alice B. Toklas. Die sprichwörtliche Offenheit der Bohème entpuppt sich in Wahrheit als eine nur scheinbare. Die in oft endlosen Auflagen kultivierten Animositäten untereinander sind die Würze, der Lebenssaft der Zirkel. Wie aus dem Nichts brechen plötzlich die Kämpfe los. Darin ist insbesondere der König der Bohème, Laurence Vail, groß. Wenn er mit dem Kellner in der »Rotonde« Krach hat, bringt er alle seine Freunde dazu, stante pede mit ihm das Lokal zu wechseln und ab jetzt nur noch im »Dôme« Rotwein zu trinken. Laurence könnte viel bewirken, denn sein Einfluß ist groß. Doch all seine Aktionen dieser Zeit bewegen sich deutlich im Bereich des Spielerischen, Amüsanten, rein Gesellschaftlichen. In Wahrheit weiß er nicht so recht, was er machen soll. Zu viele Ideen begeistern ihn. Dann wieder läßt er schnell von ihnen ab. Er weiß nicht, ob er lieber Maler wäre oder Schriftsteller. Am allerbesten gelingen ihm immer noch seine anerkannten wilden Partys, die er in der Wohnung seiner Mutter feiert.

Und Peggy? Die fühlt sich inzwischen schon richtig heimisch in der Bohème, so wirkt es jedenfalls, wenn sie zuweilen einen ganzen Abend auf dem Schoß eines »bourgeoisen französischen Stückeschreibers« sitzt, nur, damit er sich in dem für ihn fremden Milieu wohl fühlt. Sie erinnert sich an einen dieser wilden Abende: »Später bekam ich einen Antrag (ich kann wohl schlecht von Heiratsantrag sprechen) von Thelma Wood, dem Mädchen, das später die bekannte Robin in *Nightwood* werden sollte (Buch von Djuna Barnes, A.S.). Sie fiel vor mir auf die Knie. Merkwürdige Dinge ereigneten sich überall. Laurence' Vater war zu Hause und sehr beeinträchtigt durch die Verwirrung, die durch die Party verursacht war. In seiner Verzweiflung zog er sich in die Toilette zurück, wo er zwei zarte junge Männer fand, die gerade weinten. Er ging in ein anderes Badezimmer. Dort störte er zwei kichernde Mädchen. Er war immer gerne der Mittelpunkt. Wenn sich irgend etwas ereignete, dann wollte er der Star sein. Nachdem er eine Szene gemacht hatte, ging es ihm besser. Auch wenn keiner ihn sehr beachtete, mußte doch zumindest seine Frau das tun.«

Peggy lernt in dieser Zeit zwei verflossene Freundinnen von Laurence kennen, Djuna Barnes, die oben erwähnte exzentrische amerikanische Journalistin, die sich seit 1919/1920 in Paris aufhält und auf dem Weg ist, eine zwar arme, aber bedeutende Schriftstellerin zu werden, und die reiche Witwe Mary Reynolds. Mit beiden Frauen wird sie ihr Leben lang befreundet bleiben. Jetzt findet sie durch sie schon bald Kontakt zu den avantgardistischen Pariser Künstlern. Peggy findet beide Frauen, Djuna, die Rothaarige, und Mary, die Brünette, hinreißend schön.

Wahrscheinlich war es daher Djuna Barnes, die Peggy bei James Joyce einführte – insofern erübrigt sich die Frage, ob Peggy einen Antrittsbesuch bei Gertrude Stein erwog. Sie erwähnt an keiner Stelle ihres Buchs den Namen Gertrude Stein. Allerdings erwähnt sie die Namen von vielen anderen bedeutenden Amerikanern in Paris auch nicht, nicht einmal den von Sylvia Beach. Den Namen Robert MacAlmons, des Schriftstellers, Verlegers und Mitherausgebers der Zeitschrift »Contact«, wird sie erst im Jahr darauf nennen – neben Sylvia Beach war Bob McAlmon sozusagen unumgänglich, wenn man sich nur irgend für Kunst interessierte. Aber auch der Name Joyce fällt erst 1923, wenn auch die Bekanntschaft mit ihm sicherlich früher zu datieren ist. Daneben sind es wenige berühmte Namen, die sie nennt, weder Hilda Doolittle, die Lyrikerin, noch T.S. Eliot und Hemingway, die alle in den genannten Cafés und den Nightclubs und Bars wie dem »Gypsy« und dem »Bœuf sur le toit« verkehren. Peggys Auswahlkriterien für ihr »Name-Dropping« sind offenbar andere. Sie erwähnt die große Liebe von Djuna Barnes, die Bildhauerin Thelma Wood, die Lyrikerin und Kunstgewerblerin Mina Loy, Man Ray und Kiki de Montparnasse sowie Marcel Duchamp und – Jahre später – Jean Cocteau. All diese Personen gehören dem vielleicht etwas weniger »intellektuellen«, rein künstlerischen Milieu an und sind für Skandale gut.

Vielleicht könnte man sagen, daß Peggy Guggenheim sich von Natur aus zu den auffälligeren, mehr von sich hermachenden Personen der Bohème hingezogen fühlte und daß sie es in dieser Zeit liebte, mit Frauen befreundet zu sein. Wie weit diese Frauenfreundschaften gingen, ob es hier – zeitbedingt – auch zu erotischen Beziehungen zu Frauen kam, kann nicht mit Sicherheit entschieden werden. Wenn Peggy in späteren Jahren Vergleiche anstellt, so stellt sie die Frauenfreundschaften immer unter die Männerbeziehungen – Frauen seien ihr in der Regel zu langweilig gewesen. Eine Ausnahme hiervon waren lediglich Djuna Barnes und Mary Reynolds.

Man Rays berühmtes Photo (1924) von Peggy in der Poiret-Abendrobe mit Kopfnetz von Vera Strawinsky – sie verkörpert in idealer Weise das »glamour girl of the twenties«. (Foto: A.D.A.G.P., Paris)

Wahrscheinlich lernte Peggy die genannten Pariser Berühmtheiten wiederum über Djuna Barnes und Mary Reynolds kennen. So weiß man zum Beispiel, daß Djuna Barnes im gleichen Haus in der Rue St. Romain wie Mina Loy wohnte (ebenfalls eine Frau von auffallender Schönheit) und daß Peggy Guggenheim sich einige Zeit später bemühte, die selbstgefertigten »collagierten« Lampenschirme Minas, die zwei Töchter alleine zu ernähren hatte, in Amerika zu verkaufen – ihr soziales Engagement ist diesmal gepaart mit künstlerischem. Djuna Barnes verkehrt auch in dem Kreis der wohlhabenden Lesbierin Natalie Clifford Barney, denn diese veranstaltet ständig Lesungen von unbekannten und auch bekannten Schriftstellern. Inwieweit aber auch Peggy sich hier sehen ließ, ist nicht bekannt. Sie erwähnt sie nicht. Es ist anzunehmen, daß sie sich in dieser Anfangszeit ihrer Beziehung zu Laurence Vail bemühte, vielfach mit Menschen zu verkehren, die Laurence wichtig waren. So nimmt es auch nicht wunder, daß Peggy James Joyce zunächst auch nicht nennt, obwohl er der erklärte Abgott ihrer Freundin Djuna Barnes ist und obwohl sein Jahrhundertroman *Ulysses* im Jahr der Heirat von Peggy mit Laurence, 1922, im Vorabdruck in *The Little Review* erscheint und Peggy seit ihrer Zeit in der Loebschen Buchhandlung zur modernen Literatur ein kennerisches Verhältnis entwickelt hat. Doch halt – noch ist Peggy mit Laurence nicht verheiratet, noch müssen etliche Steine aus dem Weg geräumt werden!

Für Peggy Guggenheim ist die frühe Pariser Zeit belebend: Sie geht in ihrer ersten großen Liebe auf und fühlt sich wiedergeliebt, sie genießt das verrückte erotisierende Milieu der zwanziger Jahre. Alkohol spielt eine Rolle, Drogen nicht – davon spricht sie bei ihrer sonstigen Offenheit nie, und Drogenkonsum paßt auch nicht zu ihr –, es geht um das Überschreiten aller bisher gesetzten Grenzen, mit Homosexualität und Kreativität, Nachtleben und vielen Flirts. Die Welt um sie herum – Soziales, Politisches, Wirtschaft – kommt wie auch zuvor nicht vor, obwohl in allen europäischen Ländern die Folgen des Ersten Weltkriegs zu spüren sind und vielfach Elend herrscht. Peggy genießt, ohne einen Gedanken an anderes zu verschwenden. Auffällig ist, daß sie in dieser Zeit nicht einmal ihre ausgesprochenen Interessengebiete, die bildende Kunst oder die Literatur thematisiert. Offenbar sind ihr die rein äußerlichen Vorgänge, die Schilderung von Personenkonstellationen und Aktionen, von Ortswechseln und Entscheidungen alleine wichtig – ein schneller, fast filmisch hart geschnittener Lebensrhythmus ist es, der einen aus ihrem Buch anweht.

Peggy Guggenheim hatte es meistens eilig. Und von vornherein wird deutlich, daß sie keineswegs in einer hauptsächlich von Gefühlen bestimmten Welt lebt, sondern in der Welt der Sinne, auf sehr unmittelbare, praktische Weise.

Vielleicht auch angeleitet durch Laurence lernt sie, die Welt aus der Sicht einer wohlhabenden Erbin wahrzunehmen, die andere, denen es nicht so gutgeht wie ihr selbst, unterstützen möchte. Doch in diesem Punkt muß sie noch etliches lernen, hier ist das Beispiel der recht sparsamen Mutter Florette ein Hinderungsgrund, während die neue Freundin Mary Reynolds eine Gegenfigur darstellt, indem sie sehr großzügig mit ihrem Geld umgeht. Peggy möchte ein Gleiches tun, aber es gelingt ihr aufgrund ihres Guggenheim-Seligmanschen Erbteils nicht auf Anhieb, wie die folgende Geschichte zeigt.

»Helen Fleischman sagte mir, ich sollte Djuna etwas Unterwäsche geben. Ein unangenehmer kleiner Skandal folgte, da die Unterwäsche, die ich ihr gab, aus Kayser-Seide und gestopft war. Ich hatte drei verschiedene Arten von Unterwäsche: die beste, die mit echter französischer Spitze garniert war und die ich für meine Aussteuer aufhob; die zweitbeste, die neu war, aber ohne Spitze, und die, die ich Djuna gegeben hatte. Nachdem sie sich beschwert hatte, sandte ich ihr die zweitbesten Garnituren. Ich ging zu ihr. Sie saß an der Schreibmaschine in der zweitbesten Unterwäsche. Sie sah elegant aus mit ihrer weißen Haut, ihrem wundervollen roten Haar und ihrem schönen Körper. Sie war sehr peinlich berührt, dabei erwischt zu werden, daß sie die Unterwäsche nach all den Aufständen, die gemacht worden waren, trug. Jedenfalls entschuldigte ich mich für die erste Sendung, und sie vergab mir. Wenn Helen Djuna etwas schenkte, dann öffnete sie einfach ihre Schränke und sagte: ›Bedien dich!‹«

Peggy will die Sache gutmachen und schenkt Djuna ihr Lieblingscape und ihren Lieblingshut mit einer Hahnenfeder. Auch sie kann großzügig sein. Insgesamt großzügig zeigt sich aber Helen Fleischman, denn sie nimmt die Nachricht, daß Peggy eine Affäre mit Laurence hat, sehr gelassen hin. Für Peggy ist es klar, daß Laurence Helen aufgeben muß, weil er ab sofort zu ihr gehört. Außerdem möchte sie die Bedingungen, unter denen sie sich ihrer Liebe wirklich hingeben kann, selbst schaffen, und zwar sofort. Wer stört, ist Mutter Florette. Die praktische Peggy arrangiert daher aus dem Nichts eine Reise der ahnungslosen Florette mit einer Nichte nach Rom. Wunderbar – endlich mit Laurence alleine!

Auch Laurence ist verliebt, aber das war er schon öfter. Sein Problem ist die Kapriziosität. So kommt es, daß er eines Tages in einer Laune des Überschwangs Peggy, ganz oben auf dem Eiffelturm, einen Heiratsantrag macht. Vielleicht rechnet er mit einem Korb, wer kann das wissen? Peggy nun, die bisher nie »ja« gesagt hat, spricht das kleine Wort, ohne auch nur eine Sekunde nachzudenken. Sie sagt sofort ja. Sie denkt, daß sie in der Ehe mit diesem Mann vor der Gefahr der Langeweile gefeit ist. Vielleicht hat sie schon auf diesen Moment gewartet. Sie muß allerdings bemerken, wie Laurence nach seinem Antrag sichtbar von Reue ergriffen ist, daß es ihm fast leid zu tun scheint, sie gefragt zu haben. Sie ist schockiert, im Wechselbad der Gefühle, und Laurence wird immer nervöser, denn er denkt an die Zukunft. Was ist er schon, was kann er Peggy bieten? Er wird sich von einer Abhängigkeit in die nächste begeben, das

Djuna Barnes (1892–1982), die geliebte – gehaßte lebenslange Freundin Peggys. Sie hat der reichen Freundin zwei Sommeraufenthalte zu verdanken, während denen das Jahrhundertwerk ›Nightwood‹ entstand. (Foto: A. D. A. G. P., Paris)

kann sein Stolz nicht ertragen. In all dieser Gefühlsverwirrung nimmt er seine Zuflucht zu einer kleinen Reise nach Rouen, wo er über alles nachdenken will.
Laurence' Mutter, Mrs. Vail, versucht, die entstandene Verwirrung durch weitere Intrigen zu steigern und veranlaßt die verflossene Freundin Mary Reynolds, mit ihm zu fahren, in der Hoffnung, daß einerseits die alten Gefühle zwischen ihrem Sohn und der schönen Witwe wiederaufflammen, daß andererseits Peggy so von Eifersucht ergriffen wird, daß sie die Verlobung schnurstracks zu lösen bemüht wäre. Doch der klug ausgeheckte Plan mißlingt, denn Laurence und Mary fangen schon auf der Fahrt einen ihrer großen Streits an, und verzweifelt kabelt Laurence, kaum daß er angekommen ist, daß er sich nichts sehnlicher wünscht, als Peggy zu heiraten.
Noch, dies sei vermerkt, weiß die Gegenseite, Florette Guggenheim, nichts von den Plänen ihrer Tochter, denn sie weilt ja in Rom. Doch Peggy, die die Dinge sofort auf den Punkt bringen möchte, entschließt sich, die Mutter zumindest schriftlich von dem Ereignis in Kenntnis zu setzen. Die sofortige Rückkehr der Mutter ist die Folge. Florette will versuchen, das halb in den Brunnen gestürzte Kind wieder herauszuziehen, indem sie die Heirat verhindert. Regelrecht angetan von Peggys und Laurence' Idee ist übrigens außer den beiden selbst niemand so recht. Weder – aus verständlichen Gründen – Peggys übrige Verehrer noch auch zum Beispiel die Fleischmans, durch die sich Laurence und Peggy ja kennenlernten. Vielleicht ist es einfach der mangelnde Ernst, der von dem jungen Paar ausgeht, eine Haltung der Unstetigkeit nach dem Motto: Laßt es uns ausprobieren, es wird ein Fest! Und erst unsere Hochzeit – die herrlichste Bohème-Party aller Zeiten! Und was wir mit Peggys vielem Geld alles anstellen können!
Für Florette ist Laurence Vail ein netter, origineller Mensch, ein attraktiver Mann, aber darüber hinaus? Niemand, den sie kennt, den man kennen muß, niemand, der Geld verdient, noch

nicht einmal jemand, der welches verdienen möchte. Summa summarum ist dieser zugegeben äußerst attraktive Mann kein geeigneter Ehemann für ihre Tochter. Doch was tun? Peggy ist volljährig. Regelrecht verbieten kann Florette ihr die Heirat nicht. Sie versucht daher letzte Rückzugsgefechte und zieht sich auf ein Terrain zurück, das ihr zusagt, indem sie Laurence bittet, Referenzen zu beschaffen.

Das findet der König der Bohemiens rasend komisch und gibt den König von Griechenland an, denn er hat ihn einmal in St. Moritz getroffen.

Peggy kann, das war zu vermuten, ihren Kopf durchsetzen. Sie schafft es sogar, einen ordentlichen Ehevertrag mit Gütertrennung zu erwirken. In diesen Dingen versagt ihr praktischer Verstand eigentlich nie. Nachdem dann auch schon das Aufgebot veröffentlicht ist, beginnt sie, ernsthaft zu glauben, daß Laurence, ihr König ohne Reich, sie heiraten wird. Doch noch ist das Wechselbad der Gefühle nicht beendet. Laurence packt nämlich erneut der Wankelmut, und er entschließt sich, mit seiner über alles geliebten Schwester Clotilde nach Capri zu reisen. Nachdenken. Abstand nehmen. Aber die Heirat. Man muß sie aufschieben. Peggy soll in der Zwischenzeit nach New York fahren. Laurence bietet an, ihr im Mai zu folgen, sollte sie dann immer noch ans Heiraten denken.

Ratlosigkeit macht sich bei Peggy, ihrer Mutter und der Schwiegermutter in spe breit. Das Gepäck für Capri ist parat. Laurence braucht nur noch die Fahrkarte. Da erscheint er in der Halle des Plaza-Athénée-Hotels vor den versammelten weiblichen Statisten. Laut Peggy so bleich wie ein Geist. Und was er fragt, zeugt einmal mehr von seiner unnachahmlichen Fähigkeit, Entschlüsse im letzten Moment noch zu verändern: »Peggy, willst du mich morgen heiraten?« Und was antwortet die Rebellin, Hasserin von Langeweile und Freundin der Freiheit: »Ja, ja, ja!«

An ihr soll dieses Abenteuer nicht scheitern. Vielleicht traut sie dem Frieden aber nicht ganz, und auch ist Peggy ein sparsamer Mensch. Daher verzichtet sie auf den Kauf eines Hochzeitskleides und leistet sich statt dessen nur einen neuen Hut.

Dieses Verhalten darf kommentarlos dem sogenannten Konto »Seligmansches Erbe« angelastet werden.

Am Morgen der Hochzeit dann das letzte Mißverständnis: Mrs. Vail, Laurence' Mutter, ruft bei Peggy an und verkündet: »Er ist fort.« Was sie meint: Laurence ist in ein Taxi gestiegen und holt gleich seine Braut ab. Peggy jedoch – gebranntes Kind, das sie ist – versteht die Sache anders, glaubt, Laurence sei fortgelaufen, aus Angst vor der Heirat und den damit verbundenen Veränderungen seines Lebens. Doch diesmal täuschen sich die Zweifler – Laurence erscheint gemäß der Abmachungen am 10. März 1922 pünktlich in der Mairie des 16. Arrondissements in der Avenue Henri-Martin. Er hat unterwegs noch ein paar Stadtstreicher und Huren aufgetrieben, die der ganzen Sache etwas mehr Farbe verleihen sollen. Das ist er sich in seiner Eigenschaft als König der Bohème einfach schuldig. Schließlich und endlich werden Peggy Guggenheim im neuen Hut und Laurence Vail ohne Hut ordnungsgemäß Mann und Frau.

Bei diesem Anlaß begegnen einander die unterschiedlichsten Menschen. Da sind neben den Zaungästen von der Straße Laurence' Pariser Freunde, die Bohemiens, die er auf kleinen blauen Zetteln eingeladen hat, ohne ihnen jedoch zu sagen, wen er zu heiraten gedenkt. Peggy vermutet, daß er sich ihrer schämt. Der zweite Kreis besteht aus Florettes unzähligen Pariser Seligman-Cousins und -Cousinen und ihren Freunden aus der Bourgeoisie. Die Mutter des Bräutigams, selbst Mitglied des ungeheuer feinen Klubs der Töchter der amerikanischen Revolution, lädt alle ihre in Paris lebenden feinen amerikanischen Freunde ein. Peggy, die Braut, liefert zur Abrundung des Potpourris all ihre Freunde, die wiederum aus den unterschiedlichsten Welten stammen: Schriftsteller, Maler, der russische Freund Boris Dembo, der weint, weil eigentlich er Peggy hatte heiraten wollen, und die Cour der Verflossenen. Florette weint übrigens auch, allerdings nicht aus Kummer, sondern aus Wut: Sie ist beleidigt, weil nur Clotilde Vail und Helen Fleischman als Trauzeugen das Heiratsregister unterschreiben sollen und nicht sie selbst. Aber das kriegt Peggy rasch hin, auch ist Florette keine Spielverderberin und läßt sich von ihrer Tochter beschwatzen, eine Riesenmenge Champagner für alle zu spendieren.

Die Hochzeitsparty im Plaza-Athénée-Hotel wird rauschend, wie es sich gehört. Nur eines bemerkt Peggy: Laurence zeigt sich nicht geneigt, die Party zu verlassen, auch zu vorgerückter Stunde nicht. Er zeigt darüber hinaus nicht die geringste Lust, zu der geplanten Hochzeitsreise nach Italien aufzubrechen. Der Grund: Clotilde. Er kann sich nicht von seiner innig geliebten Schwester trennen. Peggy, großzügig, wie sie es gelernt hat, versucht ihn zu trösten und lädt Clotilde, die drei Jahre älter ist als sie selbst, nach Capri ein.

Am Morgen nach der Hochzeitsnacht wacht sie auf und fühlt sich verkatert, und daran sind weder die Austern schuld noch die Grippe, die sie außerdem noch hat. Sie hat das unbestimmte Gefühl, daß das, was sie sich so lange ersehnte, die Heirat mit Laurence Vail, für die sie so viel kämpfen mußte, nun, da sie vollzogen ist, ihr gar nicht mehr so viel bedeutet. Sie schreibt es der Unsicherheit zu, mit der Laurence in der letzten Zeit ihr gegenüber verfuhr. Darüber hinaus mag Peggy mit ihren starken Wünschen nach Freiheit auch das Gefühl, von jetzt an gebunden zu sein, wenig goutiert haben.

Zwei Tage später reist das Paar, wie ursprünglich geplant, nach Rom ab. Noch auf dem Bahnhof erscheint Florette und wedelt mit einem nagelneuen Paß, den sie für Peggy hat machen lassen. Als brave Ehefrau braucht sie eigentlich nur noch im Paß von Laurence miteingetragen zu sein, doch wünscht die vorsorgliche Mutter, daß die Tochter außerdem – falls sie gezwungen sein sollte, alleine abzureisen – einen zweiten Paß hat, ausgestellt auf den Namen »Marguerite Guggenheim Vail«.

In Rom macht Laurence, als sie den Vetter Harold Loeb treffen, der im Jahr zuvor seine Anteile an der New Yorker Buchhandlung verkauft hat und jetzt Wahlrömer ist, keinen guten Eindruck. Vetter Harold ist schockiert, weil Laurence Sandalen trägt und keine Socken darunter! Peggy fühlt, daß es an der Zeit ist, Unabhängigkeit zu demonstrieren, und daher besucht sie ihre früheren römischen Verehrer. Laurence seinerseits beschließt, auch seine Exfreundinnen mit seiner Anwesenheit zu erfreuen.
Man begreift: Das erotisch-streitbare Geplänkel eines waschechten Bohème-Alltags ist bereits wieder in vollem Gang. Peggy hat nach wenigen Tagen als verheiratete Frau das unabweisliche Gefühl, permanent gegen die Langeweile einer bloßen Gewohnheitsbeziehung ankämpfen zu müssen. Bloß keine stumpfe Ehe, muß sie sich wohl täglich gesagt haben, bloß keine Routine aufkommen lassen.
Auf Capri entspannt sich die Atmosphäre zunächst, denn das Lokalkolorit mit drei singenden, kochenden und rabenartig stehlenden einheimischen Hausbesorgerinnen, die nachts im Garten ihre Liebhaber empfangen, die zauberhafte Kulisse der Insel, die Abgeschnittenheit und Merkwürdigkeit Capris und seiner Bewohner, von dem opiumrauchenden Grafen Fersen angefangen, der ihr Nachbar ist und gemeinsam mit seinem Liebhaber, einem jungen Ziegenhirten, ein malerisches Paar abgibt, berauschen Peggy. Die Mischung ist gerade exzentrisch genug, um ihr zuzusagen. Nach drei Wochen des absoluten Genusses marschiert leider ein störendes Element in Gestalt der von Peggy selbst eingeladenen Clotilde auf.
Peggy muß sich klarmachen, daß sie die Brüderchen-und-Schwesterchen-Liebe zwischen Laurence und Clotilde unterschätzt hat, daß die jüngere Schwester den König der Bohemiens so fest in der Hand hat, daß jede ihrer zahlreichen Liaisons mit Männern einen Eifersuchtsanfall größeren Ausmaßes bei ihm auslöst, den er an seinem frischernannten Prügelknaben,

an ihr, Peggy, ausläßt. Peggy nennt Clotilde den »Dorn an meiner Ehe« und fühlt sich sofort fehl am Platz, wenn sie einen Raum betritt, in dem Schwester und Bruder weilen. Glücklicherweise haben sich zumindest in bezug auf die Schwiegermutter, die sich anfänglich so ablehnend gegenüber Peggy verhielt, die Wogen geglättet. Als Mrs. Vail nämlich begriffen hat, daß die Heirat beschlossene Sache ist, ändert sie schlagartig ihr Verhalten gegenüber der jungen Schwiegertochter, und mit untrüglichem Gespür gelingt es ihr rasch, Peggy für sich einzunehmen. Das probate Mittel sind einige Komplimente: An dieser Stelle ist Peggy, die in der Vorstellung aufwuchs, das häßliche Entlein unter zwei makellos weißen, schönen Schwanenschwestern zu sein, verwundbar.
Laurence läßt seinerseits leider keine Gelegenheit aus, sich spöttisch und abwertend über Peggys Verwandtschaft zu äußern. Und obwohl Peggy nichts sehnlicher gewünscht hatte, als sich aus den umschlingenden Armen der monströsen Seligman-Guggenheim-Verwandtschaft zu lösen, ist jetzt, da Laurence, den sie liebt, sagt, er würde ihre reichen Onkel am liebsten alle die Klippe herunterwerfen, dort, wo Tiberius seine Feinde ermordet hatte, ihre Identifikation mit den »Googs« so stark, daß sie gekränkt in Tränen ausbricht. Überhaupt kommt sie sich gegenüber Clotilde und Laurence wie ein Kleinkind vor, unerfahren, unreif, unwissend.
Im Sommer 1922 verläßt das Paar Capri und reist mit dem Auto Richtung Norden durch Italien. Peggy kann natürlich nicht umhin, Laurence Piero della Francescas berühmte Fresken in San Sepolcro und Arezzo zu zeigen und ihm zu beweisen, daß Berensons sieben Kriterien für ein großes Kunstwerk auch hier in idealer Weise erfüllt wurden. Sie erregt dadurch einmal mehr Laurence' Wut, der behauptet, Bilder solle man genießen und nicht analysieren. Nach weiteren italienischen Stationen, Venedig, Florenz und Mailand, erreichen die Vails schließlich das von Laurence favorisierte St. Moritz.

Im Herbst des Jahres reist Peggy nach New York, um die geliebte Schwester Benita zu besuchen, die erstaunlicherweise ganz glücklich mit ihrem Ehemann geworden ist (Laurence macht derweil gemeinsam mit Clotilde das Baskenland auf dem Motorrad unsicher). Und auf der Rückreise von Amerika bemerkt Peggy plötzlich, daß sie ein Kind erwartet. Es ist ihr entsetzlich übel, aber sie ist voller Freude und telegraphiert die Neuigkeit gleich an Laurence. Die weitere Reise im Ozeandampfer erlebt sie fast ausschließlich im Bett, und froh ist sie, als sie Laurence in Southampton wiedertrifft.
Peggy staunt immer wieder über das dynamische Wesen Laurence', seine Fähigkeit, über Tage ohne Schlaf auszukommen, was ihr nie gelingt, und auch sie sieht sich ja als energievolle Person. Aber es quält sie der Gedanke, Laurence sei in eine Schlägerei geraten, während sie zu Hause im Bett liegt, und sie macht sich Sorgen, denn sie kennt das leicht aufbrausende Wesen ihres Mannes. Dieses unselige aufbrausende Wesen. Laurence fängt nicht nur mit irgendwelchen Menschen Streit an, nein, es ist auch und in zunehmendem Maß in der Schwangerschaft Peggy selbst, die den Unmut des Leichterregbaren entfacht. Laurence kann rasend werden, wenn es ihn packt, gewalttätig, kein Ende findend, geradezu entsetzlich. Er hat Freude daran, die gesamte Hauseinrichtung zu zertrümmern, wenn er in Rage ist. Er wirft auch Peggys Schuhe aus dem Fenster, zerschmeißt teure Spiegel, das gesamte Geschirr und reißt schwere Leuchter vom Tisch. Das alles dauert Stunden, manchmal Tage. Manchmal auch Wochen.
Peggy, deren Rebellion gegen den Mann ohne Hut erst viel später begann, bereut im Rückblick, niemals zurückgeschlagen zu haben: »Er wollte, daß ich zurückschlug, aber alles, was ich tat, war weinen.«
Diese Passivität bringt Laurence erst recht auf die Palme. Er will eine Reaktion, unbedingt. So greift er zu immer grauenhafteren Mitteln, schmiert Marmelade in Peggys schönes langes Haar,

wirft sie auf der Straße zu Boden oder schleudert ihr Gegenstände an den Kopf, wenn sie im Restaurant sitzen. Einmal hält er ihren Kopf in der Badewanne unter Wasser, bis sie glaubt, daß sie ertrinken muß.

Für die Gründe, die zu diesen Ausfällen kommen, gibt Peggy nichts Bestimmtes an, außer daß sie selbst »very irritating« auf Laurence gewirkt haben muß – was immer man sich darunter vorzustellen hat. Eine Person gibt es jedoch, der es gelingt, Laurence davon abzuhalten, die große Szene immer aufs neue schicksalhaft abrollen zu lassen. Djuna Barnes hat die Zauberworte bei der Hand, die da lauten: »Sei doch kein Arschloch!« Ausprobiert in dem sicherlich äußerst schicken Restaurant Weber's wirken die vier Worte Wunder – sofort beruhigt sich Laurence. Aber leider ist Djuna nicht immer zugegen, und so geschieht es immer häufiger, daß Laurence, wenn er in der Öffentlichkeit ausfällig wird, Ärger mit der Polizei bekommt und oft, immer öfter, verhaftet wird. All diese gewiß nicht gerade friedlichen Ereignisse kennzeichnen Peggys erste Schwangerschaft.

Daneben erarbeitet sich das Paar aber auch einige einvernehmliche Entschlüsse: Sie möchten ihren Sohn – sie »wissen«, daß es ein Junge wird – Gawd nennen, und außerdem soll er in London das Licht der Welt erblicken. (Käme Laurence' Sohn in Frankreich zur Welt, müßte er nämlich später in den französischen Militärdienst einrücken, was ihm seine Eltern ersparen möchten.) Den Winter wollen die Vails noch in Frankreich genießen, um sich im Mai 1923 bei London ein Haus zu suchen.

Aber schon entwickelt sich der nächste große Streit zwischen Laurence und Peggy. Laurence knallt ein Tintenglas an die Wand eines Raums im Hotel Lutétia in Paris. Dabei geht auch ein Telefon zu Bruch. Und diesmal ist der auslösende Punkt klar. Peggy hat Laurence eröffnet, daß sie sich in ihren Russischlehrer Jacques Schiffrin verliebt hat. Sie gibt ihren Lesern gegenüber zu, daß es taktlos war, so etwas zu äußern, und ernst hat sie diese Liebe auch nicht gemeint. Aber sie mußte einfach mit der Angelegenheit heraus, koste es, was es wolle. Weiterhin muß sie zugeben, daß sie Laurence immer öfter spüren läßt, daß sie das Geld hat und er nicht. Daß er auf jeden Fall nicht selbständig über ihr Geld verfügen darf. Er seinerseits tut alles, um ihre Unterlegenheitsgefühle zu verstärken: »Er sagte mir, daß ich froh sein könnte, in der Bohème überhaupt akzeptiert zu werden, und daß ich, da Geld das einzige sei, was ich zu bieten hätte, dieses Geld all den brillanten Menschen leihen sollte, die ich treffen durfte.«

In diesem Winter 1922/23 erscheint Peggys jüngere Schwester Hazel auf dem Pariser Pflaster. Sie ist frisch geschieden und auf dem Weg, in zweiter Ehe den Schriftsteller Milton Waldman zu heiraten. Peggy wird von Laurence in den damals wohl chicsten Modesalon von Paris, den von Paul Poiret geschleppt und läßt sich hochelegante Kleider machen. Doch aufgrund der wachsenden Schwangerschaft kommt sie sich keineswegs chic vor, sondern eher wie das Ei von Brancusi.

Den Rest des Winters verbringt das Paar streitend an der französischen Riviera. Peggy jedenfalls berichtet außer diesem Faktum und einer erschöpfenden Lektüre aller Werke von Dostojewski (die wahrscheinlich streitverstärkend wirkte) und Laurence' Winterbädern im Meer nichts aus dieser Zeit. Als die brave Benita im März auf Europabesuch kommt, ist sie schockiert über die Verwahrlosung der Sitten im Hause Vail – sie empfindet deutlich den Bruch zwischen den Welten und weiß nicht mehr, was sie mit ihrer Schwester Peggy verbindet.

Ende April 1923 fährt Peggy nach London, um dort die Wohnung anzumieten, in der der kleine Gawd zur Welt kommen soll. In Campden Hill bei Kensington findet sie das geeignete Haus mit Garten. Benita lebt mit ihrem Mann und Florette derweil im Hotel Ritz – Florette weiß übrigens erst seit kurzem etwas über den bevorstehenden Nachwuchs. Über den genauen Zeitpunkt der Geburt läßt Peggy sie aber in weiser Voraussicht

Peggy mit ihrem Erstgeborenen, Sindbad Vail (1923–1986), aufgenommen 1923 von Man Ray. (Foto: A.D.A.G.P., Paris)

im unklaren, sie verlegt den Geburtstermin um etliche Wochen nach vorn, um zu verhindern, daß die Mutter ihre nervenaufreibenden Anfälle von Sorge ausleben kann.
Am Abend vor der Geburt kommt Peggy nach Hause und fühlt

sich nicht sehr gut. Aber wie geplant soll trotzdem die Dinner-Party stattfinden, zu der das Ehepaar Mary Reynolds mit ihrem Freund Norman, zwei weitere Paare sowie Robert McAlmon eingeladen hat. Nach dem Essen wirft die Frau des einen Freunds ihrer Gastgeberin Peggy ein Kissen gegen den Bauch – über die Gründe hierfür ist nichts bekannt –, was genügt, um die Fruchtblase sofort zum Platzen zu bringen. Eine hysterische Betriebsamkeit erhebt sich. Mary Reynolds fordert Peggy auf, sich ins Bett zu legen. Laurence fährt mit seinem Freund im Auto los, um die Hebamme herbeizuholen.

Die Geburt dauert die ganze Nacht über. Zwei Ärzte müssen hinzugezogen werden. Aber auch ihnen gelingt es nur mit Zangeneinsatz, am Morgen des 15. Mai 1923 gegen acht Uhr früh Gawd, wie er jetzt noch heißt, zur Welt zu bringen.

Florette hält die Nachricht von der glücklichen Geburt ihres ersten Enkelkindes zunächst für einen Scherz, und erst die unbestreitbare Existenz des Kleinen, der adhoc mit neuen Namen versehen wird, überzeugt: Peggys Sohn soll jetzt Michael Cedric Sindbad Vail heißen, und dabei bleibt es (sein Rufname wird Sindbad – diese orientalische Idee stammt von Laurence).

Peggy findet den Neugeborenen zwar sehr lieb, aber unglaublich häßlich. Unter dem strengen Regime der Tagschwester dürfen die frischgebackenen Eltern kaum ein wenig mit dem Kleinen Scherze treiben. Wie gut, daß es die Nachtschwester gibt!

Nach einem Monat des Stillens gibt Peggy dieses für sie zu anstrengende Geschäft auf – sie hat keine Milch mehr. Außerdem schmerzte sie das Stillen immer. Sie hält sich für eine unnatürliche Mutter, denn es sei ihr nie gelungen, das Kind ohne die Hilfe der Kinderschwester zu stillen. In den drei Wochen Bettruhe, die ihr der Arzt nach der Geburt befiehlt, tritt die alte Krankheit Peggys, die Langeweile, wieder sehr stark hervor, und sie freut sich schon auf das Leben als wieder schlanke Frau.

Zum Glück kommt die New-Yorker-Schulfreundin Peggy zu Besuch, die in erster Ehe mit Peggys Cousin Edwin Loeb verheiratet war und gut zehn Jahre später Milton S. Waldman heiraten wird, den derzeitigen Gatten Hazels.
Schon im Juli 1923 reist Peggy mit Laurence und der anderen Peggy nach Paris, um den Nationalfeiertag tanzend auf den Pariser Straßen zu verbringen. Sindbad wird vermutlich mit Tag- und Nachtschwester in Campden Hill geblieben sein. In Villerville in der Normandie mietet sie für den Sommer ein großes Haus mit einem wunderbaren Atelier, wo alle, die die Vails dort besuchen, wie wild malen: Clotilde, Peggy, Harold Loeb, Kitty Cannell und Man Ray mit Kiki de Montparnasse. Es entstehen schöne Photos Man Rays von Peggy mit ihrem kleinen Sohn. Für diesen Sommer notiert sie auch erstmalig den Namen des Ehepaars Joyce: James und Nora sind in Villerville vorbeigekommen, als sie auf dem Weg waren, ihre Tochter in einem Internat an der Küste zu besuchen. Dies scheint der unmittelbare Beweis dafür zu sein, daß Peggy und Laurence bereits 1922, in ihrer ersten Pariser Zeit, Kontakt zu Joyce hatten. Andernfalls hätten sie ihm wohl nicht ihre Ferienadresse – sicherlich verbunden mit der Einladung, sie zu besuchen – hinterlassen.
Im Herbst reist das Ehepaar gemeinsam mit Sindbad und der Kinderschwester Lily, mit Clotilde, Mary Reynolds und der anderen Peggy erneut nach Capri. Diesmal wohnt man in einem kleinen Hotel im Zentrum der Insel.
Auffällig ist, wie selten Laurence und Peggy alleine anzutreffen sind. Fast scheint es, als wünschten sie die fortwährende Gegenwart von Freunden, um nicht in die entsetzlichen Phasen der Streitigkeiten zu verfallen.
Capri bringt dem Paar kein Glück. Wieder leidet Laurence unter entsetzlichen Anfällen von Eifersucht: Clotilde hat einen neuen Liebhaber, einen verheirateten Italiener, den Capitano Patuni, der sich nicht in der Öffentlichkeit mit ihr zu zeigen wagt. Da

Clotilde sich Laurence gegenüber sehr bitter über diese Kränkung ausläßt, fällt diesem nichts Besseres ein, als den Capitano zu brüskieren, indem er ihm in dessen Herrenclub folgt und ihm die Spielkarten ins Gesicht schleudert. Ein Handgemenge entsteht, ein Polizist bricht sich den Daumen, Laurence wird mit Ketten gefesselt und ins Gefängnis abtransportiert. Da er bereits mit so gut wie jedem auf Capri, inklusive dem Bürgermeister, seine gewissen Händel ausgefochten hat, läßt man ihn tagelang im Kittchen schmoren, ohne ihn vor Gericht zu stellen. Peggy versucht ihr Menschenmögliches, um ihn zu sehen, aber es gelingt ihr nur mit größter Mühe. Schließlich kann der Anwalt des amerikanischen Konsulats am zehnten Tag nach der Verhaftung die Verhandlung durchsetzen – er beweist, daß Laurence an dem bewußten Abend stockbetrunken war. Laurence wird freigelassen, und noch am selben Tag verlassen die Vails Capri, jedoch nicht ohne den letzten großen Auftritt Laurence' auf der Piazza – am Arm Clotildes stolziert er selbstsicher auf und ab, um jedem zu zeigen, daß er keineswegs die Rolle des Verlierers akzeptiert hat. Peggy empfindet die ganze Sache als äußerst beschämend.

In Amalfi sieht Peggy ein Haus, in das sie sich verliebt und das sie am liebsten gekauft hätte, wäre nicht der Großteil ihres Vermögens fest angelegt gewesen. So sind die Rastlosen gezwungen, einen neuen Plan auszuhecken. Wo überwintert der wohlhabende Europäer in jenen Jahren am gesündesten? Zweifellos die beste Adresse scheint Ägypten zu sein, und des weiteren geht aus Peggys Aufzeichnungen hervor, daß Ägypten insbesondere aus dem Grunde besonders interessant ist, als sie hier »für buchstäblich nichts« ihrer seit längerem bestehenden Sammelleidenschaft für Ohrringe frönen und sowohl Clotilde wie Mary Reynolds, die ebenfalls Ohrringe sammeln, mit Dutzenden von Paaren eine Freude machen kann. Kaufen und Handeln ist zentral in Ägypten, diesen Eindruck läßt Peggy entstehen. Laurence kauft Stoffe und läßt sich herrliche Anzüge machen,

Peggy bekommt Parfums, Mäntel und ein Cape, sie kaufen merkwürdige Lumpenpuppen, Drucke und eine Wasserpfeife. Und da sie offenbar wahllos kaufen und viel Trinkgeld geben, stürmen immer mehr Händler auf sie ein, bis es ihnen zu viel wird und sie sie abschütteln »wie die Fliegen«.
In dieser Zeit ihrer Ehe mit Laurence Vail erlebt man Peggy als genußsüchtige, reiche, sorglose Person ohne tiefer gehende Interessen oder Einsichten. Rebellisches Verhalten legt sie im Grunde nicht an den Tag – nur dadurch, daß sie Laurence Vails Leben teilt, gerät sie nolens volens mehr und mehr in die Position der Andersartigkeit und Verworfenheit, vom Standpunkt ihrer Familie aus betrachtet. Ihr Bestreben ist es, sich in Nachahmung ihrer Vorbilder Helen Fleischman, Mary Reynolds und Djuna Barnes möglichst modern, das heißt tolerant gegenüber Laurence zu verhalten. So gestattet sie ihm in Ägypten großzügig ein kleines Abenteuer mit einer hübschen Bauchtänzerin. Das Campen in der Wüste kommt ihr luxuriös vor, denn eine riesige Karawane von Kamelen mit Koch und Zelten, Einrichtung und Lebensmitteln begleitet die Europäer. Das Reiten auf einem Kamel ist nicht sehr komfortabel, wohingegen es großen Spaß macht, auf einem Esel zu reiten. Das etwa ist die Art der Erfahrungen, die Peggy macht, und sie kulminieren in der nicht sehr originellen Beobachtung, daß die Existenz Ägyptens vollständig vom Nil abhängt. Gäbe es ihn nicht, wäre ganz Ägypten eine Wüste. Außerdem weiß sie zu bemerken, daß die Ägypter zu einem großen Teil Araber und sehr arm sind.
Während die äußeren Eindrücke also eher an der Oberfläche verbleiben, zeigt die Reise nach Ägypten Peggy aber sehr deutlich, daß ihre innere Ungeduld sie grundlegend von der orientalischen Seinsart unterscheidet. Sie nimmt diese Unruhe an sich erstmals wahr, als sie zusammen mit Laurence per Boot auf dem Nil aufwärts fährt. Da das Kindermädchen gemeinsam mit dem kleinen Sindbad derweil im Hotel von Assuan zurückbleibt, ist Peggy in der Eintönigkeit der mehrere Wochen dauernden

»zeitlosen« Nilreise so gelangweilt, daß sie eine trächtige Ziege kauft, um sich an Bord mit ihr zu amüsieren und wenn möglich die Niederkunft zu erleben. Dummerweise tritt das ersehnte Ereignis genau in der einen Stunde ein, als Peggy gerade zu einem Besuch bei Freunden auf einem benachbarten Schiff ist. Und schon bald kann niemand mehr den Ziegengeruch an Bord ertragen – die Ziege wird flugs wieder abgeschafft.

Das Ziel der Vails ist Wadi Halfa, die Tempel und das Tal der Könige. Der Kimombo-Tempel und der Phalaes-Tempel stehen gerade unter Wasser, aus diesem Grund seien sie mit dem Ruderboot herangefahren. Anders als man von der Art der bisherigen Beschreibung hätte vermuten können, behauptet Peggy, die Welt des alten Ägypten habe bei ihr – wie gewöhnlich Werke der Kunst – einen unauslöschlichen Eindruck hinterlassen. Noch ist Tutenchamuns Grab nicht geöffnet, noch sind europäische Touristen in dieser Gegend eine Seltenheit. Wenn überhaupt, kommen sie aus Großbritannien.

Die nächste Reiseetappe ist Jerusalem. Wieder wird der kleine Sindbad mit dem Kindermädchen zurückgelassen, diesmal in Kairo. In Jerusalem empfindet Peggy zum ersten Mal in ihrem Leben Scham darüber, daß sie ihren Mann außerhalb des Kreises ihrer Glaubensangehörigen gewählt hat. Die Juden von Jerusalem, das gerade erst im Begriff steht, wiederaufgebaut zu werden, schauen sie entsetzt an: Was haben die eindeutig jüdisch aussehende junge Frau und der eindeutig nichtjüdische blonde Mann miteinander zu schaffen?

Peggy und Laurence finden in dem jungen Staat wenig, was sie fesselt. Eine Ausnahme ist die Klagemauer. Doch in das beeindruckte Staunen über das Bauwerk und seine Nutzung mischen sich auch negative Gefühle: »Es war mir peinlich, daß dies mein Volk war. Der ekelerregende Anblick meiner Landsleute, die öffentlich stöhnten und jammerten und sich körperlich verbogen, war mehr, als ich ertragen konnte, und ich war froh, als wir die Juden wieder verließen.«

Derartige Äußerungen Peggys muten peinlich an, zum Glück sind sie selten: Zu lakonisch, zu einseitig den eigenen, spontanen Eindruck unreflektiert widergebend, sind ihre Sätze, gerade dann, wenn sie in unbekannte Gefilde eindringt. An dieser Stelle kommt etwas hinzu: Ihre Reaktion des Ekels erscheint ebenso wie auch die Unfähigkeit, das eigene Kind stillen zu können als die typische Reaktion eines verwöhnten amerikanischen Mädchens: puritanisch erzogen, reinlich und sinnesfern. Im Widerspruch hierzu steht das Gefallen, das Peggy an der Welt der Bohème findet, die Attraktion durch das andere, das Schillernde, das Verbotene, das, was jene Welt von der der »sauberen« Familie unterscheidet.

Man erlebt Peggy Guggenheim-Vail in diesen Jahren als durchaus zwiegespalten. Einerseits fühlt sie sich den Anforderungen der Bohème – auch intellektuell –, gerade wenn diese durch die Person von Laurence Vail verkörpert wird, nicht immer gewachsen, andererseits zieht es sie mächtig in dieses von ihr als Gegenwelt stilisierte Milieu. Einerseits findet sie vieles, was sie erlebt, widerwärtig, sind ihr die Verhaltensweisen der Künstler oft fremd, andererseits ist es nur hier, in der Welt der Bohème, wirklich interessant für sie.

Der Hauptgewinn der Reise in den Orient ist für Peggy und Laurence die ungeheure Menge von Souvenirs, die sie unbeschadet durch die strengen Zollkontrollen bringen und später stolz in Paris auf ihren Sonntags-Cocktails vorführen werden.

Nun, da Sindbad da ist, erweisen sich die bisher bewohnten Räume im Hotel Lutétia als zu klein. Kurzentschlossen mieten Peggy und Laurence auf dem Boulevard Saint-Germain für sechs Monate eine große Wohnung – wahrscheinlich ist ihnen dieser kurze Zeitraum genau recht. Durch die Zeilen spürt man noch im Abstand einiger Jahrzehnte die Freude an der Nichtseßhaftigkeit, an der Möglichkeit, jederzeit den Ort zu wechseln. Die Wohnung ist ganz und gar mit Louis-Seize-Möbeln ausgestattet – ein Horror für das Bohème-Paar. Die guten Stükke werden in die letzten Ecken verbannt und statt dessen französische Bauernmöbel angeschafft, die sich besser für die rauschenden Partys eignen, die jeden Sonntag stattfinden. In ihrem neuen Poiret-Abendkleid, dem berühmten mit dem goldenen Rock und dem blau-weißen Oberteil aus Crêpe de Chine und dem dazu passend angefertigten Kopfputz von Vera Strawinsky macht Peggy eine sehr gute Figur – Man Ray hat sie in einem unvergeßlichen Photo mit langer Zigarettenspitze aufgenommen. Sie ist auf diesem Bild der Inbegriff des »glamourgirls of the roaring twenties«, und sie versucht, sich diesem Bild innerlich anzupassen.

Doch hat die Anpassung an das Unkonventionelle auch Grenzen bei Peggy: Wenn fremde Gäste heimlich in ihrem Bett Liebe machen und dann auch noch die Dessous bei ihr liegenlassen, kann sie doch nicht umhin, am Morgen nach der rauschenden Party mit einer großen Lysolflasche durch die Wohnung zu gehen und alles gründlich zu desinfizieren.

Mit Florette verträgt sie sich übrigens jetzt viel besser als vor der Ehe. Wenn man von drei Punkten absieht: erstens Florettes nie enden wollender Besorgnis, die sich in täglichen telefonischen Ratschlägen ausdrückt, welche Schuhe und welche Mäntel von Peggy aufgrund schrecklicher Witterungsverhältnisse zu tragen sind, zweitens ihrer Kritik am Leben der Tochter, die sie hauptsächlich auf ihren in Peggys Augen ekelhaft konventionellen Partys im Pariser Hotel Ritz übt und die in der stereotyp wiederholten traurigen Feststellung kulminieren, wie schade es sei, daß Peggy keinen jüdischen Millionär geheiratet hat (Schwester Hazel, in fast allem das Gegenteil von Peggy, vermutet übrigens, sowohl Peggy wie sie selbst hätten bourgeoise Millionäre geheiratet, wenn der Vater das ihm von seiner Konstitution zugemessene Alter erreicht hätte); und schließlich ihrer als Tick zu bezeichnenden Angewohnheit, alles, was sie sagt, dreimal zu wiederholen sowie – vermutlich aus einem zwanghaften Sicherheitsbedürfnis heraus – gleichzeitig immer

drei Uhren zu tragen und drei Mäntel mit sich herumzuschleppen, die sie permanent wechselt.
Um die Brücke zur Tochter zu schlagen, ein kleiner Vorgriff: In seinem Roman »Murder! Murder!« wird Laurence Peggy in Gestalt der Poll als eine Person karikieren, die unaufhörlich alles, was sie sieht und tut, zählt – eine wohl verwandte Manie: »Und jetzt zu Poll. Seit Samstag liest sie einen Roman von Dostojewski. Am Samstag las sie 114 Seiten, am Sonntag 148, am Montag 124, heute, am Dienstag, 96. Noch war die Nacht jung. Sie war in Form. Sie könnte noch ihren Rekord brechen.«
Selbst sieht Peggy diesen Zusammenhang interessanterweise nicht. Die Mutter ist für die Tochter deshalb so »seltsam«, weil sie aus einer seltsamen Familie stammt, und luzide analysiert sie Florettes Umgang mit Geld: Florette ist geizig und großzügig zugleich. Auf der einen Seite schenkt sie ihren Töchtern jedes Jahr ein Auto oder einen Pelzmantel und legt ständig Geld für sie auf die hohe Kante. In den kleinen Dingen der Alltagsgroßzügigkeit versagt sie jedoch vollkommen, insbesondere beim sogenannten »tipping« – Florette gibt entweder überhaupt keine Trinkgelder oder peinlich winzig bemessene. Wie alle ihre Geschwister, betont Peggy, ist auch diese Seligman-Tochter eine passionierte Spielerin.
Auch diese Eigenschaften der Mutter stellt Peggy nicht vergleichend den eigenen gegenüber – die Verwandtschaft, die dem Distanzierten ins Auge springt, entgeht ihr, wie überhaupt die Fähigkeit zur Selbstanalyse nur rudimentär bei ihr ausgebildet ist. Betrachtet man sich etwa den Fall der Unterwäsche für Djuna Barnes in diesem Licht, so erfährt er eine interessante Beleuchtung. Hazel, die Jüngere, erkennt jedenfalls eine starke Verwandtschaft zwischen der Mutter und der älteren Schwester. Peggy war in ihren Augen eine ebenso gute, ja »terrific« gute Geschäftsfrau wie Florette, die sich auch bestens mit Geldanlagemöglichkeiten auskannte.

6. KAPITEL

Die surrealistische Ehe

Die ehemals so traurige Florette hat jetzt, im Paris der goldenen Zwanziger, ihre beste Zeit. Sie wird nicht länger durch die Treulosigkeit Benjamins gequält, und die Töchter sind allesamt verheiratet. Selbst ist sie noch nicht zu alt, um verschiedene Anträge zu bekommen, die sie jedoch kalt lächelnd ablehnt. Florette sei eine Frau für einen Mann gewesen, behauptet Peggy bedauernd, und sie habe nach dem Unglück mit Benjamin ihre ganze Energie dazu verwandt, für andere Leute Heiraten zu stiften. Hazel hingegen vermutet, die Angst, die Guggenheim-Onkel, diese übermächtige Schar von Industrietycoons, zu kränken, habe Florette an einem solchen Schritt gehindert.

Das Stiften von Heiraten gelingt der klardenkenden Lady selbstredend jedoch nur im Milieu der feinen Gesellschaft. In den Kreisen, in denen Peggy verkehrt, ist Heiraten eher die Ausnahme. Nehmen wir Djuna Barnes. Sie geht eine kurze Ehe – von drei Jahren Dauer – mit dem Lektor und Schriftsteller Courtenay Lemon ein, danach reist sie nach Paris und lernt Thelma Wood kennen und lieben. Wechselnde Freundschaften mit verschiedenen Männern folgen, nachdem die Liebe zu Thelma 1931 ihr Ende gefunden hat. Djuna lebt immer alleine. Und Djuna ist kein Einzelfall.

Nehmen wir auch Max Ernst – Peggy und er kennen sich zwar noch nicht, aber er ist bereits ein Begriff für sie. Schon in den Jahren 1919/1920 bildet er in Köln gemeinsam mit Johannes Theodor Baargeld, Angelika und Heinrich Hoerle und Hans Arp, dem Mitbegründer von Dada Zürich, eine eigene Dadagruppe. Schon bald tritt diese mit der Dadagruppe Paris in Verbindung, Max Ernst korrespondiert mit Tristan Tzara, und es kommt zu Veröffentlichungen Tzaras, Aragons, André Bretons, Paul Eluards, Francis Picabias und Philippe Soupaults in der Kölner Dada-Zeitschrift *schammade*. Max Ernst, seit 1918 mit der Kunsthistorikerin und Journalistin Louise Strauß-Ernst verheiratet, mit der er den 1921 geborenen Sohn Jimmy hat, nimmt den Kontakt mit den Pariser Dadaisten, die sich schon bald in Surrealisten verwandeln werden, so ernst, daß bei einem Sommeraufenthalt 1922 in Tarrenz bei Imst Freundschaften und Ehen in die Brüche gehen, inklusive seine eigene: Ernst verliebt sich in Gala, Eluards Frau, später Dalìs Frau. Eluard akzeptiert den dritten, während Louise verzweifelt um den Mann und Vater ihres Sohns kämpft. Ohne Erfolg. Wenig später schon findet man Max Ernst, und zwar zunächst ohne jede Hoffnung auf Arbeitsmöglichkeiten, in Paris. Der Kontakt zu den Pariser Künstlern ist ihm das Wichtigste, Paris eine mächtige Verlockung. Lou Strauß-Ernst zieht den kleinen Jimmy alleine groß. Sie hat ihr Schicksal mutig und ohne Larmoyanz angegangen. Sie hört, daß bald auch Ernsts Beziehung zu Gala dahin ist, daß andere Frauen kommen und gehen – lebenslang ist Max Ernst nur seinem Freund Hans Arp treu geblieben. Sie hat es akzeptieren gelernt.

Die Ehe als Beziehungsform existiert zwar (bis heute) noch, aber sie ist schon in den zwanziger Jahren kein Garant mehr für die Dauerhaftigkeit einer Beziehung und gleichfalls keine Absicherung für eine Frau. Man heiratet – und läßt sich wieder scheiden. Man heiratet mehrmals oder gar nicht. Man lebt, wenn man will, als Mann die Homosexualität aus und kann als Frau die Liebe zu einer anderen Frau entdecken. Man ist mit dem einen Mann verheiratet, lebt aber mit einem anderen. Man gönnt sich und dem anderen Seitensprünge. Man feiert orgiastische Partys.

Das Leben ist ungeheuer modern geworden, es gibt nichts, keinen Grundsatz, keine Regel, woran man sich noch halten kann. Die Postulate der Religionen sind den Künstlern in Paris vollständig egal.

Die aus dem goldenen Käfig entflogene Peggy – Laurence wird sie später in seinen Memoiren »Pidgeon« nennen – paßt sich weiter an und versucht sich in großzügigem Denken.

Sie hat Vorbilder – die gute Freundin Mary Reynolds führt ein extrem wildes Leben in diesem Winter 1923/24. Jede Nacht endet sie in einem anderen Bett. Was gleich bleibt, ist lediglich das wunderbare Poiret-Abendkleid, das Peggy auch für sie beim Meister bestellt hat, ansonsten verkehrt sie am liebsten mit Homosexuellen im »Bœuf sur le toit«. Ihr Verhalten ist sogar ihrem Bekannten Marcel Duchamp – und der ist auch nicht gerade ein Waisenknabe – eigentlich ein Graus, und so kann es mehr als ein Zufall bezeichnet werden, daß aus Mary Reynolds und Marcel Duchamp schließlich ein Paar wird, wenn auch eines, das nie heiratet, das sich hingegen streitet und versöhnt, das heute nicht mehr miteinander spricht und sich morgen wieder in die Arme fällt. Marcel sei bei Frauen sehr begehrt und eigentlich ein »Mysterium« gewesen, erwähnt Peggy mit bewunderndem Unverständnis: Er habe seit dem Jahr 1911, dem Jahr, in dem sein berühmter »Akt, eine Treppe hinabsteigend« entstand, nichts mehr gemalt. Das habe ihn berühmt ge-

macht, seitdem spiele er nur noch Schach. Um die Dinge richtigzustellen: Duchamps wichtiges Werk entstand im Jahre 1912 – ab 1913 entfernt sich der Maler dann von der bisher als Malerei verstandenen Kunst und entwickelt per Experiment neue Ausdrucksformen, mechanische Zeichnungen, Studien und Notizen, die sein Hauptwerk, das zwischen 1915 und 1923 konzipierte »Das große Glas« bereichern.
Auch die »Ready mades« unterschlägt uns Peggy völlig, sie entstanden 1914, und gerade sie inspirierten viele andere Künstler. Auch die New Yorker Zeit läßt sie unerwähnt, in der er mit Man Ray, den Arensbergs und Picabia Kontakt hatte, und selbst die ersten Konstruktionen mit Motorantrieb entgehen ihrer Aufmerksamkeit. Auf die ihn Umgebenden mußte es gleichwohl 1923 so gewirkt haben, als habe er seine künstlerischen Experimente aufgegeben und spiele ab sofort nur noch Schach – in Wahrheit trieb er seine Arbeit weiter und nahm in dieser Zeit die Beziehung zu den Surrealisten auf.
Peggy kommt es auf all diese Details nicht an, sie nennt die Beziehung zwischen ihm und Mary, der schönen, reichen Witwe, knapp und treffend den Hundertjährigen Krieg.
Duchamp wird sich 1924 endgültig in New York niederlassen, ein nicht unwichtiges Faktum für die späteren Entwicklungen auch in Peggys Leben.
Peggy lebt mit allen Sinnen in Paris. Jetzt, nach der Rückkehr von Ägypten, sieht sie die berühmten Ballettaufführungen, die der Comte de Beaumont organisiert, die »Soirées de Paris«, für die Strawinsky und die Gruppe Six komponieren. Und wie schon 1917, als Picasso über Cocteau mit Serge Diaghilew, dem Leiter der 1911 in Paris gegründeten »Ballets Russes« in Berührung kam und für das Ballett »Parade« von Satie und Cocteau die Bühnenbilder entwarf, werden jetzt wieder die avantgardistischen Künstler beteiligt, um die Werke deutlich als moderne Gesamtkunstwerke zu kennzeichnen. Die Stars der revolutionär veränderten Tanzkunst treten auf – Serge Lifar, Riabou-

chinska, Lopokava, Borovansky, Toumanova, Leonid Massine und Danilova, und Picasso, Max Ernst, Francis Picabia, Giorgio de Chirico und Juan Mirò werden mit den Arbeiten für die Dekorationen betraut.
Die Zeit ist so schnellebig wie nie zuvor, es gibt Telefone und Autos, – geschwind kann man von einem Ort zum anderen reisen. Man kann die Welt verändern, nichts steht mehr fest. Das ist das Credo all der Künstler dieser Zeit, die die landläufigen Sehgewohnheiten desavouieren und sich neuen abstrakten oder surrealistischen Möglichkeiten zuwenden.
Im Jahre 1924 tritt der Surrealismus als Bewegung dann auch theoretisch in Erscheinung – André Breton veröffentlicht das »Manifest des Surrealismus«, in welchem er feststellt, die neue Dichtung wie die neue Malerei seien ein reiner, das heißt physischer Automatismus – die Vernunft als Kontrollinstanz habe ausgespielt, ebenso alle ästhetischen oder moralischen Vorbehalte. In freien Assoziationen, im Ausdruck von Träumen, spielerischem Umgang mit Ideen gefällt sich der Surrealismus als eine Art höherer Wirklichkeit.
Wie müssen diese Vorstellungen einer Frau wie Peggy Guggenheim, die die Konventionen so sehr haßte, gefallen haben! Peggy und ihre Freunde sahen vermutlich zahllose, jetzt zu Klassikern der Moderne gewordene Werke ganz neu, mit den Augen der ersten – und wie viele Künstler sind gerade jetzt in Paris – Alberto Giacometti, Juan Mirò, Piet Mondrian, Marc Chagall, Georges Braque, Juan Gris, Fernand Léger und Robert Delaunay, um nur die berühmtesten Namen zu nennen.
Außer für die bildende Kunst und für das Ballett sind die zwanziger Jahre in Paris auch eine große Zeit für das Theater und die Literatur. Cocteau und Tristan Tzara werden als Bühnenautoren berühmt, unzählige Gedichte entstehen, Zeitschriften werden verlegt – Namen »neuer« Autoren wie Breton, Desnos, Eluard, Aragon, Cendrars und Max Jacob sind bald in aller Munde. Das Pariser Publikum, das fast nur in den Cafés lebt, kennt nichts

Schöneres, als ein neues Kunstwerk wahrzunehmen, das sofort Gesprächsthema ist, als die Darsteller und Autoren zu treffen, zu festgelegten Zeiten an immer den selben Orten. Ein ausgezeichnetes künstlerisches Beispiel für die enge Beziehung und nationenübergreifende Freundschaft zwischen bildenden Künstlern und Dichtern ist Max Ernsts 1922 entstandenes Bild »Au rendez-vous des amis«, auf dem neben den vielen Zeitgenossen auch Raffael und Dostojewski figurieren.

Peggy ist in diesen Jahren nicht mehr gelangweilt, sondern im Gegenteil äußerst animiert (teilweise sogar überanstrengt) durch den bunten Wechsel von Ereignissen und Erlebnissen, von Kontakten mit außergewöhnlichen Menschen, die sie über Laurence und auf eigene Faust kennenlernt. Sie verändert sich, wird durch Laurence verändert, während sie auf ihn wenig Einfluß nimmt. So urteilt jedenfalls Laurence' Tochter aus zweiter Ehe, Kathe Vail.

Alles hätte schließlich immer so weitergehen können, in einer endlosen, rauschhaften Bohème-Party. Doch Peggy wäre nicht Peggy gewesen, wenn eine Stufe ihres Lebens nicht schon die nächste beinhaltete, wenn ein Zustand des Seins nicht schon in sich die Unzufriedenheit mit sich trüge, aus der die Kraft erwuchs, sich daraus zu befreien – oder befreit zu werden.

Bevor jedoch der auch für Peggys Verhältnisse ungewöhnliche Kraftakt der Befreiung angesteuert wird, sei ein kurzer Blick auf das, was sich zwischenzeitlich jenseits des Atlantischen Ozeans zutrug, geworfen.

Die Geschicke des Guggenheim-Konzerns wurden verlassen, als Benjamin und William, die jüngsten Guggenheim-Brüder, zu Anfang dieses Jahrhunderts aus der Partnerschaft ausscherten.

Peggy, die dem Leser das Wohlergehen ihrer amerikanischen Familie gänzlich vorenthält, war sicherlich über Florette und die Schwestern über jeden Entwicklungsschritt gut informiert worden.

»Das Rendezvous der Freunde«, Öl auf Leinwand., 1922 entstanden (Köln, Wallraf-Richartz-Museum). Max Ernst malte dieses Gruppenbild des Frühsurrealismus kurz nach seiner Übersiedlung nach Paris.
(Foto: Archiv für Kund und Geschichte, Berlin)

Gerade in den sich anschließenden dreißiger und vierziger Jahre werden sich die Konflikte zwischen Peggy und der amerikanischen Guggenheim-Familie verschärfen. Die Gründe hierfür sind jedoch weit früher anzusiedeln.
Meyer Guggenheim, der Gründer allen Reichtums, war bereits am 15. März des Jahres 1905 gestorben. Sein Vermögen zum Zeitpunkt seines Todes belief sich zwar »nur« auf etwas mehr als 2 Millionen Dollar, hinzu kamen die mittlerweile fast komplett ausgebeuteten Minen in Colorado. Darüber hinaus hinterließ er jedoch – mit den Abstrichen, die für Benjamin und William zu machen sind – sieben Söhne, die Multimillionäre waren. Insgesamt beträgt das Vermögen dieser sieben zum Zeitpunkt des Todes 75 Millionen Dollar, und die Kaufkraft des Dollar betrug

damals ein Vielfaches der heutigen. In heutigen Relationen müßte man die Summe des damaligen Vermögens mit zirka 450 Millionen Dollar angeben – eine unermeßlich hohe Summe. Nach Meyer Guggenheims Tod ist es der im Jahre 1858 zweitgeborene Sohn Daniel, Mr. Dan, der die Führung der Partner-Brüder übernimmt. Dan ist ein kleiner, napoleonisch wirkender Mann von unermüdlicher Energie, der zu einem astronomischen Jahresgehalt einen Chefingenieur einstellt, der für ihn und seine Brüder den Erdball nach profitablen Erzvorkommen durchleuchten soll. Als die Brüder von den riesigen Kupfer-Vorkommen in Alaska, Kennecott Creek, hören, sind sie wie elektrisiert. Zwar gibt es keine Straßen und Eisenbahnen in Alaska, keine Telegraphenlinien, nichts, außer kalter, eisigkalter Wildnis, doch für die Brüder Guggenheim ist das kein Hinderungsgrund. Zwar reicht auch ihr Vermögen nicht, um ein solches abenteuerliches Ausbeutungsunternehmen zu finanzieren, doch auch das ist kein Hinderungsgrund für sie. Der Name mit fast zauberhaftem Klang lautet J.P. Morgan – der wohl einflußreichste Finanzier der amerikanischen Geschichte. Nun war J.P. Morgan wohl alles andere als ein Menschenfreund, und die reichen New Yorker Juden bezeichnete er generalisierend und verächtlich als die »Waldorf Crowd«. Doch das Guggenheim-Geld stinkt auch für ihn nicht, und so läßt er sich herab, mit Mr. Dan den Fall Alaska mindestens zu besprechen. Und siehe da – Mr. Morgan hört zu, während Mr. Dan spricht –, nie hat der eine flammendere Rede gehalten, es ist, als ob er sein ganzes Leben in Alaska verbracht hätte. Nach dieser Rede steht für J.P. Morgan fest, daß der Beginn einer geschäftlichen Partnerschaft markiert wurde. Das »Alaska Syndicat« wird gegründet, es geht unter dem Namen »Guggenheim Trust« in die Geschichte ein. Wenig später haben die Cartoonisten Amerikas zwei neue Monsterfiguren entwickelt – zwei Polarbären mit jüdischen Nasen und weißen Handschuhen, die sich Alaskas bemächtigen – sie tragen die Namen »Guggenmorgan« und

»Morganheim«. Und die Cartoonisten haben recht – der Trust kauft Alaska buchstäblich auf.
Bis in das Jahr 1911 dauern die äußerst schwierigen Vorarbeiten des Minenbaus, dann aber ist die Ausbeute von 75prozentigem Kupfer (in anderen Regionen der USA beträgt die Kupferrate des Erzes nur 2 oder 3 Prozent) aus dem Alaska-Erz unbestreitbares Argument für den Trust. Und Alaska wird weiter ausgebeutet – Eisen, Kohle, Holz liefert das Land dem Trust und mehrt den Reichtum der Guggenheims. Die Brüder Guggenheim machen auch hier nicht halt – sie haben es sich jetzt zum Ziel gesetzt, die ganze Welt nach profitablen Bodenschätzen abzusuchen, sie zu den jeweils vorhandenen billigen Arbeitspreisen abzubauen, auf diese Weise die Preise für die jeweiligen Rohstoffe im eigenen Land zu drücken und sich dann selbst als Monopolist einzukaufen. Die recht simpel klingende Strategie funktioniert auf eine erstaunliche Weise, sei es beim Gold des Yukon-Flusses, beim Kupfer in Utah, Nevada und Chile, beim Zinn in Bolivien und Mexiko und all den übrigen Bodenschätzen Mexikos, sei es schließlich bei den riesigen Diamantenfeldern in Belgisch-Kongo und Angola.
Als der Erste Weltkrieg auszubrechen droht, kontrollieren die Guggenheims 75 bis 80 Prozent aller Silber-, Kupfer- und Bleivorkommen in der Welt – was bedeutet, daß sie die Preise für diese drei Metalle diktieren können, zu Kriegszeiten ein unschätzbarer Vorteil, der ihnen zupaß kommt, da zur selben Zeit in Amerika aufgrund der meist deutschen Herkunft der reichen jüdischen Familien starke antisemitische Hetzkampagnen in Umlauf sind. Mit Ende des Ersten Weltkriegs hat sich das Familienvermögen jedenfalls auf neuerliche astronomische Zahlen vergrößert – 250 bis 300 Millionen Dollar in damaligem Geldwert, in heutigem über 850 Millionen Dollar. Unter den jüdischen Geldaristokraten übertreffen nur noch die Rothschilds die Familie Guggenheim.
Der enorme Reichtum macht die Guggenheims ab sofort zwar

einerseits noch mächtiger als bisher, andererseits führt er dazu, daß speziell ihre ja erwähnten auch brutalen Geschäftsmethoden, ihre rücksichtslose Ausbeutung menschlicher Arbeitskräfte einer scharfen öffentlichen Kritik unterzogen wird.
In den frühen zwanziger Jahren – ungefähr zum Zeitpunkt von Peggys Heirat mit Laurence Vail – gibt der energische Mr. Dan die Schlüsselpositionen des Unternehmens auf und überläßt seinem jüngeren Bruder Simon das Feld. 1923 dann zieht sich die gesamte ältere Garde der Guggenheim-Brüder weitgehend aus dem Geschäft zurück und überläßt die Hauptaufgaben den sich als am geeignetsten erweisenden Söhnen, Edmond, dem Sohn von Murry, und Harry, dem Sohn von Mr. Dan (in den übrigen Guggenheim-Familien hat man vorwiegend Töchter). Die älteren wollen nun endlich auch ihren Anteil am Erworbenen genießen und zwingen die beiden Jüngeren, die profitabelste Mine, die sie überhaupt besitzen, die Chuquicamata-Kupfermine zu verkaufen. Die Spaltung der Guggenheim-Partnerschaft ist perfekt, denn für die Jüngeren grenzt dieser Schritt an schieren Wahnsinn. Einer der Alten, Solomon Guggenheim, Jahrgang 1861, hat inzwischen gänzlich genug von den Geschäften, die ihn sein Leben lang umhergetrieben haben. Er ist reif für etwas ganz anderes und wird es bald gefunden haben.
Obwohl zur damaligen Zeit noch niemand realisierte, wie entscheidend der Zwist über den Verkauf der enormen Kupfermine war, ist er der entscheidende Punkt der Entfremdung zwischen den Familienmitgliedern, die von nun an mehr und mehr ihre eigenen Interessen fördern werden, zum Teil auf Kosten der anderen. In diesem Sinne ist auch Peggys eigenes Ausscheren, das ungefähr zeitgleich zu dem allgemeinen Auseinanderdriften der Familieninteressen erfolgte, zu verstehen – die Jahre, da der Guggenheim-Clan ein übermächtiges Zelt war, unter dem alle Mitglieder friedlich und an einem Strang ziehend versammelt waren, sind vorbei.
Von nun an ist der Blick Peggys nicht mehr auf den Clan als

Ganzes gerichtet, sondern immer nur auf einzelne Personen. Besonders ihr Onkel Solomon wird sie mehr und mehr interessieren, sie wird ihn zum Symbol aller Guggenheims verzerren: Da er sie ablehnt, ist sie aufgebracht und lehnt ihn ab – es entsteht ein kompliziertes Gebilde aus Anziehung und Haß, das beide in eine lebenslange Verstrickung bringen wird.
Doch noch ist es nicht soweit. Noch ist Peggy eine zugegeben unkonventionelle Pariser Ehefrau, die sich gerade die langen Haare abgeschnitten hat, weil jede Frau, die sich für schick hält, bereits einen Bubikopf trägt. Und Solomon R. Guggenheim ist ein zwar frustrierter, da gelangweilter Herr, der aber immerhin die erlesensten Anzüge von der Savile Row trägt, auf den elegantesten Jagdgesellschaften der Alten und Neuen Welt brilliert und eine seiner drei Töchter mit einem veritablen englischen Earl in Ulster – leider verarmt – verheiratet hat. Noch ist nicht erkennbar, daß beide, die kurzhaarige junge Frau und der distingnierte ältere Herr, innerhalb von nur wenigen Jahren ihr Leben komplett ändern werden.
Warten wir noch ein wenig ab, schauen wir uns die Szene im Hause Vail an, als Laurence entdeckt, daß Peggy das von ihm so bewunderte lange Haar, das sie mit seiner Schwester Clotilde vergleichbar macht, abgeschnitten hat. Sie hatte sich noch bemüht, es unter einem Hut unsichtbar zu machen. Aber hatte sie sich wirklich vorgestellt, so lange den Hut zu tragen, bis es wieder nachgewachsen war? Laurence schleudert seine Frau jedenfalls in einem seiner Wutanfälle unter einen Frisiertisch.
Es ist in einer Rezension der Autobiographie Peggys aus dem Jahr 1980 die Verwandtschaft der Peggyschen Schilderungen mit den Ereignissen der stürmischen Ehe von Scott und Zelda Fitzgerald hervorgehoben worden, und kritisch merkte der Rezensent (Jörg von Uthmann) an, daß Peggy noch nicht einmal diese Namen nennt, obwohl bis zu dem Beschmieren der Haare mit Marmelade und dem Prinzip: entweder erotischer

Nahkampf oder realer Kampf die Szenen und das Sichsuhlen in der als bohèmehaft empfundenen Unkonventionalität, die aber nichts als ein Klischee derselben sei, alle Ingredienzien dieser beiden Verbindungen gleich sei. Mit anderen Worten: Peggy hat sich mit fremden Papageienfedern geschmückt.
Hierzu soll bemerkt werden, daß man die Erlebnisse, die Peggy schildert, für durchaus wahrheitsgemäß halten muß, da Peggy prinzipiell eine offene, teilweise fast taktlos offene Person war. Dies geht aus allen Berichten von Zeitgenossen hervor. Sowohl die Fitzgeralds als auch die Vails und vielleicht noch zehn oder zwanzig Paare in Paris lebten wirklich so. Sie gingen bis an die Grenzen des nur Denkbaren, ihre neuesten Frechheiten kursierten, und gelegentlich machte man nach, was man gehört hatte. Vielleicht muß man sich einen mündlich kolportierten Kanon von Möglichkeiten, die unter einem bohèmehaften Verhalten in der Ehe verstanden werden konnten, vorstellen. Vergleichbar mit den Vorgängen jeder Modebildung, sei es die Kleidermode, die Haarmode, die Mode, Opium und Kokain zu benutzen, wie auch sogar die Modebildung in der Kunstproduktion: Da das Café der Ort der Treffen und des Austauschs war, wurde der gesamte Lebensstil, die gesamte von ihm beeinflußte Ästhetik in großer Geschwindigkeit von allen Angehörigen dieser jeweiligen Caféhausgesellschaft sowohl imitiert wie personalisiert.
Darin ist nichts Verwerfliches zu sehen, und auch nicht darin, daß Peggy den Namen von Fitzgerald, dem bekannten Verfasser von *The Great Gatsby* nicht nennt, obwohl sie ihn und seine *Southern belle* vermutlich kannte, denn die zweite, lange Europareise der Fitzgeralds fällt in die Zeit des Frühjahrs 1924. Der Aufenthalt erstreckte sich über zwei Jahre, die Fitzgeralds hielten sich in dieser Zeit sowohl in Paris wie dann auch an der Riviera auf, mieteten in der Nähe von St. Raphael ein großes Haus, und speziell St. Raphael ist ja schon ab Anfang 1926 als das Einzugsgebiet von Peggys und Laurence' dann erworbenem neuem Wohnsitz zu sehen. Aber es ist durchaus auch mög-

lich, daß sich die Fitzgeralds und die Vails nicht kannten oder daß sie sich mieden – zumindest ist bekannt, daß Scott Fitzgerald aus seiner Abneigung Juden gegenüber nie einen großen Hehl machte, daß er im Gegenteil seine irisch-katholische Herkunft kultivierte.

Bei aller Ähnlichkeit zwischen den Vails und den Fitzgeralds, der großen Bedeutung etwa, die beide Paare in den zwanziger Jahren dem Alkohol beimaßen, und der Neigung der beiden Frauen, in Gesellschaft durch wilde Tänze die Aufmerksamkeit auf sich zu ziehen, überwiegen doch auch die grundsätzlichen Unterschiede – für Scott Fitzgerald sind die genannten Jahre die seiner größten Produktivität und Popularität, er verdient das Geld, das er auch mit vollen Händen zum Fenster hinauswirft. Zelda ist noch nicht an der Selbstverwirklichung durch Schreiben interessiert, vielmehr fungiert sie ausschließlich als die Quelle, aus der ihr Mann schöpft. In der Beziehung zwischen Laurence und Peggy hingegen vollziehen sich die Dinge in dieser Zeit eben auch nach diametral entgegengesetzten Regeln, da es Peggy ist, die das Geld hat (ohne es verdienen zu müssen), und da Laurence im wesentlichen unter Störungen seiner Kreativität zu leiden hat. Peggy war darüber hinaus letztlich wohl mit einem solideren Nervenkostüm ausgestattet als Zelda Fitzgerald, deren psychische Krankheit als Folge einer völligen Auslaugung ihrer vitalen Kräfte wenig später immer stärker von ihr Besitz ergreifen wird.

Wie im Vorhergegangenen bereits verschiedentlich bemerkt wurde, nennt Peggy viele Namen von wichtigen Zeitgrößen, die sie kannte, schlicht *nicht*, denn das gesamte Netzwerk der unterschiedlichen Verknüpfungen von berühmten Zeitgenossen interessiert sie nicht. Letztlich interessieren sie Personen nur dann und solange, wie sie mit ihr selbst intensive Beziehungen unterhalten. Sie liebt das »name dropping« wohl, aber auf eine sehr snobistische, beiläufige, selbstverständliche Weise. So ist Peggy selbst in ihrer Egozentrik ungeheuer modern und für ihre Zeit sogar rebellisch – sie nimmt das Zeitalter des Narzißmus um Jahrzehnte vorweg. Das macht sie für heutige Menschen interessant, selbst wenn sie dem von Autobiographien oft geforderten Anspruch der Representativität für eine Epoche nicht annähernd entspricht.

Im Frühling des Jahres 1925 sieht Peggy die Schwester Benita wieder, die mit ihrem Ehemann auf Europareise ist. Leider ist Benita ihr Wunsch nach einem Kind noch nicht erfüllt worden. Zahlreiche Fehlgeburten haben das Glück getrübt. Benita zeigt sich offenbar recht schockiert über den sich in ihren Augen weiter ins Unerträgliche ausgeweiteten unmoralischen Lebenswandel Peggys sowie die Unverantwortlichkeit, die aus ihm spricht.

Peggy erwidert darauf nichts, läßt sich aber erneut auf die Familie ein, indem sie Laurence für eine Weile seinem Schicksal überläßt und statt dessen Benita, ihren Mann und Florette nach Venedig begleitet, das schon jetzt ihr erklärtes Lieblingsziel in Europa und somit in der Welt ist. Es ist ihr vierter Aufenthalt in Venedig, und sie beginnt, die Stadt, in der Laurence zum Teil aufwuchs, jetzt allmählich auch zu Fuß zu erobern, nachdem sie bei den vorherigen Visiten ausschließlich die Gondel benutzte, wie reiche Leute es nun einmal taten. Sie verabredet mit Benita, daß sie den Sommer gemeinsam in St. Moritz verbringen wollen, doch diese Idee mißfällt Laurence. Nach wie vor ist ihm ein Zusammensein mit Peggys Familie anstrengend, da langweilig. Von seiner Frau hingegen verlangt er, die Anwesenheit seiner Familie nahezu pausenlos zu ertragen.

Peggy erwähnt freimütig, daß Laurence in ihrer Abwesenheit eine Affäre mit einem Mädchen hatte, das dann neun Monate später ein Baby bekam. Es sei aber ziemlich unklar gewesen, ob Laurence, der Mann des Mädchens oder Robert McAlmon, der inzwischen zu den besten Freunden der Vails zählt, der Vater gewesen sei – wieder ein Detail, das nur in einen Nebensatz gepackt wird, aber seine Bedeutung darin findet, daß Robert

McAlmon einer der wichtigsten Kulturmultiplikatoren im damaligen Paris war.

Für Peggy scheint nur wichtig gewesen zu sein, daß die Affäre beendet wurde, als sie zurückkehrte, im übrigen ist sie ein weiteres Detail der Freizügigkeit jener Jahre, die sich für Peggy als eine vorgezogene sexuelle Revolution darstellen.

Laurence, der gegen St. Moritz votierte, fährt statt dessen in einer halsbrecherischen Autotour mit Frau und Schwester nach Tirol. Hierhin begibt man sich, um auf die Berge zu klettern. Während Laurence und Clotilde seit ihrer frühen Jugend das Bergsteigen übten und genießen, ist es für Peggy, die eine Tour auf die Diavolezza mitmacht, eine reine Übung des Schreckens. Schon bergauf gehen haßt sie, und die überwältigende Freude, den Ausblick nach einem anstrengenden Aufstieg zu haben, ist ihr fremd.

Es geht aus allem, was Peggy über ihre Ehe berichtet, deutlich hervor, daß die Partner in entscheidenden Punkten miteinander ringen, daß sie so gut wie keine Gemeinsamkeiten haben, daß sie zudem wenig bis keine Bereitschaft zeigen, Kompromisse zu schließen, daß jeder die Familie des anderen, wenn überhaupt, so nur gerade eben duldet und daß beide gleichzeitig immer noch tief an die eigene Familie gebunden sind – eine nicht besonders positive Bilanz für drei Jahre Ehe. Von Sindbad Vail, dem Sohn, der damals jedoch zu klein gewesen sein dürfte, um die Dinge zu durchschauen, wie sie waren, existieren Briefdokumente aus den Jahren 1971, 1974 und 1983, die die zum Teil in Peggys Worten katastrophal klingenden Begebenheiten dieser Ehe relativieren. Zum einen merkt Sindbad Vail an, Laurence sei doch immerhin der Mann gewesen, mit dem Peggy am allerlängsten gelebt hätte. Außerdem sei Laurence keineswegs nur der unseriöse Bohemien gewesen, als den Peggy ihn schildert. Er sei ein in Oxford studierter Literat gewesen. Und er, Sindbad, sei immer besser mit seinem Vater ausgekommen als mit seiner Mutter – naturgemäß,

möchte man meinen, da er in der Folge fast ausschließlich beim Vater leben wird.
Peggy kann die Vails schließlich doch noch überreden, mit ihr nach St. Moritz zu fahren. Einige Jahre später wird eine junge Schweizerin, die Schriftstellerin und Journalistin Annemarie Schwarzenbach, in einem Reiseführer folgende Worte über St. Moritz schreiben, sie können aber gewiß auch schon für die zwanziger Jahre gelten: »Viele bekritteln St. Moritz, weil man nur mondän dort leben, aber keinen ehrlichen Sport treiben könne, viele lieben es, weil man Sport treibe und zugleich in eleganter Gesellschaft lebe, viele sagen, der Jazz im Carlton und die im Palace seien unübertrefflich, aber die Berge störten.«
Die sportbegeisterten Vails demonstrieren jedenfalls wieder die Familienfront, indem sie anstelle auf Berge zu klettern, unablässig Golf spielen. Für Peggy, die Stunden nimmt und sich als die unbegabteste Elevin dieses Sports erweist, ist Golf bald genauso wie das Bergsteigen ein Schrecknis, und sie beschließt, diese Dinge, die ihr nicht liegen, für immer aus ihrem Lebensprogramm zu streichen. Ihr womöglich nur halbherziger Versuch, sich den Vails anzupassen, endet damit, daß sie mit Benita und ihrem Mann Mah Jong spielt – ab in den sicheren Schoß der eigenen Familie.
Wie so oft in Ehen, die zur Krise neigen, versucht man zu kitten. Und wie so oft, wenn erst ein Kind da ist, das immer reizender wird, aber eben alleine, denken die Eltern, ein zweites Kind werde alles ins Lot bringen. So auch hier – Laurence redet nur noch von einem kleinen Mädchen, und Peggy verspricht ihm, sie werde so lange probieren, bis sie ihm ein Mädchen schenken kann.
Sindbad, jetzt achtzehn Monate alt, kann laufen und sprechen, und Peggy ist drei Monate nach ihrem Versprechen wieder schwanger. Benita kehrt mit ihrem Mann nach Amerika zurück, Peggy klebt daher wieder völlig in den Fängen der sportlichen Vails und des unerträglichen Bohèmelebens. Im Spätsommer

bleibt man noch in Italien und liefert Clotilde in Mailand bei einer Operntruppe ab, der sie sich anschließt, um in der italienischen Provinz den Winter über zu tingeln.
Laurence und Peggy fahren nach dem von beiden geliebten Venedig – Peggys fünfter Aufenthalt. Entgegen der Guggenheimschen Gewohnheit, nur in den vornehmsten Hotels Räume anzumieten, entscheidet sich das Paar für ein altmodisches, preiswertes Hotel an der Riva del Schiavoni, das für Laurence, der an seinem Roman arbeitet, einen großen Arbeitsraum bietet. Allerdings stinkt der Ofen beim ersten Heizen so erbärmlich, daß sie ihn öffnen – der Grund sind die darin versteckten Hundertschaften von Präservativen, die vor sich hin schmoren. Mary Reynolds ist mit ihnen in der Stadt, und Peggy fühlt sich von ihr, die bereits fließend Italienisch spricht, so animiert, daß sie ihre Studien intensiviert.
Selbstverständlich geht die Zeit dort nicht vorbei, ohne daß Peggy wieder tüchtige Einkäufe tätigt, sie ist ja im Handeln schon geübt. Zwar behauptet sie, wie langweilig sie es gefunden habe, für dasselbe Stück sechs oder sieben Mal wiederzukehren, um den Preis zu drücken, aber andererseits wäre es ihr niemals in den Sinn gekommen, eine Antiquität oder irgendeinen anderen Kunstgegenstand zu dem zuerst angebotenen Preis zu kaufen. Das Handeln macht ihr Spaß, es entspricht ihr, es ist eine andere Form des Jagens nach Erzvorkommen und Vorteilen. Es ist subtiler, aber es speist sich aus demselben Reservoir der erwerbstüchtigen Guggenheim-Gene. Es wird sich später zeigen, daß die hartnäckig eingehaltene Geschäftsmaxime des Handelns auch ein Grund für Peggys erfolgreiche Praxis als Kunstsammlerin sein wird. Zu der beschriebenen Zeit jedoch, Herbst und Winter 1925, ist Peggy ausschließlich an alten italienischen Möbeln interessiert, mit denen sie das Haus, das sie noch nicht hat, ausstatten will.
Das Allerschönste ist für sie, mit Laurence' Hilfe, der von seinen

vielen Winteraufenthalten in Venedig zu Kindheitszeiten sogar noch den venezianischen Dialekt behalten hat, Venedig nun Stück für Stück, Brücke für Brücke, Kirche für Kirche, Bild für Bild und Platz für Platz zu Fuß kennenzulernen. Was schwierig ist, da der gewundene Canal Grande einem die Orientierung schwer macht und man sich immer wieder verläuft. Peggys Leidenschaft für Venedig ist unbesiegbar, ihr sonst so scharfer kritischer Verstand übergeht die zum Teil schlechten Gerüche, die die Kanäle ausströmen – entscheidend ist für sie die überwältigende Schönheit der Stadt, die »die Architektur von zehn Jahrhunderten« auf sich vereint. Schon jetzt wünscht sich Peggy nichts sehnlicher, als in Venedig einen Palazzo zu erwerben, aber die weisen Onkel, die ihr Geld fest angelegt haben, sind das große Hindernis.

Als es in diesem Winter 1925 dann so regnerisch wird, daß es selbst Peggy nicht mehr gefällt und auch Laurence seine Garderobe mit einem schwarzen italienischen Offizierscape vervollständigt hat, das ihm Peggy zum Trost darüber kauft, daß sie ihm die Zobelpelzmütze, die er sich zum Autofahren wünscht, nicht erwirbt, weil sie das für eine »idiotische Idee« hält, einen Wunsch, der nur »ein Machtsymbol« darstellt, verlassen sie Venedig und gehen nach Rapallo, wo sie in den Tennisclub von Ezra Pound eintreten und jeden Tag spielen.

Typisch für Peggys Vorliebe, berühmte Figuren möglichst zu demystifizieren, ist diese Episode: Weiter als daß Ezra Pound gut Tennis spielte und daß er immer wie ein Hahn schrie, wenn er einen guten Schlag gelandet hatte, interessiert Peggy nichts an einem der berühmtesten Lyriker ihrer Zeit. Neben der Tatsache, daß sie auf so gutem Fuß standen, daß sie täglich miteinander Tennis spielten, fasziniert Peggy im Gegenteil das Kindlich-Eitle, das solch eine weit über den anderen angesiedelte Figur auch noch besitzt. Die kleinen menschlichen Schwächen, die ein jeder hat, sind ihr prinzipiell erwähnenswert, sie ist von dem Typus der widersprüchlichen Frau, die einerseits die Romantik

liebt, andererseits jedes dafür aufkommende Gefühl bei einem anderen ins Lächerliche zieht.
Daneben jedoch langweilt sie sich entsetzlich in Rapallo, abgesehen von der Tatsache, daß Laurence die offenbar kurzfristig ausgesetzten Szenen und Schlägereien wieder aufgegriffen hat. Natürlich, denn Peggy ist ja wieder schwanger, möchte man bissig einwerfen. Und sie besitzt noch dazu die Dreistigkeit, in diesem Zustand am Neujahrsabend mit einem anderen Mann zu tanzen. Die Kämpfe mit Laurence gehen munter weiter, auch schon mal in der Vertrautheit des Hotelzimmers, ohne Publikum. Laurence beleidigt Benita, indem er sie eine Langweilerin nennt, Peggy schlägt zurück, indem sie Clotilde als Hure bezeichnet. Laurence zertrümmert daraufhin den am selben Tag von Peggy nach monatelangen, zähen Verhandlungen erworbenen Schildpatt-Toilettentisch. Oh, er wußte, was das für sie bedeutet! Noch vernimmt man das Zähneknirschen Peggys, wenn sie sich an die Kränkung erinnert, die Laurence ihr damit antat.
Trotz aller Kämpfe setzen beide ihre Ehe, die gleichzeitig ein kontinuierliches Reisen mit dem Auto ist, immer weiter fort. Jetzt, im Januar 1926, wollen sie eigentlich nach Paris, aber auf dem Weg entlang der französischen Küste verlieben sie sich in ein Haus in der Nähe des Ortes Le Canadel zwischen St. Raphael und Toulon, obwohl es keine Elektrizität und kein Telefon gibt, dafür jedoch einen schönen eigenen Strand und ein riesiges verwildertes Grundstück.
Nach Unterzeichnen der Kaufurkunde wird Peggy ganz übel bei dem Gedanken, einen wie hohen Preis sie widerspruchslos – ohne zu handeln – akzeptiert hat; und sie will die ganze Sache – obwohl bereits ein Notar den Kauf ratifiziert hat – stornieren. Sie beschließt zu erzählen, sie könne ihr festangelegtes Geld aus Amerika nicht flüssigmachen – und erreicht eine Reduktion des Kaufpreises um ein Drittel. So bleibt alles, wie es war. Aber anstatt sich um die Einrichtung des Hauses oder ähnliches zu

kümmern, fahren die Vails erst einmal im März 1927 kurzentschlossen nach Amerika – Peggy hat Sehnsucht nach Benita. In Amerika beschäftigt sie sich damit, neue Kunstprodukte ihrer Freundin Mina Loy zu verkaufen, Blumen-Collagen in Louis-Philippe-Rahmen. Als es aber darum geht, für den Sommer in Amerika ein Haus zu mieten, in dem das für den August sich ankündigende zweite Kind geboren werden kann, erfaßt Laurence wie Peggy eine tiefe Depression (»Ein Sommer in Amerika – das Langweiligste überhaupt!«), sie nehmen blitzartig auf der »Aquitania« Passagen und reisen nach Europa zurück. Für beide ist ein Leben in Amerika auf Dauer nicht mehr möglich, oder anders ausgedrückt: Da sie andere Möglichkeiten haben, ziehen sie diese vor.

Wiederum ist es ihnen wichtig, Frankreich einen eventuellen Rekruten zu verweigern, und diesmal entscheiden sie sich für die Schweiz als Geburtsland für ihr Kind. Sie mieten eine riesige Suite im Beau Rivage Hotel in Ouchy bei Lausanne am Genfer See. Diesmal muß Peggy über zwei Wochen auf die Geburt warten, und wie beim ersten Mal ist es ein unvorbereiteter Stoß gegen ihren Bauch, der ihrer Meinung nach die Wehen auslöst: Laurence hat sich wieder einmal im Hotelspeisesaal danebenbenommen, und unversehens ist eine Schüssel mit Bohnen in Peggys Schoß gelandet. Später dann wirft er die Möbel im Hotelzimmer umeinander und zerstört einen Stuhl. Tags darauf beginnen die Wehen, und in einer wieder mehrere Stunden andauernden Geburt wird am 18. August 1926 nachts um 11 Uhr dreißig die kleine Tochter Pegeen Jezebel geboren. Diesmal geht es ohne Zangen und bei vollem Bewußtsein ab. Da Peggy sich in einem Hotel weiß, ist sie außerdem darum bemüht, nicht zu schreien – zuweilen macht sich doch noch die gute Erziehung bemerkbar.

Zum Glück ist es ein Mädchen, freut sie sich. Nun ist sie weiterer anstrengender Geburten enthoben, denn sie hat ihr Laurence gegebenes Versprechen schon beim ersten Versuch eingelöst.

Peggy mit ihrer geliebten Tochter Pegeen (1925–1967), die vermutlich am meisten unter der Trennung ihrer Eltern litt.
(Foto: Berenice Abbott/Commerce Graphics Ltd. Inc.)

Die Erholung nach dieser Geburt dauert, wie so oft, länger als nach der ersten, und nach einem Monat des Selbststillens entscheidet Peggy, daß es auch für diesmal damit sein Bewenden haben müsse. Für Laurence insbesondere, aber auch für sie ist das Schweizer Städtchen wie das Hotel unerträglich geworden, und ein neuerlicher Tapetenwechsel ist fällig – es zieht die vierköpfige Familie samt Kindermädchen Lily in das im Winter erworbene Haus, das den pittoresken Namen »La Croix Fleurie« trägt.

Außerhalb von Le Canadel gelegen, gehört das Haus zu einer Bahnstation, die durch einige Häuser ergänzt wird – Pramousquier. (Florette kann sich den Namen nicht merken und macht daraus »Promiscuous«). Achtmal am Tag verkehrt ein Zug, viermal in die Richtung Toulon, viermal in die Richtung St. Raphael. Die Vails benutzen in der Regel ihr Auto, wenn sie Einkäufe machen, aber per Zug werden ihnen ihre Bestellungen und Eis zum Kühlen der Lebensmittel täglich geliefert: Die Zugbediensteten werfen die Dinge einfach aus dem Zug heraus in die benachbarte Wiese. Nur manchmal wird das vergessen, dann muß Peggy zum nächsten Bahnhof fahren – eine ländliche Idylle.

Es gibt eine recht wilde Schäferhündin, Lola, die sich auf die Hosenbeine von Briefträgern spezialisiert hat – Gabrielle, die Frau des Malers Francis Picabia hat das Tier eines Tages nach einem Besuch einfach an einem Baum angebunden, und den Vails blieb nichts anderes übrig, als das Geschenk zu akzeptieren. Lola bekommt bald etliche Junge, die genauso wild sind wie sie selbst und alle Bemühungen des Gärtners Joseph, der gemeinsam mit Laurence einen schönen Garten anzulegen versucht, durch beständiges Graben wieder zunichte machen.

»La Croix Fleurie« wird zu einem richtigen Heim für das Paar, beteuert Peggy. Sie bekommen immer mehr Besuch und bauen die Räumlichkeiten weiter aus – ein Studio für Laurence, ein Atelier für Clotilde, ein Häuschen für andere Freunde. Die Freunde, die die Gesellschaft und die Küche der Vails schätzen – sie haben sich mit einem professionellen Set von Kupfertöpfen und -pfannen sowie Pariser Chefköchen eingedeckt –, wechseln in einem unendlichen Reigen ab.

Im Winter frönt Laurence dem Skilaufen. Peggy, die für derartige körperliche Exzesse – man erinnert sich an das Bergsteigen und Golfspielen – nichts übrig hat und sich schon beim Schlittenziehen in Wengen eine Rippe bricht, beschließt, statt zu leiden, sich ein Vergnügen auf eigene Faust zu gönnen, und fährt für zehn Tage nach Paris. Sie gibt heimlich ihre erste eigene Bohème-Party, pikanterweise in Laurence' Studio, und hat im Anschluß daran ein verschwiegenes Abenteuer, allerdings im Zustand extremer Trunkenheit. Als Laurence ihr nachreist, wittert er sofort den Braten und bricht eine seiner notorischen Szenen vom Zaun, im Hotel Lutétia, das derartiges von den Vails schon gewohnt sein dürfte. Diesmal reißt der eifersüchtige Ehemann Peggys gesamte Garderobe aus den Schränken, wirft die Schuhe aus dem Fenster und verschwindet mit Peggys vor Jahren abgeschnittenem Haar, dem Symbol ihrer einstigen Jungfräulichkeit, das er über und über küßt, für Stunden, um bei seiner Rückkehr dieselbe Szene von vorne zu starten.
Noch Tage später erregt sich Laurence unversehens aufs neue, wenn er an Peggys Untreue denkt und zerschmettert schließlich in einer Gaststätte mehrere Flaschen auf vier völlig unschuldigen Franzosen: Die Polizei muß eingreifen, Peggy fällt in Ohnmacht und erfährt beim Erwachen, daß ihr Gatte im Gefängnis ist. Clotilde schlägt vor, daß sie den befreundeten Marcel Duchamp bitten, ihnen zu helfen, Laurence herauszueisen, und dessen Ratschlag zeitigt in der Tat einige Ergebnisse. So meint er, man müßte die vier Franzosen dazu bringen, ihre Anzeige zurückzuziehen, und in drei Fällen klappt das auch gut. So gut, daß eines der Opfer sich in Clotilde verliebt und sie später sogar heiratet. Und Peggy fühlt sich in jener Nacht, da sie um Laurence kämpfen, Marcel so nahe – und umgekehrt, behauptet sie, ihm sei es ebenso gegangen –, daß nur die Vorstellung, weitere Konfusion auf die bestehende zu häufen, die beiden davon abhält, in einem gemeinsamen Bett zu enden.

Marcel Duchamp ist ein zwar immer detachierter und schweigsamer, doch treuer Freund Peggys geblieben.
Laurence wird aus dem Gefängnis entlassen, aber die Erfahrung hat ihn keineswegs geläutert, auch nicht die Tatsache, daß die Regenbogenpresse sich über sein Verhalten das Maul zerriß. Im Gegenteil, er fährt beständig mit den Kämpfen und Szenen fort, will Peggy einmal nachts mit in das Provence-Haus nehmen, dann wieder schleppt er sie in ein Bordell, wo auch sie sich eine Hure aussuchen darf. Sie gibt zu, auch in Venedig schon so ein Etablissement von innen gesehen zu haben, aber hier verwundert es sie, daß die Hure so anhänglich ist, daß sie kurz darauf in Pramousquier auftaucht.
Peggys finanzielle Großzügigkeit weitet sich in diesen Jahren aus. Weiterhin unterstützt sie das Labour-Engagement ihrer früheren Lehrerin Lucile Kohn. Sie möchte am liebsten dem Streik der britischen Kohlenarbeiter beispringen, aber die Liquidierung ihrer amerikanischen Pfründe ist sowohl sehr zeitaufwendig wie immer noch der Kontrolle ihrer Verwandten unterworfen. So muß sie sich darauf beschränken, im Kleinen hilfreich zu sein – etwa als die bald berühmte Photographin Berenice Abbott (damals als Assistentin von Man Ray tätig) sie um fünftausend Francs für den Kauf einer Kamera bittet, mit der sie ihre Karriere als eigenständige Photographin starten möchte. Die Photos, die sie bald darauf von Peggy und ihren Kindern macht, gehören neben denen von Man Ray zu den schönsten, die es von Peggy überhaupt gibt.
Peggys Interessen zu dieser Zeit sind, obwohl sie solche Beschäftigungen eigentlich nicht nötig hatte, oft auf die kommerzielle Nutzung der kreativen Arbeiten ihrer Freunde gerichtet – Handeln liegt ihr im Blut. Mina Loy hat eine neue Idee. Sie stellt mehrere ungewöhnliche Lampenschirmmodelle her, Peggy mietet ein Ladengeschäft in der Rue du Colisée, und Mina betreibt ein Atelier mit vielen Hilfskräften, wo die Lampenschirme in Serie gehen. Mit viel Enthusiasmus eröffnet Peggy

den Laden, begeht allerdings den Fauxpas, gleichzeitig auf Rat ihrer Mutter auch Unterwäsche dort verkaufen zu wollen, was die Künstlerin Mina so verärgert, daß sie der Ladeneröffnung fernbleibt. Auch handgemachte Pantoffeln von Clotilde, die neben ihrem musikalischen Talent ein handwerkliches besitzt, und Bilder von Laurence – laut Peggy sehr dekorativ, aber kindisch – werden dort zum Verkauf gezeigt, und Peggy ist mit dieser Unternehmung, sobald sie die Unterwäsche wieder abgegeben hat, sehr erfolgreich. Allerdings ist nun den Verwandten der Familie Vail – wie einst in New Yorker Zeiten der Mutter Florette – die Arbeitstätigkeit Peggys ein Dorn im Auge, denn sie gilt als wenig standesgemäß.

In kurzen Zügen soll an dieser Stelle dargestellt werden, was sich seit der Eheschließung Peggys mit Laurence in der Umwelt der Pariser Künstler, insbesondere der Dadaisten und Surrealisten ereignete, denn letztlich sind es die Verhaltensweisen der letzteren, die die Epoche und ihre Protagonisten, besonders auch die Ehe von Peggy und Laurence prägten.
1922 kam es zum ersten großen Bruch innerhalb der dadaistischen Bewegung. Tristan Tzara distanzierte sich eindeutig von André Breton, dem lange unumstrittenen Guru der Bewegung. Gegen Breton behauptete Tzara, der wahre Dadaismus müsse sowohl das Alte wie das Moderne verneinen, er verneine schlicht alles. Breton seinerseits ging es um die Entwicklung eines modernen Geistes, er hatte also einen durchweg pragmatischeren Ansatz. Dieser Zwist, der die Mitglieder der Pariser Avantgarde in zwei Lager spaltete, wurde sehr offen im Stil dadaistischer Provokation ausgetragen – es kam zu gebrochenen Armen und Beinen, ein Theater wurde zerstört, und die Polizei mußte eingreifen. Es gab zahlreiche Widersprüche, in die sich die Surrealisten – insbesondere Breton – verwickelten, da sie einerseits für das unbedingt Moderne waren, andererseits sich mit spiritistischen Erfahrungen, die eindeutig einem ande-

ren Zeitalter angehören, die Zeit vertrieben. Was gleich blieb, war die Art der Meinungsäußerung: Immer artikulierten sie ihren Protest lautstark und ohne Rücksicht auf Konventionen – auffallen um jeden Preis, sagte sich Breton wohl, den man immer leicht an seinem Monokel oder seinen dunklen Sonnenbrillen erkannte.

Natürlich war die Gruppe auch antinationalistisch. Anläßlich eines Festmahls zu Ehren des symbolistischen Dichters Saint-Pol-Roux kam es in diesem Zusammenhang im Juli 1925 zu einem erneuten Eklat, einem Höhepunkt surrealistischen Auftretens. Zahlreiche Persönlichkeiten des öffentlichen Lebens und der Kulturwelt waren geladen, unter anderem die national gesinnte Schriftstellerin Rachilde, die sich dahingehend äußerte, daß keine Französin einen Deutschen heiraten dürfe. Breton und seinen Freunden – unter anderem ist der Deutsche Max Ernst anwesend – platzt daraufhin der Kragen. Breton schreit Rachilde an und wirft ihr eine Serviette ins Gesicht. Dann fliegt die erste Tomate. Es wird gebrüllt: »Es lebe Deutschland!« Philippe Soupault schwingt tarzangleich mit dem Kronleuchter über die Tafel und zerschlägt mit den Füßen das Service, eine allgemeine Schlägerei entsteht, die nur mit Polizeieinsatz beendet werden kann.

Dies soll verdeutlichen, daß die Stimmung jener Jahre äußerst leicht erregbar war, Stichworte reichten aus, um gewalttätiges Verhalten auszulösen. Kämpfe waren an der Tagesordnung.

Vermutlich wurde das beschriebene aufbrausende Verhalten in Gesellschaft in den Kreisen der damaligen Künstler aufgrund ihrer leichten Kränkbarkeit anläßlich von nuancenfeinen ästhetischen Unterscheidungen geboren und wie selbstverständlich dann auch in die persönlichen Beziehungen hinübergezogen. Etwa in die stürmische Ehe von Peggy und Laurence, die ganz nach dem Muster der surrealistischen, plötzlich entstehenden Kämpfe funktionierte.

Die Lampenschirme stehen nicht lange im Zentrum von Peggys Interesse. Hauptkennzeichen ihrer Verbindung mit Laurence Vail bleibt die betriebsame Mobilität, das Reisen um des Reisens willen, ohne Rücksicht auf irgend jemanden – sogar das Gefühl für die Zeit geht Peggy nach Pegeens Geburt leicht verloren.
Im Sommer nach diesem Ereignis begibt sich das Paar auf eine Reise in die Pyrenäen – natürlich benutzen sie ein geräumiges Auto, in dem Kinderfrau, Kinder und Gepäck Platz finden. Mitten in der Nacht stehen sie an der Tür des elegantesten Hotels in Font Romeu, übergeben dem Concierge erst ein Paket, dann ein zweites – die beiden schlafenden Kinder – und als Dreingabe noch die Kinderschwester Doris. Selbst sind sie schnell wieder eingestiegen und brausen schon weiter Richtung Andorra und Barcelona, wo sie in den Ramblas herumstreifen und die ewigen Streitigkeiten ausfechten.
Für Laurence ergibt sich immerhin aus diesen Erfahrungen genügend Stoff für seinen Roman, den er »Murder! Murder!« nennt. Vielleicht könnte man sogar zu dem Schluß kommen, daß Laurence seine erregten Ausfälle zum Teil nur inszenierte, damit er genug Stoff für den Roman zusammenbekam. Auszuschließen wäre selbst das nicht. Peggy findet den Roman zum Teil komisch, zum Teil kränkend, denn Laurence spricht deutlich erkennbar von ihr. Da sie ihm ihren Widerstand gegen das Buch nicht verhehlen kann, fühlt wiederum er sich so getroffen, daß er einen neuerlichen Wutanfall erleidet, das Manuskript nimmt und im Ofen seines Arbeitsraumes verbrennt. Der Sekretärin, die am selben Tage eigens aus Nizza zum Abtippen kommt, muß er den Text nun aus dem Gedächtnis diktieren. Eine gute Lehre, meint Peggy, denn in der zweiten Fassung sei er freundlicher mit ihr umgegangen. Leider ist auch die zweite Fassung, die 1932 erschien, für heutige Leser nicht greifbar.
Man ist übrigens wieder in Pramousquier, dem kleinen Paradies auf Erden, wo immer die Sonne scheint, wo Laurence das ganze Jahr – so sagt Peggy, in Wirklichkeit verbringen sie ein halbes

Jahr in Pramousquier und die Wintersaison immer in Paris – über zum Schwimmen geht und Peggy am Strand liegt, liest und die Sonne genießt. Das Leben vollzieht sich hier in einem Wechsel von verschiedenen Terrassen, auf denen gegessen wird, je nachdem, ob es heiß oder weniger heiß ist. Man trinkt schon am Mittag so viel Wein, daß man eine lange Ruhepause einlegen muß, und am Nachmittag wird ein Spaziergang anbefohlen. Gegen Abend erfolgt das zweite Meerbad, und zuweilen nimmt man einen Pernod in Le Canadel zum Aperitif vor dem guten Abendessen. Laurence ist es, selbstverständlich, der in autokratischer Manier diesen Lebensrhythmus festlegt und auch allen Gästen, die eintreffen, aufzwingt. Peggy hat in dem sonnigen südfranzösischen Glück nur eine einzige Sorge – die häuslichen Abrechnungen. Hier versteht sie keinen Spaß, nichts darf ihr entgehen, kein einziger Centime. Die Ausgaben sind viel zu hoch, stöhnt sie, das gehört zu ihrem sparsamen Wesen, und das, obwohl sie sich um Geld keine Sorgen zu machen brauchte.

Selten ist das Paar auch hier allein, nach guter surrealistischer Sitte ist man immer in Gruppen beieinander – ohne Publikum macht selbst der schönste Streit keinen Spaß. Ist gerade kein Gast im Haus, fährt man mit dem Auto über Land, nach Hyères, Toulon, Nizza, St. Tropez. Für Laurence ist das Autofahren ein Sport, dem er selbst in betrunkenem Zustand frönt. In Anbetracht der damaligen Autogeschwindigkeiten ist die Fahrt Pramousquier – Paris, die er nonstop in neunzehn Stunden absolviert, rekordreif.

Im Winter 1927, so erinnert sich Peggy, sei sie mit Laurence wieder in Amerika gewesen, diesmal begleitet von beiden Kindern, zwei Kindermädchen und einer neuen Kollektion von Mina Loys Lampen.

Peggy erfährt, daß Benita wieder ein Kind erwartet – der fünfte Versuch –, und sie hegt den Wunsch, bei Benita zu bleiben, bis das Baby glücklich auf der Welt ist. Doch Laurence will davon nichts hören. Da er es nie lange in Amerika aushält, darf auch Peggy nicht bleiben, und das, obwohl in Paris nicht gerade Erfreuliches auf ihn wartet – eine Gerichtsvorladung wegen der von ihm vermutlich längst vergessenen Angelegenheit mit den Flaschen. Einer der vier betroffenen Franzosen hatte die Anklage dummerweise nicht zurückgezogen, und nur eine erkleckliche Summe für den Staranwalt erspart Laurence das Gefängnis. Im Fall einer erneuten Anklage jedoch soll ihm ein zusätzliches Strafmaß von sechs Monaten zuerkannt werden.

Im Sommer 1927 trifft die Unglücksbotschaft ein. Versehentlich öffnet Peggy das an Laurence adressierte Telegramm, in welchem er gebeten wird, sie schonend damit vertraut zu machen, daß Benita bei der Geburt ihres Kindes gestorben sei. Für Peggy ist der Verlust dieser geliebten Schwester ein extremer Schock. Zunächst tut sie, als sei gar nichts geschehen, dann jedoch kommt sie sich vor, als sei sie in zwei Hälften geschnitten, gar nicht mehr richtig vorhanden. Und schon melden sich die Vorwürfe: Warum nur, warum hat sie auf Laurence gehört und Benita verlassen? Peggy, sonst so tapfer, beginnt zu weinen – wochenlang ist sie für alles andere unzugänglich.

Es ist wahrscheinlich diese für Laurence unerträgliche Situation, die einen endgültigen Bruch in der Beziehung zwischen Peggy und ihm herbeiführt. War er zunächst bemüht, ihre Wünsche nach Blumen, vielen Blumen, überall Blumen zu erfüllen, so ist ihm die Dauer und die Tiefe ihrer Trauer suspekt und provoziert einen neuerlichen Anfall von Eifersucht: Warum kann seine Frau nicht damit zufrieden sein, daß sie ihn hat, ihn und die Kinder? Er nimmt die kurz ausgesetzten theatralischen Szenen wieder auf, doch Peggy, die bisher immer auch ihren Teil an Schuld eingestanden hatte, ist diesmal unversöhnlich: Er hat mich von ihr getrennt, nicht nur jetzt, sondern seit Jahren. Jetzt ist alles zu spät. Nichts wird mehr sein wie zuvor.

Dieses starre Festhalten an den kindlichen, überwertigen

Gefühlsbindungen (geliebte Schwester, geliebter Vater – beide jetzt tot) muß in der Tat als Urgrund aller Schwierigkeiten, die Peggy mit Männern hatte, gesehen werden. Ihr Verhalten bleibt immer das des kleinen Mädchens, das unfähig ist, die Wahrheit eines anderen Menschen zu erkennen, das den Vater sucht, jedoch immer in den falschen Männern, das von den Frauen oft enttäuscht ist, denn sie gleichen der Schwester nur in unzureichendem Maße.

Die heißesten Wochen des Jahres, im August, verbringen die Vails mit der Freundin Peggy Waldman, die von Amerika auf Besuch kommt, und den Kindern in einer Hütte in den französischen Bergen. Peggy kann nichts mehr essen, und sie weint tagaus, tagein. Als Krönung von Laurence' Gemeinheiten empfindet sie es im nachhinein, daß er der Freundin Peggy untersagt, mit ihr über die verstorbene Schwester zu sprechen – nur dies hätte sie noch trösten können.

Sie sagt, sie will nie wieder nach Amerika reisen, denn dort gibt es nichts mehr, was sie liebt. Von dem Geld, das Benita ihr vererbt hat, behält sie keinen Sou, sondern gibt alles weg. Wieder wird an dieser Stelle deutlich, daß für Peggy die jüngere Schwester so gut wie nicht zählt und daß auch die Mutter keine große Bedeutung hatte. Mit Benita hat sie die Seelenheimat, die Familie, verloren. Dementsprechend stellt sie erstmalig ihre Ehe wirklich in Frage. Und als seien sie herbeigerufen, so tauchen in den folgenden Monaten plötzlich zwei Personen auf, ein Pariser Wahrsager und ein Rosenkreuzer aus Rom, die ihr unabhängig voneinander voraussagen, daß sie im folgenden Jahr ihren zukünftigen Ehemann kennenlernen werde.

Die Ernsthaftigkeit, mit der dies von Peggy vorgetragen und geglaubt wird, kann auch unter die in diesen Jahren auch in den Kreisen der Surrealisten üblich gewordene Gläubigkeit derlei übersinnlichen Wahrheiten gegenüber subsumiert werden. Da Peggy die entsprechenden Voraussagen nicht für sich behält, hat Laurence natürlich wieder Grund für eine neue Eifersuchtsszene. Diesmal stößt er Peggy auf der Straße zu Boden und verbrennt eine Hundertfrancnote – wahrscheinlich sollte dies höchst symbolträchtig wirken und Peggy provozieren, die ja einerseits das viele Geld lieferte, andererseits auch ein viel emotionaleres Verhältnis dazu hatte als Laurence.

Hier fühlt man sich in der Tat an Scott Fitzgerald erinnert, der ja bekanntermaßen in der Phase seiner ersten Erfolge seine Zigaretten mit Fünfdollarnoten anzündete. Wieder einmal landet Laurence auf einer Polizeiwache. Peggy hat gleich wieder Mitleid, versucht, ihn herauszueisen und muß sich dabei, indem sie ihn zu entschuldigen sucht, belehren lassen, daß es eigentlich Laurence' Recht war, sie so zu behandeln, denn sie sei ja seine Frau. Das eigentlich verdammenswürdige Unrecht sei jedoch das Verbrennen der Hundertfrancnote gewesen. Damit habe Laurence indirekt den französischen Staat beleidigt. Eine Stunde später ist der Übeltäter wieder auf freiem Fuß.

Im Herbst 1927 ist Florette in Paris, und auch Peggy mietet sich mit den Kindern dort im Hotel ein. Wenn Laurence nicht gerade mit seiner Schwester Ski fährt und sich eine Rippe bricht, kümmert er sich um seine Eifersucht – nicht einmal die vergrößerten Photos von Benita, die Peggy in ihrem Pariser Hotelzimmer aufgehängt hat, harmlose Erinnerungen an sich, kann er zulassen, sie sind ihm ein solcher Dorn im Auge, daß er sie eines schönen Tages von der Wand herunterreißt.

Aus all diesen Vorkommnissen wird ersichtlich, daß die gemeinsame Lebensform des Paares sich totzulaufen beginnt – Peggy ist nicht mehr die junge, unerfahrene New Yorkerin, die alles, was der blonde Grenzgänger zwischen Europa und Amerika, der Maler-Schriftsteller und Frauenheld tut, vor Begeisterung nach Luft schnappend als Ausdruck der Genialität gutheißt, wie noch vor fünf Jahren. Noch kann sie die Reisen genießen und auch die neuen Mitbewohner auf dem Grundstück in Pramousquier. Roger Vitrac und dessen Freundin Kitty,

Cannell, die in das kleine neuerbaute Häuschen einziehen, bringen noch einmal frischen Wind in das Leben dort. Vielleicht ist es die notwendige surrealistische Inspiration für das Ehefinale, die sich das Paar von dem unter dem Einfluß Jarrys und Apollinaires stehenden Autor des grotesken Stücks »Victor oder die Kinder an der Macht« holt.
In diesem Stück betrügt jeder jeden, Weinkrämpfe stehen an der Tagesordnung, und der trügerische Ehefrieden schlägt flugs in eine Fast-Mordszene um – aber noch ist das Stück nicht uraufgeführt, das wird noch ein knappes Jahr dauern, und die Realität wird in der Zwischenzeit die Realität des Stückes eingeholt haben, mit dem kleinen Unterschied, daß in Peggys Ehe es nicht die Kinder sein werden, die die Macht erringen.
Eine letzte gemeinsame große Reise führt Laurence und Peggy über Marseille nach Algier, daraufhin in die Wüste, nach Karthago und Tunis. Peggy ist glücklich über diese Reise, da sie ihre Sammlung phantastischer Ohrringe wieder um etliche Stücke erweitern kann.
Als das Paar zurückkehrt und sein Leben in Pramousquier wiederaufnimmt, kommt es für Peggy zu der schicksalhaften Begegnung ihres Lebens schlechthin.
Sie hatte schon im Jahr zuvor Bekanntschaft mit dem russischen Anarchistenpaar Alexander Berkman und Emma Goldman geschlossen. Sie ist zunächst äußerst fasziniert von der Endfünfzigerin, einer Jüdin, die viele Jahre ihres Lebens in Amerika auf den wegen versuchten Mords an einem Industriellen inhaftierten Lebensgefährten wartete, dann selbst wegen Zersetzung der Wehrkraft im Gefängnis war und später gemeinsam mit Berkman die Deportation nach Rußland über sich ergehen lassen mußte, wo beide die große Desillusionierung ihrer sozialistischen Ideale erfuhren. Und wie so oft, wenn Peggy bewundert, möchte sie auch helfen. Sie überredet daher Emma, materielle Hilfe anzunehmen, setzt sich selbst an die Spitze eines eilends zusammengetrommelten Hilfskomitees,

bringt ein Stipendium zusammen und schenkt der Anarchistin ein kleines Haus in St. Tropez – bei all diesen Zuwendungen hat Peggy ein klares Ziel vor Augen. Sie möchte, daß Emma ihre Autobiographie schreibt, die tatsächlich wenige Jahre später unter dem Titel »Living my life« (1931) erscheinen wird. Aber so einfach ist das zunächst nicht, denn im Augenblick, 1928, schreibt Emma noch keineswegs verständliches Englisch. Aber Peggys Pragmatismus schreckt auch hiervor nicht zurück, sie findet einfach die ideale Sekretärin für Emma in der ebenfalls schriftstellerisch ambitionierten Emily Coleman. Bei so viel Engagement und Leistung gibt es natürlicherweise schon bald erhebliche Differenzen zwischen den beiden starken Frauen Emma und Peggy, und der Bruch wird dadurch verdeutlicht, daß Emma die Wohltäterin Peggy mit keiner Silbe in ihrem Buch erwähnt. Verachtungsvoll sagt Peggy, sie habe erst zu spät erkannt, daß die von ihr bewunderte Frau eigentlich nichts als eitel gewesen sei.

Es ist Emily Coleman, die Sekretärin-Schriftstellerin, die wiederum den Stein in bezug auf die Voraussagen ins Rollen bringt, denn sie, die zwar verheiratet ist, ist in einen Engländer verliebt, den sie in St. Tropez getroffen hat und der seinerseits mit einer Frau zusammenlebt, die alle für seine Ehefrau halten. Schon verwickelt, zugegeben. Die beiden sind John und Dorothy Holms.

Es kommt, wie es kommen muß – schon die erste Beschreibung des über sechs Fuß großen Mannes mit der ungeheuerlichen Physis, den enorm breiten Schultern und schmalen Hüften, dem roten Bart und dem All-over-Aussehen eines Christus, der unwahrscheinlichen Beherrschung aller Muskeln, die ihn wie einen Gummimenschen erscheinen lassen, besonders, wenn er tanzt, verraten den Blick einer Verliebten. Und Peggy verliebt sich Hals über Kopf und total. Im Krieg hat sich der junge Mann sehr zu seiner Schande so hervorgetan, daß man ihm einen Orden verlieh. Und ein weiteres Relikt hat er aus den beiden

Jahren in deutscher Kriegsgefangenschaft mitgebracht – das Trinken. Schon als sie sich kennenlernen, ist Peggy deutlich, daß John ein ausgewachsenes Alkoholproblem hat, obwohl er nie betrunken wirkt. Der kräftige Mann verträgt einfach viel mehr als andere, trinkt fünf Gläser in derselben Zeit leer wie ein anderer eines, und erst das Trinken bringt ihn zum Sprechen. Wie Sokrates habe er gesprochen, schwärmt Peggy, und leider, klagt sie, ist nichts von dem, was er sagte, je von ihm niedergeschrieben worden. Er war ein Meister der gebildeten Konversation, und jeder, der ihn traf, muß von seinen profunden Kenntnissen in jedem nur denkbaren Gebiet überrascht und begeistert gewesen sein.

Nach außen wirkt John Holms völlig stoisch. Kein Mensch ahnte, vermutet Peggy, welche Leidenschaftlichkeit unter dieser Sorglosigkeit schlief. Die Zeiten, da John Holms ein Literaturkritiker in London war, sind vorbei. Er schafft es nicht mehr, sich an den Schreibtisch zu setzen und das, was er so leicht sagen kann, auch niederzuschreiben. Ebenso wie Laurence wird John von zu Hause unterstützt, mehr schlecht als recht, aber er ist zufrieden, einfachen Zuschnitts, aber unabhängig, in St. Tropez zu leben.

Auch die Beziehung zwischen Dorothy und John ist kompliziert. Sie sind durch viele Stürme gegangen in den neun Jahren, die sie seit Kriegsende beisammen sind. John hat Dorothy einem anderen Mann weggenommen, hat gedroht, sich selbst zu erschießen, wenn Dorothy nicht bei ihm bliebe. Und Dorothy, selbst Schriftstellerin, schwankte lange und entschied sich dann für John. Jetzt jedoch ist die Beziehung mehr wie die zwischen Bruder und Schwester, beobachtet Peggy befriedigt. Und Dorothy, die Holms immer noch liebt, tut doch nichts anderes, als sich darüber zu beschweren, daß nie Geld da ist, daß John nicht schreibt, daß sie nicht in England leben, daß er sie nicht mehr begehrt und – daß er sie nie geheiratet hat. Dorothy ist neun Jahre älter als John, und dieser ist an die dreißig, also so

alt wie Peggy. Das vielleicht Wichtigste ist: John und Dorothy haben keine Kinder, Dorothy hat kein Kind. Darüber beklagt sie sich auch, denn sie hat nicht mehr viel Zeit.
Es ist der 21. Juli 1928, der Jahrestag von Benitas Tod, da Peggy das in ihren Augen seltsam-faszinierende Paar trifft, und schon die numerische Koinzidenz ist ein Omen für sie, wenngleich sie bei dem Gedanken an Benita nicht besonders froh sein kann. Sie tanzt in dieser Nacht mit Laurence auf dem Tisch eines Bistros. Ein seltsamer, wilder Anblick für John, von dem er sich gar nicht lösen kann. Peggy ist wahrscheinlich gar nicht recht bei sich, denn ohne zu wissen, wie, steht sie plötzlich mit John auf einem Turm ohne Laurence, mitten in der Nacht, und John, dieser große Mann, küßt sie einfach auf eine Weise, die alles, was folgt, einleitet.
Peggy lädt das Paar nach Pramousquier ein, das Gästehaus tut gute Dienste. Peggy hat es nun tatsächlich auf John Holms abgesehen, und weder Dorothy noch Laurence können ihr da im Weg stehen. Lange genug hat sie die Lehren der Surrealisten in sich aufgesogen, sie weiß, daß es aufgrund der vielen Zeichen, der Vorhersagen und der Zahlensymbolik am Tag ihres Kennenlernens einfach so sein muß.
Und ist nicht John von ihr so angetan? Eines Nachts geht sie mit John schwimmen, und danach lieben sie sich. So einfach.
Danach reist John ab, und auch die Vails nehmen ihr Sommerprogramm auf, indem sie zur Vermeidung der heißesten Tage mit den Kindern ins Oberengadin fahren. In all dieser Zeit vergißt Peggy John Holms keineswegs. Als sie nach Pramousquier zurückkommt, ist ihr erster Weg der zu John. Wo er zuvor mit Dorothy wohnte, ist er nicht mehr. Aber Peggy ist nicht dumm, sie geht zur Post, erkundigt sich, wo die Holms jetzt leben, und marschiert einfach hin. So einfach.
Sie erntet überraschte Gesichter, aber man freut sich auch. John nimmt Peggy auf einen Spaziergang mit, wo sie erfährt, daß Dorothy und er beschlossen haben, nach England zurückzu-

kehren, damit er wieder in einem ihm gemäßen intellektuellen Milieu leben kann, vielleicht auch arbeiten. Peggy sieht schon ihre Felle wegschwimmen, da kommt ihr ein genialer Einfall – warum nicht den Holms das kleine Gästehaus anbieten, in dem Vitrac gewohnt hatte. Dorothy, die selbst an einem Buch schreibt, braucht doch eine ruhige Atmosphäre – das kleine Haus ist wie geschaffen dafür. Sie wollen darüber nachdenken. John möchte Peggys Angebot annehmen, und er überredet die etwas zögerliche Dorothy, die spürt, daß von der stark als Frau agierenden, wenngleich nicht im klassischen Sinne schönen Peggy eine große Gefahr für sie ausgeht.
Die anfängliche gegenseitige Zuneigung zwischen beiden Frauen weicht einem gespannteren Verhältnis in dem Maß, da Peggy die Dinge auf die Spitze treiben möchte. Sie selbst beschreibt, daß eine blinde Macht sie immer weiter vorantrieb. Sie konnte mit Laurence einfach nicht mehr weiterleben, das war ihr in diesem Sommer so deutlich geworden wie noch nie. Laurence würde sich nicht ändern, er würde immer weiter die gräßlichen Szenen in den Bistros veranstalten. War er nicht vor kurzem in St. Tropez sogar dazu übergegangen, ihr vor versammeltem Publikum die Kleider vom Leib zu reißen, und das nur, weil er es unerträglich fand, daß seine Schwester Clotilde den Rock beim Tanzen bis auf die Oberschenkel hochgezogen hatte? Alexander Berkman hatte Peggy zur Hilfe eilen müssen. Er konnte es gerade noch verhindern, daß sie nackt in dem Café dastand. Leider konnte er nicht verhindern, daß Laurence sie so stark ins Gesicht schlug, daß sie vor Schreck wieder ganz nüchtern wurde. Und sie war ziemlich betrunken gewesen.
Nein, Peggy ist klar, daß ein Leben mit Laurence keinen Sinn mehr hat, aber sie traut es sich andererseits nicht zu, auf eigene Faust wegzugehen. Sie braucht – darin ist sie dem anerzogenen Rollenbild des braven amerikanischen Mädchens noch verhaftet – die Hilfe eines Mannes. Der »Charming Prince« soll sie entführen, am besten heute. Alles übrige würde sich finden.

In einem Streit, als Laurence viermal hintereinander auf ihren Magen tritt, während sie am Boden liegt, hat sie schon einmal von Trennung gesprochen. Er soll Sindbad behalten, sie will Pegeen nehmen. Und diese Dinge, immer wieder überdeckt und zugekleistert durch die nie aufgegebene sexuelle Beziehung zu Laurence, nehmen plötzlich mit dem Auftauchen der Holms auf dem Grundstück Gestalt an. Nein, sie habe ihn nicht von Anfang an geliebt, obwohl sie mit ihm draußen so oft Liebe machte. Sie habe erst, als er auf einmal für einige Stunden verschwunden sei, gewußt, daß sie ihn liebte.
John verlangt von ihr, die eheliche Liebesbeziehung zu Laurence zu beenden. Das findet Peggy ziemlich hart, sie kann es ihm nicht versprechen, sie lebt ja noch mit Laurence zusammen. Viel einfacher wäre es doch, John nähme sie, heute, morgen fort von hier, und man begänne ein neues Leben. Für John ist genau das schwierig, denn er kann sich schwer zu einer Entscheidung durchringen. Insbesondere kann er Dorothy nicht aufgeben. Dann wieder denkt er, welch eine Aufgabe es wäre, diese oberflächliche Geldperson, diese durch den Ehemann tief in ihrer Persönlichkeit verletzte Frau, diese durch und durch widersprüchliche, dabei kunstliebende und literaturbegeisterte Amerikanerin in seine Schule zu nehmen und nach ernsthaften Grundsätzen neu zu erschaffen. Ein Stück Pygmalion liegt in ihrer beider Beziehung, obwohl sie gleichaltrig sind. Für Peggy muß der Mann immer ein ganzes Stück über dem Erdboden schweben, damit sie sich verlieben kann. Sie sieht nicht das Problematische, nur den schönen Schein. Sie weiß, er trinkt, aber sie geht darüber hinweg. Sie weiß, er arbeitet nicht, aber auch das ignoriert sie – später sind genau dies die kritischen Punkte ihrer Beziehung.
Das erste, was die beiden wollen, ist, eine ganze Nacht füreinander zu haben. Bisher waren es immer wenige nächtliche, heimliche Stunden des Beisammenseins gewesen, wenn Dorothy schlief und Laurence in seinem Studio arbeitete. Nun wird

ein gemeinsamer Ausflug aller Pramousquier-Bewohner im letzten Augenblick von den beiden boykottiert, und sie benutzen erstmalig ein richtiges Bett.
Nur kurze Wochen lang hält Peggy das Leben in dieser für sie unhaltbaren Situation aus. Sie möchte Klarheit, und das beste Mittel ist es, Laurence, der keine Anhaltspunkte einer Untreue hegt, die Augen zu öffnen. Sie geht zu Johns Haus, als sie merkt, daß Laurence ihr folgt. Sie küßt ihn. Laurence stürzt sich auf John, und ein Kampf beginnt, der so brutal ist, daß Peggy befürchtet, daß einer der beiden sein Leben läßt. John ist stärker als Laurence, aber er möchte ihn nicht verletzen. So wird Laurence nach dem bekannten Muster – wer nicht zurückschlägt, wird attackiert – immer wilder, und Peggy holt den Gärtner zur Hilfe. Die Kämpfenden sind wie erschlagen und lassen glücklicherweise voneinander ab. Peggy folgt Laurence ins Haus und erfährt, daß sie die Holms sofort wegschicken muß. Laurence eröffnet Dorothy, daß John sie mit Peggy betrügt. Sie kann es nicht fassen. Laurence droht, er will John umbringen, wenn er ihn noch einmal auf dem Grundstück sieht. In Windeseile arrangiert Peggy, als habe sie das schon lange geplant, die Flucht über einen kleinen Gartenweg und bringt das Paar in einem Bistro im Nachbarort unter. Noch in der selben Nacht arbeitet sie den weiteren Fluchtplan für alle drei Beteiligten aus, läßt den Holms Geld zukommen und verabredet für den folgenden Tag ein Treffen in Avignon.
Als sie sich am nächsten Tag von Laurence verabschiedet – er glaubt, es sei für die Zeit von wenigen Stunden, einen Einkauf –, muß sie weinen. Sie kann nicht begreifen, daß er nichts argwöhnt. Interessanterweise versucht sie noch rasch, Laurence zu »versorgen«, indem sie Clotildes Schwägerin, die gerade in Pramousquier weilt und für die Laurence eine Schwäche hat, mit dem delikaten Auftrag betraut, sich um ihn zu »kümmern«, dann verläßt sie die Szenerie des südfranzösischen Domizils, zunächst unter Zurücklassung beider Kinder und all ihrer Habe.

In Avignon, wo sie verabredungsgemäß mit den Holms zusammentrifft, schleudert sie ihren Ehering vom Balkon. Weg damit. Sieben Jahre Ehe – ade! Peggy wäre nicht Peggy, wenn sie nicht, um der Ehrlichkeit ihr Recht zu geben, anfügen würde, daß ihr diese theatralische Geste eigentlich später leid getan habe – denn der Ring sei einerseits wirklich sehr hübsch gewesen, und außerdem hätte es oft genug später Gelegenheiten gegeben, wo ein Ehering ein nützliches Argument gewesen wäre.

7. KAPITEL

Leben mit einem intellektuellen Alkoholiker

Dorothy ist immer noch nicht so recht davon überzeugt, daß John Peggy liebt. Er hat ihr davon nichts gesagt. Sie glaubt noch an den berühmten kleinen Seitensprung, und den mag sie ihm gerne zugestehen. Für sie ist die Welt in Ordnung, solange sie mit John leben kann. Nun, inzwischen möchte auch Peggy das, nicht zu vergessen die ursprüngliche Mittlerin, Emily Coleman.

Die nun folgenden Wochen kann man sich nicht verworren genug vorstellen, zumal immer mehr Personen sich, gebeten oder ungebeten, in die Trennungsaffäre einmischen. Da sind die Beteiligten selbst, doch außerdem noch Peggys Anwalt, der gleichzeitig der Anwalt von Laurence' Mutter ist, was ihn nicht besonders loyal für Peggys Anliegen einer legalen Trennung sein läßt. Auch ihren Wunsch, das Sorgerecht für beide Kinder zu behalten unter der Voraussetzung, daß Pegeen bei ihr lebt und Sindbad im Regelfall bei seinem Vater, berücksichtigt er nicht und übermittelt Laurence nicht einmal eine Nachricht von Peggy. Emily Coleman und Emma Goldman schalten sich zusätzlich ein, schreiben Briefe oder agieren aus eigener Betroffenheit. Laurence und Peggy gelingt es, mit Hilfe der gemeinsamen Freundin Peggy Waldman nach drei Wochen der Verhandlungen eine Vereinbarung zu treffen. Das Sorgerecht für die Kinder erhält Peggy nicht. Sindbad wird dem Vater zugesprochen, Pegeen der Mutter.

In einer Sonderklausel wird vereinbart, daß Sindbad sechzig Tage im Jahr mit der Mutter verbringen soll. Peggy gibt ihren Sohn zunächst relativ leichten Herzens an den Vater ab – ihre Gründe sind die, daß sie gar nicht wisse, wie man einen Jungen großziehe, daß sie Laurence nicht alles wegnehmen wolle und schließlich, daß sie nicht gewußt habe, daß sie so lange mit John Holms leben würde. Mit anderen Worten: Sie will zwar unbedingt ihr Leben verändern und ein gemeinsames Leben mit dem Engländer Holms führen, sie hält es aber für durchaus möglich, daß sich im Laufe der Zeit die Dinge wieder zwischen ihr und Laurence arrangieren könnten. Wieder anders formuliert: Ihr Wunsch nach Trennung, wohlgemerkt: nicht nach Scheidung, entspricht einer momentanen Unmöglichkeit, das Leben mit Laurence in der bisherigen Weise weiterzuführen. Sie glaubt vielleicht an eine Veränderung seines Verhaltens oder/und an die Unverbrüchlichkeit seiner Liebe zu ihr.

Die Zukunft wird zeigen, daß der eingeschlagene Weg kein Zurück mehr bietet und daß der so rasch akzeptierte Verzicht auf die Erziehung des Sohnes für Peggy Grund zu langem und starkem Leid sein wird.

Auch in einem anderen Punkt wird Peggys übereiltes Verhalten Konsequenzen haben, die ihr zu schaffen machen werden, nämlich in finanzieller Hinsicht. Da sie die eheliche Wohnung verlassen hat und ihr nachgewiesen werden kann, daß ein anderer Mann der Grund hierfür war, wird sie für schuldig am

Scheitern der Ehe befunden. Ihre Rechtsposition wird dadurch erheblich geschwächt.
Kurz vor Weihnachten 1928 hält Peggy es nicht mehr aus und unternimmt mit John Holms ihre erste Reise durch Frankreich und nach London. Mit Dorothy ist ausgemacht, daß sie dem frischgebackenen Paar sechs Monate Zeit läßt, ein gemeinsames Leben auszuprobieren. Selbst geht Dorothy, unglücklich, nach Paris.
Im Januar findet im südfranzösischen Draguignan der Schlichtungstermin statt, die Voraussetzung für die Scheidung. Die Eheleute, die behaupten, nicht mehr miteinander leben zu können, treffen vor Gericht zusammen, zum ersten Mal seit Peggys nächtlicher Flucht. Inzwischen haben sie keinen anderen Kontakt gehabt, als gegenseitig Geschenke auszutauschen – Peggy hat Laurence zum Geburtstag – sie beherrscht ja noch hervorragend die im Krieg erworbene Fähigkeit des Strickens – einen schönen Pullover geschickt, Laurence hat Peggy zum Anlaß der Scheidung ein Paar herrlicher Ohrringe gesandt.
Laurence macht, als sie darauf warten, in den Sitzungssaal eingelassen zu werden, sarkastische Bemerkungen. Peggy wiederum bringt den Richter gegen sich auf, indem sie sich nach jeder Frage, die dieser an sie richtet, bei Laurence erkundigt, was sie antworten soll. Dem Richter ist außerdem suspekt, daß die Mutter ihr älteres Kind ohne Kampf dem Vater überläßt. Er vermutet ein Komplott, geheime Absprachen – die Atmosphäre ist so gespannt, daß Peggy im Anschluß daran in Tränen ausbricht.
Und noch ist die Scheidung keineswegs ausgesprochen, dies wird noch zwei Jahre dauern, in welchen sie getrennt leben müssen. Auch dann geht es nicht ohne ein belastendes Wiederaufrollen all der Szenen großer Grausamkeit vor sich, und die Zeugen der nächtlichen Prügelanfälle Laurence' in den südfranzösischen Orten marschieren erneut auf.
Grollend gibt Peggy preis, diese ganze verfluchte Angelegenheit habe sie zehntausend Dollar für ihren Anwalt gekostet und

zweitausend für den von Laurence. Das sei die Sache wirklich nicht wert gewesen, aber sie habe die unendlichen Folgen erst begriffen, als sie schon viel zu weit in der ganzen Angelegenheit gesteckt habe.
Das halbe Jahr der »Probezeit«, die Dorothy Peggy und John zugebilligt hatte, verstreicht, und noch mehr Zeit vergeht. Peggy kommt es vor, als sei sie in den ersten zwei Jahren ihres Zusammenlebens mit John ausschließlich gereist. Aber die Erinnerungen an diese Zeit wirken vage – es müssen etwa zwanzig Länder gewesen sein, die sie gesehen hat. Sie reisen nach Wien, es ist Winter, ungewöhnlich eisig, und die Donau ist zugefroren, man friert, wenn man nur fünf Minuten draußen ist. Daher bleiben die beiden fast den ganzen Tag im Bett und entdecken eine Welt der Sinne, die für Peggy völlig neu zu sein scheint.
Sie weigert sich am Anfang, zuzuhören, wenn John spricht, doziert, ihre Kenntnisse tief in der Nacht erweitern will, wenn ihre Augen zufallen. Aber allmählich – zumindest nach den ersten beiden erregenden Jahren, als Reisen und Sex im Mittelpunkt standen – wird das anders, und es gelingt ihr, mehr und mehr von dem, was er sagt, zu begreifen und zu behalten. Fünf Jahre lang wird diese Beziehung dauern, und viel später wird Peggy feststellen, daß nahezu alle Kenntnisse, die sie hat, aus dieser Zeit mit John stammen, Kenntnisse, die dieser Mann ihr nahebrachte. Insbesondere ist es das Unbewußte all ihrer Handlungen, die Unterdrückung all ihrer Wünsche und Begierden, die John Peggy allmählich vor Augen führt. Er bringt ihr bei, ihre Träume zu deuten, unterzieht sie einer Analyse und vermittelt ihr, daß sie gut und böse ist, beides, und zeigt ihr schließlich den Weg, wie sie mit den schlechten Anteilen umgehen kann.
John Holms sei der Mann gewesen, den sie am meisten geliebt habe, betont Peggy immer wieder. John habe die Frauen nicht nur geliebt, er habe sie verstanden, er habe sie aus diesem Grund auch oft bemitleidet. Immer, wenn Gäste eingeladen

wurden, war es John, der lange überlegte, wer zu wem am besten passen könnte und welche Begegnungen besonders bereichernd verlaufen könnten. Es sei ihm immer gelungen, das Beste aus seinen Freunden herauszulocken, und waren es Schriftsteller, so war er ihr unersetzlicher Berater und Kritiker, förderte die Werke und machte die Angelegenheiten seiner Freunde zur eigenen Sache. Nie, so behauptet Peggy, sei es vorgekommen, daß John auf irgendeine Frage, die sie gestellt habe, geantwortet habe: Ich weiß nicht. John wußte es immer. Alles. Da er so weit über den allermeisten Menschen stand, sei er im Grunde ein einsamer Mensch gewesen. Leider sei es ihm auch im Zusammenleben mit Peggy fortgesetzt nicht geglückt, seine überragenden Kenntnisse und Fähigkeiten wirklich zu nutzen, etwa zu eigenen Schriften. John Holms litt darunter, daß er nicht schrieb, das brachte es mit sich, daß er immer mehr trank. Dies wiederum ließ seinen schon angeschlagenen Willen immer weiter erlahmen.
Die nächste Station der gemeinsamen Reisen im Jahre 1929 ist Berlin. Für Peggy ist die Stadt ein Horrorerlebnis, zu einer Zeit immerhin, da für die gesamte Jugend Europas Berlin direkt hinter Paris, wenn nicht davor kommt. Die berühmten Schwulenkneipen findet sie schlicht »dreary«, farblos. Was kann man Peggy, die das Beste schon erlebt hat, wohl noch bieten?
Da ist es in Korsika schon besser. Das Land ist wild, abwechslungsreich, rauh. Genauso schön, aber tropisch wild, ist es auf der Insel Porquerolles, die sie wenig später gemeinsam besuchen. Inzwischen wird Dorothy in Paris ungeduldig. Wie auch nicht? Als eines ihrer letzten Mittel fordert sie von John, die von allen gemeinsamen Bekannten in England als bereits lange bestehend vorausgesetzte Heirat endlich zu vollziehen – man habe sie immer Mrs. Holms genannt, sie wolle es nun wirklich sein. John, der nicht erträgt, diese langjährige Lebensgefährtin so unglücklich zu sehen, entspricht ihrem Wunsch tatsächlich, während Peggy die Zeit seiner Abwesenheit nutzt, um nun ein-

mal zu schauen, wie es der kleinen, fast drei Jahre alten Tochter Pegeen inzwischen wohl gehen mag. Doris, das Kindermädchen, nimmt den Jahresurlaub – so scheinen die äußeren Säulen des Lebens wieder einmal eingerammt.
Pegeen, so klein sie war, hat offenbar sehr unter der Scheidung gelitten. Sie entwickelt ein äußerst klammerndes Verhalten, sei es in bezug auf Doris, sei es auf die Mutter. Sie läßt ihre jeweilige Bezugsperson nicht aus den Augen, aus Angst wahrscheinlich, auch diese letzten Mitglieder einer noch vor kurzem so ansehnlich großen Familie könnten auf einmal auch unerklärlicherweise verschwinden, und sie läßt sich, was Peggy doch eher lästig findet, noch nicht einmal in der Familie ihrer Freundin Peggy Waldman, die doch Kinder hat, mit denen Klein-Pegeen befreundet ist, für einige Tage parken.
Jetzt in Paris sieht Peggy auch Sindbad zum ersten Mal seit der Trennung wieder. Keineswegs erlaubt Laurence, daß Peggy alleine etwas mit dem Jungen unternimmt, der mittlerweile bei Laurence' Mutter untergekommen ist. Er selbst begleitet den Jungen, der Peggy sehr unnatürlich vorkommt, wobei ein bißchen der feine weiße Matrosenanzug mit den langen Hosen die Schuld trägt. Aber auch der Kontakt zu ihm gerät Peggy nicht so natürlich, wie sie es gewünscht hätte, denn Laurence fungiert jetzt als Beobachter, als Spion, wie sie es ausdrückt, nicht mehr als Ehemann, mit dem sie eine gemeinsame Erziehungsaufgabe teilt. Noch weiß Peggy nicht, was bereits Realität ist, daß Laurence nämlich eine andere Frau gefunden hat, die sie ersetzt, die Schriftstellerin und Journalistin Kay Boyle, die eine Tochter namens Bobby mitbringt, bald mit Laurence eine weitere Tochter, Apple, haben wird, der zwei weitere, Clover und Kathe, folgen werden.
Aber das ist Zukunftsmusik, noch ist der unterschwellige Kampf zwischen Laurence und Peggy virulent. Die Angst, Peggy könne ihm Sindbad doch noch wegnehmen, da die Scheidung noch nicht förmlich ausgesprochen ist, kennzeichnet

Laurence' Verhalten in der folgenden Zeit. Laut Peggy versucht er, das Kind der Mutter zu entfremden. Aber das sei ihm nicht gelungen, denn das innere Band zwischen dem Jungen und ihr als Mutter sei zu stark gewesen. Laurence habe kein Vertrauen in ihre Einwilligung gehabt, er habe sich vor plötzlichen Aktionen gefürchtet und aus diesem Grunde sogar gedroht, er werde mit dem Jungen nach Rußland ziehen. Grausig müssen die Ängste gewesen sein, die die einunddreißig Jahre alte Frau ausstehen muß.

John Holms ist ihr glücklicherweise auch hier ein lebenskluger Berater. Er hält sie davon ab, emotional zu reagieren und überredet sie vielmehr, vernünftige Briefe an Laurence zu schreiben. Was tatsächlich hilft. Laurence beginnt, sich tatsächlich an die einmal getroffenen Abmachungen der sechzig Tage zu halten. Als einzigen Stachel behält er es sich vor, diese sechzig Tage auf die Minute genau zu interpretieren – keine Stunde länger als vorgesehen darf das Kind bei seiner Mutter sein. Ein Trost ist für Peggy, daß sie die um knapp vier Jahre jüngere Kay, in deren Kurzgeschichten und Romanen es meist um das Bedürfnis der Menschen nach Liebe geht, für eine äußerst gute, engagierte Mutter und Stiefmutter hält.

In diesem Sommer 1929 geht Peggy auf große Nordlandtour – John, der sich mit Venedig eher schwertut, liebt den Norden. Aber Peggy, die Sindbad jetzt nach dem Wiedersehen mehr als je zuvor vermißt und sogar erwägt, wieder zu Laurence zurückzugehen, haßt ihn, haßt Kopenhagen, findet es grau, provinziell, besser geht es schon mit Oslo, aber Trondheim – wie karg, wie deprimierend! Nein, Peggy liebt den Süden, nach dieser Reise steht das fester als je zuvor, und erst der Altweibersommer, den sie in Tirol verbringen, kann sie mit der regenreichen Reise versöhnen.

Wenn Peggy sich erklären soll, warum John, der doch Dorothy noch geheiratet hat, doch lieber mit ihr lebt, verfällt sie auf ein Erklärungsmodell, das wahrscheinlich besser ihrem Naturell als dem von Holms entspricht: Sie sei in allem das absolute Gegenteil von Dorothy gewesen. Für sie war das Leben in erster Linie aufregend, für Dorothy war es ernst. Sie machte nie großes Aufhebens um Dinge, Dorothy schon. Sie war aufgrund ihrer Vitalität oft unverantwortlich in ihrem Handeln, Dorothy überlegte immer erst gut, bevor sie etwas tat. Sie sei leicht gewesen, Dorothy schwer, sie war immer gesund, Dorothy immer krank. Dorothy zog sich nicht gerne schick an und hatte dicke Beine. Peggy im Gegenteil. Selbst die Guggenheimsche Hunde-Kartoffelnase scheint John zu gefallen. Nur in einem Punkt waren sie sich ähnlich: auch Dorothys Hinterkopf war wie der von Peggy besonders schön geformt.

Es wirkt diese seltsame Auflistung wie der Vergleich von zwei Konten – dieser Wesenszug Peggys, alles, selbst die Gefühle der Menschen durch quantifizierbare Aussagen zu erklären, überrascht bei ihrer sonstigen Intelligenz und entspricht keineswegs der von ihr behaupteten, durch John Holms eingeleiteten Veränderung im Sinne einer Verinnerlichung.

Der große Unterschied ihres Lebens jetzt, verglichen mit dem Leben an der Seite von Laurence Vail, besteht in der großen Abgeschiedenheit, die das Paar für erstrebenswert hält. Dahin sind die Tage der Bohème, dahin auch das Bedürfnis, um jeden Preis auffallen zu müssen. Zwar ist Florette mit dieser zweiten Wahl Peggys ebensowenig zufrieden wie mit der ersten und bringt das auch zum Ausdruck, aber Peggy ist es nun schon gewohnt, daß ihr Leben sich von dem der Mutter unterscheidet, daß es sich unterscheiden *muß*, weil sonst sie selbst als Mensch auf der Strecke bleibt. Und also nimmt sie es gelassen hin, daß die Mutter die Beziehung zu John unangemessen findet.

Den September verbringen sie in Bad Reichenhall und München. Pegeen ist auf dieser Reise immer dabei. Durch John entdeckt Peggy ihre große Liebe zur Musik. Sie kaufen ein Grammophon und Platten, besuchen Konzerte und gehen in die Oper.

Für Peggy war dieser ruhige Monat im Rückblick die glücklichste Zeit ihres gemeinsamen Lebens.
Im Oktober finden sich die Reisenden dann wieder in Pramousquier ein, aber schon bald ist dieser Aufenthalt zu ruhig, und Paris lockt. Außerdem hat Peggy beschlossen, daß sie das Haus in Pramousquier verkaufen und Laurence den Erlös von diesem Verkauf zukommen lassen will – in ihrer unbestechlichen Ehrlichkeit kann sie nicht umhin, zuzugeben, daß sie das auf ihren Namen erstandene Haus eigentlich Laurence zum Geschenk gemacht hatte. Auch die Möbel teilt sie gerecht zwischen Laurence und sich selbst auf.
Es wirken diese Berichte so, als habe keineswegs eine Notwendigkeit für Peggy bestanden, sich Laurence gegenüber in dieser Form zu verhalten, als sei es alleine ihre Großzügigkeit, ihn, der nach wie vor keine oder nur geringe Einkünfte hat, zu unterstützen. Es geht ihr wohl auch um ein verbessertes Verhältnis zwischen ihr und dem Exmann, der diskret über die Entwicklungen seines Lebens schweigt. Mit Mühe und Not erfährt Peggy, daß er gerade erneut Vater einer kleinen Tochter – Apple – geworden ist. Selbst fühlt sie sich eher bescheiden, denn sie hat gerade eine Abtreibung hinter sich gebracht. Einem weiteren Kind ist sie nicht gewachsen, das weiß sie genau.
Vielleicht durch die erheblichen Zugeständnisse milde gestimmt, erlaubt Laurence ihr in diesem Winter, Sindbad jeden Donnerstag zu sehen. Einen ganzen Tag – welch ein Glück. Um so trauriger, als Laurence mit seiner neuen Familie von Paris wegzieht. Das Département Marne ist so weit von Paris entfernt, daß das Kind, wenn sie es von dort nach Paris holt, von der langen Fahrt ganz erschöpft ist – und am Abend muß dieselbe Tour zurückgefahren werden. Peggy entscheidet sich nach einer neuerlichen Szene mit Laurence dazu, die regelmäßigen Donnerstagstreffen mit Sindbad aufzugeben und lieber im Sommer mehr Zeit am Stück mit ihm zu verbringen.

Einmal in einem Pariser Café kommt es zu einem Ereignis, das Peggy über Johns wahres Wesen die Augen öffnet, sie seine nur mühsam unter dem ruhigen Auftreten verborgene Leidenschaftlichkeit erkennen läßt. Ihr kommt es ganz natürlich vor, daß sie John verläßt und am Nebentisch bei Laurence Platz nimmt, aber John muß mit Emily Coleman an die frische Luft gehen und kann sich kaum beruhigen. Sie solle nicht mit dem Feuer spielen, rät ihr Emily Coleman. Peggy begreift und gibt klein bei.
In diesem Winter 1929 sucht Peggy gemeinsam mit John die Gesellschaft von Helen Fleischman, der sie einmal den Liebhaber ausgespannt hatte. Helen ist inzwischen mit Giorgio, dem Sohn von James Joyce verheiratet, und oft begegnen sich daher auch wieder die New Yorker Rebellin und der irische Schriftsteller. John Holms fühlt sich wohl, wenn er mit Joyce sprechen kann, aber anders als so viele andere verfällt er ihm nicht.
Und plötzlich ist Florette wieder in Paris, denn sie muß der Tochter persönlich sagen, wie unmöglich sie es findet, daß diese Sindbad aufgegeben hat. Als Florette nun noch erfährt, daß Peggy John gar nicht heiraten kann, auch nicht, wenn die Scheidung rechtskräftig ist, weil John in letzter Minute Dorothy geheiratet hat, ist sie sprachlos. Außerdem ist dieser Holms noch schlimmer als Laurence, der ja zumindest arbeitete. Holms tut nichts, außer zu trinken. Peggy nimmt auch diese Kritik hin, ohne sich im geringsten beirren zu lassen. Es ist ihr deutlich, um wieviel abhängiger die Mutter von dem Kontakt zu ihrer Tochter ist als umgekehrt. Und also muß die Mutter die bittere Pille erneut schlucken.
Mit John entdeckt Peggy ganz andere Menschen als früher mit Laurence. So kommt der schottische Dichter Edwin Muir mit seiner Frau in ihren Dunstkreis, und sie mag diesen schüchternen, zarten Menschen, der so ganz anders ist, als es die surrealistische Gesellschaft fordert, gleich bei der ersten Begegnung sehr. Muir arbeitet in Frankreich als Englischlehrer, gleichzeitig

ist er der Verfasser unzähliger literarischer Kritiken. Bekannt wurde er mit seiner Frau Willa durch die Übersetzung von *Jud Süss*. Damals war er gerade damit beschäftigt, Kafka ins Englische zu übertragen – die Jahre seiner Anerkennung als Dichter sollen erst noch kommen. Er bewundert John, hält ihn für ein Genie. Anläßlich von John Holms' frühem Tod wird er die einfühlsamsten Worte für ihn finden.
Im folgenden Frühling, 1930, reisen Peggy und John wieder. Auf der Suche nach einem idealen Haus, wo sie den Sommer verbringen können, durchqueren sie gemeinsam mit Pegeen und einem Hausmädchen die Bretagne, die Normandie und die Loiregegend. Aber nichts ist so schön, als daß es zum Bleiben verlockte, und so fahren sie weiter in Richtung Baskenland, wo sie bei St. Jean de Luz, dem Feriendomizil des jungen Joyce-Paares, ein herrliches Haus mieten. Endlich ist die Ferienzeit gekommen, endlich darf Peggy ihren Sohn wiedersehen, und sei es auch nur für die kurze Zeit von vierzehn Tagen. Inzwischen hat Laurence dem größer werdenden Sindbad – so stellt zumindest Peggy es dar – alle möglichen Schreckensgeschichten über die Mutter erzählt, insbesondere, daß sie wahrscheinlich vorhätte, ihn zu entführen. Es braucht daher seine Zeit, bis es der betroffenen Peggy gelingt, den vertrauten Umgang mit ihrem Sohn wiederherzustellen. Es gelingt ihr, indem sie ihm die geliebten erfundenen Geschichten erzählt.
Emily Coleman weicht nicht mehr von Johns und Peggys Seite. Sie findet die nächtelangen Diskussionen über Literatur, die man mit John führen kann, begeisternd, sucht intensiv seinen Rat, was ihr eigenes Schreiben anlangt, und sprüht vor Lebenslust. Sie, Ehefrau und Mutter eines mit Sindbad gleichaltrigen Sohns, Johnny, ist in Peggys Augen ein weiteres Kind, das mitversorgt werden muß.
Im selben Sommer 1930 wird die Scheidung von Peggy und Laurence rechtskräftig. Im Herbst geht es zurück nach Paris. John und Peggy suchen ein Haus zur Miete, doch wie schon im

Frühsommer findet John an jedem Objekt etwas auszusetzen. Er ist der Mann der Perfektion, der aus diesem Grund vor seinen eigenen Ansprüchen kapituliert, zumindest auf dem Feld des Schreibens. Im Fall des Hauses ist er aber am Ende doch erfolgreich – er wählt das Haus, das Georges Braque für sich gebaut hatte, einen kleinen Wolkenkratzer von fünf Stockwerken. Er steht in der Avenue Reille nahe der Porte d'Orléans. In jedem Stockwerk gibt es nur ein oder zwei Zimmer. Das Quartier ist zwar nicht besonders schick, eher ein »working-class«-Ambiente, aber die Nachbarn sind alle Künstler, so etwa hat der Maler Ozenfant nebenan seine Schule. Außerdem gibt es einen Garten, und der Blick aus dem obersten Stockwerk ist grandios. John und Peggy richten hier oben ihr Schlafzimmer und Johns Arbeitszimmer ein. Peggy erinnert sich, daß es kalt und ungemütlich in diesem Arbeitszimmer war, und sie vermutet, daß selbst wenn John nicht unter Schreibhemmungen gelitten hätte, es niemals ein guter Platz zum Arbeiten gewesen wäre.
Im Stockwerk darunter gibt es nur einen Raum, der vielen Funktionen dient, Wohnraum, Bibliothek, Eß- und Gästezimmer zugleich ist. Hier läuft tagaus, tagein das geliebte Grammophon. Im dritten Stockwerk wohnen Pegeen und das Kindermädchen Doris, darunter befinden sich die Küche und das Zimmer der Köchin, zu ebener Erde die Garage.
Man fühlt sich wohl in dem kleinen Wolkenkratzer, was nicht heißt, daß man das Reisen aufgegeben hätte. Man entwickelt einen eigenen Lebensrhythmus. Pegeen besucht inzwischen eine Schule – sie wird von Maria Jolas, der Frau des bekannten Verlegers und Mittlers zwischen europäischem und amerikanischem Geist, Eugene Jolas, der die Zeitschrift *transition* gegründet hatte, in ihre zweisprachige Schule in Neuilly aufgenommen. Das Hinbringen besorgt Doris, das Kindermädchen, denn so früh am Morgen schläft das Paar noch, das zumeist auf Johns Wunsch die Nacht zum Tag macht. Gegen Abend fahren John und Peggy, um die Kleine abzuholen. Später dann, wenn

das Kind im Bett ist, werden wie in Laurence' Zeiten die Cafés von Montparnasse und die Nachtclubs von Montmartre aufgesucht, aber die zwanziger Jahre sind vorbei und mit ihnen auch die typische elektrisierende Atmosphäre, in der aus einem Nichts eine gigantische Saalschlacht entstehen konnte. Oft bringen John und Peggy auch spontan Gäste mit nach Hause – die Köchin weiß es und hält immer etwas vorrätig, was gereicht werden kann.

Eine Beschreibung dieses Lebens hört sich beschaulich an, aber Johns Probleme haben sich in der Beziehung zu Peggy nicht verringert, eher ist das Gegenteil der Fall. Sein Trinken beherrscht ihn mehr und mehr, er ist nachts schlaflos und verbringt dafür den Tag nach dem Rausch fast ausschließlich im Bett, was Peggy, die selber in diesen Jahren nicht trinkt und daher ein normales Leben führen möchte, aufbringt. Er wiederum erträgt es nur schwer, wenn Peggy ihn einmal, und sei es nur für kurze Zeit, alleine läßt. Mehr und mehr werden beide voneinander abhängig.

Im Mai 1931 startet man – sicher auf Peggys Wunsch und gemeinsam mit Mary Reynolds – zur ersten gemeinsamen Reise nach Italien. Zusammen besuchen sie Emily Coleman in Assisi und nehmen sie mit in die Abruzzen. Johns große körperliche Kraft und Geschicklichkeit bewährt sich aufs neue in einem Schneesturm, in den sie auf dieser Fahrt mitten durch die Berge unerwartet geraten. Das Auto droht auf eisiger Fahrbahn in einen Abgrund zu stürzen – nur mit Mühe gelingt es ihnen, das Auto zu wenden. John und Peggy genießen Italien, das sie unter dem Einfluß der Lektüre von D. H. Lawrence neu begreifen.

Und wie Peggys Beziehung zu Laurence Vail unter dem Motto der surrealistischen Bewegung stand, könnte man fast so weit gehen, zu behaupten, das Modell der Beziehung zwischen John und Peggy sei die Beziehung zwischen Frieda von Richthofen und D. H. Lawrence gewesen – zuzutrauen ist es Peggy, die schon seit der Jugend so intensiv in und mit Büchern lebt.

Tatsächlich erstaunen die Vergleichspunkte zwischen dem Leben des erst im März 1930 im südfranzösischen Vence an seiner langjährigen Lungentuberkulose gestorbenen englischen Schriftstellers und seiner Geliebten und späteren Frau Frieda: Hier wie da verläßt eine Frau eine langjährige Ehe, heimlich und ohne Ankündigung, hier wie da geht es um die plötzliche Erkenntnis, daß man den neu in das Leben getretenen Mann mehr liebt als den eigenen.

Frieda hinterläßt ihrem Mann Prof. Weekley gleich drei Kinder. Dagegen ist Peggys Fall harmlos. Aber wie bei D. H. Lawrence und seiner Frieda steht auch bei John und Peggy die Sinnlichkeit zunächst ausschließlich im Zentrum ihres Erlebens. Frieda war die Muse ihres Lorenzo. Ohne sie wäre er nie zu dem berühmten Schriftsteller, dem Verfasser etwa von »Lady Chatterley's Lover«, erschienen 1928, geworden, heißt es. Ganz genauso wünscht Peggy sich die Entwicklung ihrer Beziehung – sie möchte Johns kreativer Impuls sein, ihn heilen und glücklich machen. Sie weiß, daß auch Lawrence und Frieda zwei von der Unrast getriebene ewige Reisende waren, und vielleicht auch deshalb kultiviert sie diese mit Laurence Vail erprobte Lebensform weiter. Doch nicht in allem läßt sich die Parallele zwischen D. H. Lawrence und John Holms aufrechterhalten. Während die Lungentuberkulose zwar leider sehr schwächend für den Körper ist, tangiert sie doch nicht den Geist und die Willenskraft, wie es der Alkoholismus tut, und an diesem Punkt – der Krankheit des Mannes bei gleichzeitiger ungeheurer Vitalität der Frau, auch das ist ja bei beiden Paaren gleich – wird zugleich deutlich, daß der Versuch, die Beziehung ganz auf der Folie des Paares D. H. Lawrence-Frieda zu sehen, von Peggys Seite so etwas wie ein letzter Rettungsversuch, eine Wunschphantasie ist. Nichts wäre ihr lieber gewesen, als den geliebten Mann zum Schreiben zu motivieren.

Prompt tritt bei solch massiven Wünschen auch die Enttäuschung ein – die erste Unstimmigkeit erleben die beiden auf

einer Reise, die alles hätte heilen sollen. Als das Paar in Venedig angekommen ist, macht John Holms Peggy deutlich, daß er diese wundersame Stadt, diese Märchenstadt, nicht leiden kann und Peggys Begeisterung für sie nicht versteht. Peggys Vermutung, das Gefühl des ständig präsenten Todes, das Venedig auch kennzeichnet, habe John zu sehr betroffen gemacht, mag zutreffen – insgesamt ist ihr Versuch, den geliebten Mann mit Hilfe der Imitation einer literarischen Doppelbiographie aus dem Sumpf zu ziehen, wohl als gescheitert anzusehen.
Im Juni fahren die beiden wieder nach Frankreich – nach bewährtem Plan soll ein Haus angemietet werden, in dem Sindbad die ausgemachte Zeit seiner Sommerferien mit Peggy verbringen kann. Sie entscheiden sich nach dem für John typischen Hin und Her schließlich erneut für das Haus bei St. Jean de Luz. Leider ist der Sommeraufenthalt mit den beiden Kindern nicht so harmonisch wie die Male zuvor, denn die beiden streiten unentwegt. Peggy führt dies auf die Scheidung zurück, die bei beiden Kindern die Eifersucht auf das Leben mit dem jeweils anderen Elternteil geschürt hat. Sindbad, der ältere, inzwischen acht Jahre alt, wirft, wohl unter Einfluß der Erzählungen von Lawrence und Kay, seiner Mutter vor, sie führe ein einfaches Leben in Reichtum, während der Vater und die Stiefmutter hart arbeiten müßten.
In der Tat bemühen sich die beiden, mit Übersetzungen und dem Schreiben von Romanen über die Runden zu kommen, aber sie haben dem Jungen offenbar verschwiegen, daß Peggy ihnen monatlich große Summen zu ihrem Lebensunterhalt zukommen läßt. Zum Glück findet Sindbad das Herumtollen und Klettern mit John fabelhaft und kann den anfänglichen Haß überwinden. Auch Emily Coleman, die Freundin, ist wieder zu Gast, diesmal mit einem neuen italienischen Liebhaber, den außer ihr keiner schätzt – Peggys Urteil, er sei weder attraktiv noch interessant gewesen, wirft wieder ein kaltes Schlaglicht auf ihre unverbesserliche Neigung zum »Sammeln« von schö-

nen, genialen Männern. Aber nicht genug damit, daß sie derartige Urteile fällt, sie besitzt darüber hinaus auch die Taktlosigkeit, alles, was ihr an dem Italiener mißfiel, der Freundin zu unterbreiten, als diese im darauffolgenden Winter gerade die Beziehung abgebrochen hat – Emily versteht sich daraufhin nur brachial zu verteidigen und schlägt Peggy ein blaues Auge. Emily habe noch schlimmere Absichten gehegt, und nur John habe sie retten können, erzählt Peggy, und auch, daß sie mit Emily danach für etliche Monate böse war.

John nun, der nur schlecht Französisch spricht und auch keinen Versuch unternimmt, das zu ändern, sehnt sich immer stärker nach England zurück, und so beschließen Peggy und er, den kommenden Sommer, den des Jahres 1932, in England zu verbringen. Nach langen Überlegungen mieten sie das Haus am Rand von Dartmoor, das beiden auf Anhieb sehr zusagt, und Peggy reist los, um die Kinder in Österreich abzuholen, wo sie sich gerade mit Laurence aufhalten. Bei diesem Aufenthalt kommt Djuna Barnes als Gast ins Haus, neben den Kindern die Köchin, die Kinderfrau Doris und ein Hausmädchen. Die Gruppe reist in zwei Autos und nimmt das Nachtschiff von Le Havre nach Southampton.

Hayford Hall heißt das Anwesen, ein Landhaus aus der viktorianischen Ära, ein grauer, einfacher, aber sehr weitläufiger Steinbau. Es gibt eine große Halle mit Kamin, um die sich die einzelnen Räume gruppieren. Die Halle habe ein riesiges Fenster besessen, wie in einer Kirche, berichtet Peggy. Außer den elf Schlafzimmern hätten sie eigentlich nur diese Halle benützt, das Eßzimmer sei ihnen immer zu langweilig gewesen.

Die Kinder logieren in einem eigenen Flügel, sie dürfen zwar mit den Erwachsenen zu Mittag essen, schwimmen, reiten und Tennis spielen, aber zu den abendlichen, sogleich von Peggy ritualisierten Konversationen in der Halle sind sie nicht zugelassen, es sei denn in einem der seltenen Ausnahmefälle. Für Djuna wählt Peggy ein Schlafzimmer aus, das im Unterschied zu den übrigen einfachen Räumen eher Rokokocharakter hat – sie meint, das paßt am besten zu Djunas elisabethanischem Schreibstil. In diesem Zimmer verfaßt Djuna Barnes den größten Teil ihres Hauptwerks, den bereits erwähnten Roman *Nightwood.* Auch Emily Coleman mit Sohn Johnny ist wieder zu Gast, und etliche andere Gäste verbringen das Wochenende hier, so die Schriftstellerin Antonia White mit ihrem Mann Tom Hopkinson, William Gerhardie, ein ehemaliger Schüler Tschechows, der das Buch *The Polyglots* veröffentlicht hat, sowie Wyn Henderson, mit der sich Peggy anfreundet. Es sind insbesondere die riesigen, zum Teil völlig verwilderten Gärten, die Hayford Hall umgeben, die es für die Sommergäste so unvergleichlich erscheinen lassen. In den beiden Teichen, die mit Wasserlilien bedeckt sind, schwimmen sie. Hunderte von Kaninchen treiben hier nachts ihr Unwesen – obwohl es den gepflegten Tennisplatz gibt, hat man den Eindruck, direkt im Moor zu leben, wo die wilden Ponys sind, die für die Kinder eingefangen werden, damit sie reiten lernen können. Nur ein richtiges Reitpferd, das natürlich von John und gelegentlich Emily geritten wird, gibt es.

Das Leben in Hayford Hall findet in der völligen Abgeschiedenheit statt, die Peggy jetzt zu schätzen weiß. Trotz unterschiedlicher kleiner Streitigkeiten, so den Vorwürfen an Emilys Adresse, weil sie schlechte Tischmanieren hat und John am Abend immer für sich alleine haben möchte, um mit ihm zu reden, trotz Peggys inzwischen nur noch schlecht verborgener Kritik an Johns Untätigkeit und seinem vielen Trinken ist das Klima doch so friedlich, daß es der hochsensiblen Djuna gelingt, die Konzentration für ihr schwieriges Buch aufzubringen.

Peggy kolportiert, Djuna sei den ganzen Tag über im Haus geblieben, mit Ausnahme eines zehnminütigen Spaziergangs, von dem sie ihr jeweils eine Rose mitgebracht habe, und zum Teil sei es die Angst vor Emily gewesen, die sie zu diesem Verhalten getrieben habe. Emily hatte gedroht, das Manuskript zu verbrennen, sollte Djuna nur irgend etwas darin schreiben, was sie ihr einmal anvertraut habe, und sei es aus Versehen. Seit dem ersten Treffen mit Peggy in Paris 1923 ist auch die schöne Djuna durch mehr als eine Hölle gegangen, ebenso wie Peggy, und im Unterschied zu dieser gab es für die um sechs Jahre ältere Djuna nie das doch beruhigende Polster eines Vermögens, von dessen Zinsen man – egal, was passiert – leben kann, wie man will.

Dieser Unterschied begründet in etwa die Vorbehalte, die Djuna, vielleicht auch gegen ihren Willen, wie viele andere Menschen auch, gegen Peggy hegt. Auch Djuna Barnes hat wie John Holms Probleme mit dem Alkohol. In der zehn Jahre dauernden Beziehung zu Thelma Wood, die im Jahr zuvor, 1931, zu Ende ging, hat sie die Angewohnheit der Freundin, die unter Alkohol von einem Abenteuer ins nächste stürzte, selbst übernommen. Djuna Barnes ist erschöpft von diesem Leben – zehn Jahre wechselte sie ständig die Wohnungen, pendelte zwischen Paris und New York, wo sie ihre literarischen Arbeiten veröffentlichte, hin und her, suchte Thelma nächtelang. Schließlich, 1931, mit Thelma in New York, hat sie sich gegen die schwierige Freundin entschieden, gegen New York als Aufenthaltsort, reiste hektisch von Paris nach Wien, wieder nach Paris, nach England und schließlich nach Tanger. Tanger besuchte sie auf Einladung von Paul Bowles und Charles Henri Ford, mit dem sie eine tiefe Freundschaft verbindet. Aber auch Tanger brachte ihr kein Glück – die fast vierzig Jahre alte Frau wird in einer Affäre mit einem französischen Maler schwanger. Sie fährt nach Paris, um dort die Abtreibung vornehmen zu lassen, und beschließt, konsequent an dem neuen Roman, der zunächst *Bow down* heißen soll, zu arbeiten.

In dieser Situation kam die Einladung Peggys wie gerufen. Peggy mit ihrem untrüglichen Instinkt wiederum ahnte, daß das, was die Freundin zu schreiben beginnt, eines der bedeutendsten Bücher dieses Jahrhunderts sein würde. Pflichtschuldig liefert die Autorin ihren Dank an die Gastgeber in gebührender Form ab – *Nightwood* wird Peggy Guggenheim und John Holms gewidmet, obwohl sie gegen John Vorbehalte hat, besonders, wenn sie ihn mit Laurence Vail vergleicht. So kritisiert sie an John, daß er den Menschen das Gefühl vermittelt, der liebe Gott habe sich herabgelassen, das Weekend mit ihnen zu verbringen.

Die Abende in der Halle werden nicht nur von den langen Gesprächen gekennzeichnet, sondern auch von Spielen, die vor allem von der redseligen Emily angeregt werden, der Djuna Barnes einmal sagte, man könne mit ihr sicher sehr gut auskommen, vorausgesetzt, sie würde ein kleines Sedativum einnehmen. Am beliebtesten ist bei Emily das sogenannte Wahrheitsspiel – jeder Teilnehmer muß anonym einen Fragebogen zu einem der Teilnehmer ausfüllen. Alle Bögen werden anschließend – in der Regel von Djuna Barnes – laut vorgelesen. Emily, die begierigste Verfechterin des Spiels, wird am deftigsten beleidigt, da sie die Sache am ernstesten nimmt. Eines Nachts wird sie dabei erwischt, wie sie – alle sind zu Bett gegangen – den Papierkorb untersucht, die zu kleinen Schnipseln zerrissenen Bögen wie ein Puzzle zusammensetzt und dabei murmelt: »Ich möchte wissen, wer mir eine Null für Sex-Appeal gegeben hat.« Aber nicht nur Djuna kritisiert jede und jeden, wie es ihre Art ist. Auch John läßt den lieben Gott nicht auf sich sitzen und meint, Djuna Barnes sollte öfter das Wahrheitsspiel spielen, um so der Gefahr einer selbstgerechten Beurteilung der eigenen Person aus dem Wege zu gehen. Und auch Peggy bekommt ihr Fett ab. Djuna bezichtigt sie, wie schon zehn Jahre zuvor, des Geizes und fordert sie auf, ihr Geld für sinnvolle Zwecke auszugeben. Hier meint sie besonders die Förderung von jungen Künstlern. Peggy nennt Djuna daraufhin egoistisch, und Emily schimpft, sie sei oberflächlich. Aber obwohl dieser Kampf seine nervenaufreibenden Seiten hat und den Beteiligten nichts erspart wird, halten sie an ihrer Unterhaltung

den ganzen Sommer fest – es ist wie ein Zwang, der eine besondere Intensität verspricht und für die vier Beteiligten wohl auch eine erotische Qualität hatte, die sie zusammenschweißt.
Am Ende des Sommers begleitet Djuna Barnes Sindbad nach Paris, wo sie ihn Laurence übergibt. Peggy reist mit John durch Somerset, und John besucht seine Familie, die ebenso wie Florette mißbilligt, daß man nicht verheiratet ist. Insoweit nimmt das Paar ohne Trauschein Rücksicht auf die Gefühle, daß es nicht gemeinsam auftritt. Peggy mietet sich im Hotel ein. Sie lernt nur Johns Schwester kennen, die zunächst starke Ressentiments hegt, die sie jedoch revidieren kann. In ihren Augen ist Peggy jetzt nicht mehr die monströse Frau, als welche Dorothy sie wahrscheinlich beschrieben hatte. Sie legt Peggy ans Herz, auf John zu achten, was diese sehr verwundert, denn in Peggys Augen ist es der Mann – in diesem Falle John –, der auf sie, das Kind, aufpassen muß.
Inzwischen schreiben wir das Jahr 1933. Immer wieder überrascht, daß Peggy nicht ein einziges Wort über die politische Situation dieser Tage verliert – aber auch das gehörte zu den zeittypischen Erscheinungen unter den amerikanischen Intellektuellen in Europa. So schreibt etwa Kyra Stromberg in ihrem Buch über Djuna Barnes: »Politische Aufmerksamkeit – was das eigene Land und was die Weltsituation betraf – läßt sich den meisten ›expatriates‹, läßt sich auch Djuna Barnes nicht nachsagen.« Vielmehr habe die Dichterin gemeinsam mit vielen anderen Amerikanern geglaubt, die neuen Einsichten in die menschliche Psyche, wie sie etwa die in Amerika bereits blühende Psychoanalyse und die damit einhergehende Befreiung der Menschen von Hemmungen und Tabus darstellte, würden zu einer Verbesserung aller menschlicher Verhältnisse und letztlich zu einer Verhinderung eines weiteren Krieges beitragen. Dieser Auffassung entspricht auch das in unseren Augen eskapistische Verhalten etwa während des Aufenthalts in Hayford Hall. Für Peggy Guggenheim gilt in dieser Zeit, was für alle

Jahre zuvor bereits gegolten hatte – sie wünscht ihr Leben als ein Leben in der und für die Kunst, weil nur ein solches Leben am ehesten die von ihr so sehr gehaßte und gefürchtete Langeweile bannen kann. Sie wünscht den intensiven Umgang mit interessanten Männern und Frauen, und hierfür gibt sie gerne ihr Geld aus. Sie ist bereit, die unterschiedlichen exzentrischen und auch schlechten Angewohnheiten ihrer Freunde und Freundinnen lange zu ertragen und komisch zu finden. Aber sie übt auch Kritik und nimmt nach wie vor kein Blatt vor den Mund. Sie sagt, was sie denkt, und manchmal etwas zu schnell. Noch hat sie keine Entscheidung treffen müssen, ob ihre Art von Kunst mehr die Malerei oder die Literatur ist. Die beiden Möglichkeiten des Ausdrucks sind für Peggy noch stark ineinander verwoben. In der Zeit, von der jetzt die Rede ist, überwiegt allerdings, anders als zuvor mit Laurence Vail, die Literatur, Malen mit Worten, denn Peggy hat über John Holms vorwiegend Umgang mit Menschen aus der Sphäre der Literatur.

Im Januar 1933 geht es in das österreichische Gargellen zum Skilaufen – das heißt, Peggy fährt – wenn überhaupt – lieber Schlitten. John wagt sich zum ersten Mal im Leben auf die Bretter, und auch die Kinder laufen Ski.

1933 ist das Jahr, in dem Dorothy den Haß auf Peggy endlich relativieren kann. Statt dessen beginnt sie nun Emily Coleman zu hassen, die das Paar wie ein Maskottchen auf allen Reisen begleitet.

John Holms möchte Djuna Barnes dabei behilflich sein, ihren Roman *Ryder,* der 1928 bei Horace Liveright in New York erschienen war und dort für kurze Zeit als Bestseller galt, auch in England zu veröffentlichen. Er schreibt daher an seinen alten Freund Douglas Garman, der als Verleger arbeitet. Aber aus dem Plan wird nie etwas werden – die Zeiten, da Verleger für avantgardistische Autoren etwas taten, sind vorbei. Man verlangt von den Autoren mehr und mehr die politische Stellungnahme, das Bekenntnis für eine Richtung. Und auch insgesamt geht die Buchproduktion, die 1929 einen bisherigen Jahreshöhepunkt erreicht hatte, massiv zurück.

Douglas Garman lädt sich, anstatt Djuna Barnes zu fördern, bei John und Peggy in Paris ein. Es ist Ostern. Und auf einmal ist es für Peggy, als sei John Holms gar kein richtiger Mann, mit dem sie lebt, sondern ein blutleerer Schemen, ein Geist, ein Christus. Zumindest gegen diesen Londoner Verleger. Etwas Merkwürdiges geschieht. Sie verliebt sich in den lebensvollen Garman. Lakonisch kommentiert sie die Angelegenheit so: »Ich brauchte jemanden, der menschlich war, damit ich mich wieder als Frau fühlen konnte.«

John habe es nie gekümmert, was für Kleider sie trug und wie sie aussah. Für Garman sind das wichtige Dinge. Er bemerkt alles und gibt dazu Kommentare ab. Peggy fällt das als sehr angenehm auf. Sie ist jetzt 34 Jahre alt. Das Flirten macht ihr wie immer viel Spaß. Es gehört zu ihrem Wesen. Leider wird John sehr bald schon eifersüchtig. Und dabei ist gar nichts Besonderes passiert, außer daß Peggy nach einer Dinnerparty betrunken ins Bett gebracht werden muß und es Garman ist, der sich um sie sorgt und nach ihr schaut. Zu Johns Erleichterung reist Garman bald wieder nach England. Man sieht sich mehrere Monate lang nicht.

Alles könnte der Vergangenheit angehören, man könnte zur Tagesordnung übergehen. Doch Peggy hat ein seltsames Vorgefühl – diesmal braucht sie die Schützenhilfe von Handlesern nicht. Verbissen glaubt sie, daß sie binnen Jahresfrist Garmans Geliebte sein wird.

Die nun folgende Geschichte des Endes der Beziehung zwischen John und Peggy kann einen fast das Gruseln lehren. Peggy stellt die Dinge in einer merkwürdig kaltschnäuzigen Weise so dar, als sei sie indirekt schuld an John Holms' frühem Tod.

Aber zunächst kommt noch ein weiterer Sommer in Hayford Hall. Pegeen und Doris sind dabei, und da Garman, der von seiner Frau getrennt lebt, eine Tochter in Pegeens Alter hat, wird er gerne mit Debbie eingeladen. Er sieht elegant aus, findet Peggy. Er ist vor allem ganz anders als John. Größer, hat braunes Haar, braune Augen und – anders als sie selbst – eine wirklich hübsche Nase, fast wie bei Tennyson. Er ist sehr bleich. Kein Wunder, denn auch er ist ein – frustrierter – Dichter.

Jetzt, im zweiten Sommer dort, lassen die Besitzer nicht mehr ihre eigenen Dienstboten zur Kontrolle im Haus, und Peggy bestückt das Anwesen mit ihren französischen Angestellten. Das ist gut so, denn die Gäste treffen weitaus zahlreicher in diesem Sommer ein als im Jahr zuvor. Emily benimmt sich noch schlechter als im letzten Jahr, sie bringt wieder ihren Sohn mit. Auch Djuna kommt. Der Schriftsteller Samuel Hoare läßt sich sehen – er hat eine Affäre mit Emily. Auch Florette setzt tatsächlich einen Fuß in das Sündenbabel. Sie hat sich mit John Holms abgefunden. Djuna Barnes lädt ihrerseits Freunde ein, den Maler Louis Bouché samt Frau und Tochter, in welche sich Sindbad, wie seine Mutter früh am anderen Geschlecht interessiert, verliebt.

Als Peggy die Kinder Ende August in London ins Flugzeug setzt, damit sie noch einen Teil der Ferien mit Laurence verbringen können, trifft sie auf eigenen Wunsch Garman. Keineswegs hat sie ihn vergessen, und was sie will, muß sie haben.

Danach kehrt sie nach Hayford Hall zurück. Und wenig später ereilt John ein tragischer Unfall. Sie reiten eines Nachmittags aus. Es regnet wie so oft in der Dartmoor-Gegend. Es ist kein starker Regen, nicht wirklich unangenehm, aber doch so, daß es John die Brillengläser beschlägt. Aus diesem Grund übersieht er auch das Kaninchenloch, in welches sein Pferd stolpert. John wird abgeworfen. Sein Handgelenk ist ganz und gar ausgekugelt. Sie rufen einen Arzt, der das Gelenk mehr schlecht als recht einrenkt. John hat entsetzliche Schmerzen, und Peggy läßt ihm Morphium geben. Am nächsten Tag wird eine Röntgenaufnahme im Krankenhaus gemacht, denn die Schmerzen halten unvermindert an. Man gipst das Gelenk ein und vertröstet ihn auf sechs Wochen. Die allgemeine Spannung bewirkt, daß Peggy nicht mehr an sich halten kann und ihre wahren Gefühle zumindest einer Person gegenüber äußert. Emily Coleman, die unmögliche Person, die Überaktive, soll ihr Fett bekommen. Als Emily wenige Tage vor ihrer Abreise im Überschwang betont, einen schönen Sommer gehabt zu haben, platzt Peggy der Kragen, und sie sagt: »Dann bist du die einzige.« Emily geht daraufhin sofort packen.

In der ganzen Zeit werden Johns Schmerzen nicht besser. Zurück in Paris wird das Gelenk aufs neue geröntgt, und es zeigt sich, daß es ein Splitterbruch ist. Man empfiehlt heiße Salzbäder und Massagen. Der Masseur soll das neue Muskelgewebe, das sich im Innern des Gelenks gebildet hat und dafür verantwortlich ist, daß das Gelenk nicht mehr frei bewegt werden kann, durch die Massage zerstören – man kann sich vorstellen, daß dies eine äußerst schmerzvolle Prozedur war, die dem Patienten alles abverlangte. Aber auch diese Tortur ist nicht erfolgreich und wird daher abgebrochen.

Inzwischen – und wahrscheinlich spielt neben Johns vagen Vorstellungen, in London könnte er besser als in Frankreich wieder den Anschluß an seine Freunde und damit ein intellektuelles Leben finden, auch Peggys Wunsch, die Sache mit Garman weiterzubetreiben, eine Rolle – entscheidet man sich dazu, den Miniwolkenkratzer in Paris unterzuvermieten, Pegeen vorläufig mit Doris in Paris zu lassen und selbst in London ein Haus zu suchen.

Mit Emily Coleman ist Peggy dort schon bald wieder auf so vertrautem Fuße, daß sie ihr anvertraut, was sie für Garman empfindet. Aber Emily, die selbst kein Kind von Traurigkeit ist, reagiert schockiert. Das dürfe Peggy John nicht antun, sie würde ihn verlieren. Und in der Tat macht dies Eindruck auf Peggy, die sofort beschließt, Garman nicht mehr zu treffen.

Aber sie kann es einfach nicht lassen, besonders in betrunkenem Zustand mit ihren Eroberungen und Verliebtheiten zu prahlen, und eines Nachts erzählt sie John alles über Garman. John gerät außer sich, öffnet das Fenster, läßt Peggy dort lange Zeit nackt stehen und schüttet ihr Whiskey in die Augen. Sie behauptet, daß er sagte: »Ich würde dir gerne das Gesicht so zerschlagen, daß kein anderer Mann es jemals mehr ansehen mag.«

Peggy hat solche Angst vor John, daß sie Emily bittet, die Nacht über bei ihr zu bleiben. Und so geht auch diese Krise vorüber und wird von den verschiedenen Weihnachtsvorbereitungen unterbrochen sowie den Sorgen um Johns Gesundheitszustand. Peggy hat schwere Wochen.

Die Kinder, die beide nach längerer Abwesenheit die Mutter wiedersehen, kommen ihr verwöhnt vor, weil sie ständig fordern, den Zirkus, das Puppentheater oder Kinos zu besuchen. John nun ist enttäuscht über den Mißerfolg der Massagen und überlegt, ob er dem Rat des Masseurs, eine Operation zu versuchen, folgen soll. Die Operation sei ein Kinderspiel, in drei Minuten erledigt, erzählt man ihm.

Es gibt bereits einen Termin für den Eingriff, aber da John die Grippe hat, muß er verschoben werden. So vergehen die Weihnachtsferien, und Peggy bringt Sindbad zurück zu Laurence. Wieder einmal wird ihr schmerzlich überdeutlich, wie unnatürlich diese Trennung von ihrem Sohn ist. John ist schuld an all diesem Leid, sagt sie sich und tut auf der Rückfahrt nach London einen schrecklichen Eid: Nie mehr will sie John Holms wiedersehen.

In ihrer Vorstellung ist es dieser Wunsch, besser diese Verwünschung, die John das Leben gekostet hat. Er holt sie vom Bahnhof ab und erklärt, am folgenden Morgen fände die Operation statt. Peggy ist erstaunt, aber John erklärt ihr, Emily habe alles arrangiert. All seine Freunde warten im Haus und raten ihm von dem Eingriff ab. Offenbar haben auch andere, John nahestehende Menschen schlechte Vorgefühle. Der Freund Gerhardi, der gerade dabei ist, ein Buch über den Astralleib zu schreiben, sagt zu John, während der Narkose werde er sicher seinen Körper verlassen. Worauf John erwiderte: »Und was wäre, wenn ich nicht mehr zurückkäme?«

So ist die Stimmung vor dieser Operation keineswegs gelassen, und John tut ein übriges, indem er ungeheure Mengen trinkt und am folgenden Morgen mit einem Kater aufwacht. Peggys Selbstanklage ist grausam, aber ehrlich. Sie schreibt: »Hätte ich nur irgendein Gefühl der Verantwortung gehabt, dann hätte ich nicht erlaubt, daß die Operation stattfindet. Ich kann mir jetzt nicht mehr vorstellen, warum es mir peinlich war, die Ärzte, die die Operation ja schon einmal verschoben hatten, weil John die Grippe hatte, zu bitten, daß sie noch einmal abgesagt werden müsse. Egal, ich habe zugelassen, daß die Ärzte kamen.«

Sie hält seine Hand, bis die Narkose wirkt. Dann schicken die Ärzte sie aus dem Zimmer. Es heißt, alles würde nicht länger als eine halbe Stunde dauern. Als immer mehr Zeit vergeht und sich kein Arzt sehen läßt, wird Peggy nervös. Heimlich lauscht sie an der Tür. Nichts. Kein Ton. Sie geht wieder hinunter. Dann endlich erscheint einer der Ärzte, sucht etwas, eine kleine Tasche, die er in der Eingangshalle abgestellt hatte. Er sagt nichts, und Peggy wird das Gefühl nicht los, daß etwas schiefgegangen ist. Was soll sie tun?

Nach einer Zeit, die in ihren Augen eine Ewigkeit ist, kommen alle drei Ärzte zusammen die Treppe hinunter, der Hausarzt, der Chirurg und der Anästhesist. Als sie den Raum betreten, weiß Peggy, was sie sagen werden – daß Johns Herz unter der Narkose versagt hat.

Die Operation sei gut verlaufen, behaupten sie, und daher seien sie auf die andere Seite des Zimmers gegangen. Plötzlich habe der Hausarzt bemerkt, daß der Herzschlag bei John aussetzte, und sie hätten versucht, ihn wiederzubeleben. Sie hätten ihm Adrenalin direkt ins Herz gespritzt und es massiert, aber ohne Erfolg. Peggy, die selbst mit den Vorwürfen an die eigene

Adresse hadert, sagt ohne Umschweife: »Sie hatten ihn getötet, und sie wußten es. Sie hatten Angst. Alles, was sie sagten, machte sie nur noch entsetzlicher für mich. Sie besaßen die Frechheit, sich für den Umstand, daß dies in meinem Haus geschehen war, zu entschuldigen.«

Daß die Schuld John und sie in gleichem Maß traf, weil sie den Ärzten gegenüber nichts von den Alkoholexzessen gerade am Abend zuvor preisgaben, räumt sie jetzt nicht ein. Man merkt diesem Herumlavieren deutlich das schlechte Gewissen an. Selbstverständlich ist Peggy mit ihrem klaren Verstand deutlich, daß sie alles hätte verhindern können, daß ihr Nichteingreifen die Katstrophe bewirkt hatte.

Die Ärzte rufen die Freunde Peggy und Milton Waldman an, damit sie Peggy zur Seite stehen. Dann lassen sie sie alleine, wohl wissend, daß es Stunden dauern kann, bis die Waldmans eintreffen können.

Sie geht in das Sterbezimmer und begreift, daß John in einer anderen Welt ist: »Ich wußte, daß ich nie mehr glücklich sein würde.«

Doch gleichzeitig hat ein ganz anderes Gefühl sie ergriffen, als die Ärzte ihr Johns Tod mitteilten: Peggy fühlt sich erleichtert. Es ist, als sei sie einem Gefängnis entronnen. Als sei sie über Jahre hinweg Johns Sklavin gewesen und nun plötzlich frei sei.

Dieses fast unerlaubte Gefühl ist eng mit dem Komplex des vorherigen Wunsches nach der Befreiung von John und der Verliebtheit in Douglas Garman verbunden. Aber da es so egoistisch, so kindlich, so unverantwortlich ist, wie Peggy selbst in der Lage war, zu erkennen, ist es auch sehr von Schuld besetzt. Die beste Möglichkeit für einen Menschen, der in einem derartigen Gefühlswirrwarr steckt, ist das Eingeständnis der eigenen Schwäche.

So sagt Peggy – und man glaubt es nur halb –, sie habe sich zwar vorgestellt, sie wolle frei sein, in Wahrheit wollte sie es

aber doch nicht. Weil sie gar nicht wußte, wie sie weiterleben oder was sie tun sollte.
Tatsächlich berührt sie einen entscheidenden Punkt: Bisher hatte die unerhört selbständig denkende, moderne Autofahrerin, die Hasserin des monotonen Dahinlebens, die Gönnerin so mancher Künstler und Sozialverbesserer immer in einem Kosmos des Behütetseins gelebt. Es war das einengende Elternhaus zunächst, dann die angebliche Freiheit der Bohème an der Seite von Laurence Vail, dann die angebliche geistige Freiheit an der Seite eines durch seine Trunksucht zu einem Schattendasein verkümmerten Literaten. Wer oder was sollte jetzt an die leere Stelle treten? Frei bleiben, einfach auf Dauer frei bleiben konnte diese Stelle auf keinen Fall. Das muß sich Peggy Guggenheim gesagt haben.
Für eine Übergangszeit findet die praktisch veranlagte Peggy Waldman eine Lösung, indem sie die haßgeliebte Emily Coleman, die sowieso am nächsten mit der hier zu verhandelnden Problematik vertraut ist, bittet, bei Peggy zu wohnen.
Und Emily, die sich seit Jahren von Peggy anhören muß, die reiche Freundin ertrage sie nur um Johns willen, sei er einmal tot, werde es zwischen ihnen keine Beziehung mehr geben, ist zu neugierig, zu gutmütig auch vielleicht, um Peggys Wunsch abzuschlagen. Peggy selbst hat all ihre bissigen Bemerkungen Emily gegenüber plötzlich vergessen und ist glücklich, nicht allein sein zu müssen. Sie hat es einfach nie gelernt.
Während zweier Monate wohnt Emily bei Peggy, schläft mit ihr in dem Schlafzimmer, in dem John mit Peggy schlief, und ermöglicht der Trauernden das, was weder anläßlich des Todes des Vaters noch des Todes der Schwester möglich war und für Peggy notwendiges Ventil ist: permanentes Reden über den Verstorbenen. Trauerarbeit in Form von Redearbeit, Hin- und Herwälzen des Vergangenen, Versuche, im Reden notdürftig mit der großen Schuld fertigzuwerden.
Nein, Peggy ist nicht mehr auf Emily eifersüchtig, die sich so oft

in die Beziehung drängte, die die Nächte im Gespräch mit John verbrachte und ihn Peggy auf diese Weise »wegnahm«. Die gemeinsamen Tränen schweißen die beiden Frauen zusammen, wie es keine geteilte Freude vermocht hätte. Auch für Emily ist ein Halt im Leben für immer dahingegangen, und beide Frauen fürchten sich vor der Zukunft.

Peggy hat sich, als Johns Leiche vom Bestattungsunternehmer abgeholt wird, schnell noch seine Uhr und seinen Morgenrock genommen.

Beides hat sie angezogen, um sich sicherer zu fühlen, und auch, um John in gewisser Weise näher zu sein. Sie hat neben allem klaren Denkvermögen eine nie zu bekämpfende Neigung zum animistischen Fühlen – der Talisman spielt eine wichtige Rolle. Etwas vom anderen zu besitzen heißt, sich den anderen einverleiben. Genau das ist ihre Haltung, genau das ist es, was sie von nun an immer wieder beschäftigen wird: daß sie John ausgesogen hat, daß sie das Beste, was er zu geben wußte, genommen hat und ihn dann durch schlechte Wünsche tötete. Seine Kenntnisse leben in ihr weiter. So sieht sie es. Gleichzeitig fürchtet sie, ihre Seele zu verlieren. Sie schaut sich jeden Morgen im Spiegel an. Es heißt ja, man verliert sein Spiegelbild, wenn man seine Seele verliert. Und ihre Mundwinkel sinken jeden Tag tiefer hinab. Das sind die Zeichen.

Dann die Zahlensymbolik. Schrecklich ist die Verknüpfung der Zahlen und Ereignisse. Unausweichlich war Johns Tod daher. Er starb am 19. Januar 1934. Am Tag darauf ist Dorothys Geburtstag. Man muß Dorothy als auch Beatrix, Johns Schwester verständigen. Am 21. Januar ist die Verbrennung, Peggy wünscht die Verbrennung. Der 21. Januar ist Emilys Geburtstag.

Doch zuvor muß noch die Autopsie durchgeführt werden, die zutage fördert, was Peggy eigentlich schon wußte – der Alkohol hatte Johns innere Organe bereits stark in Mitleidenschaft

gezogen. Somit sind auch die Ärzte vom Vorwurf einer Schuld an Johns Tod letztlich befreit.
Peggy geht nicht zu der Totenfeier. Dorothy, Beatrix, Emily und einige Freunde sind da. Sie traut sich nicht zu, Haltung zu bewahren. Mit Peggy Waldman sucht sie indessen eine katholischen Kirche in Soho auf und entzündet eine Kerze für John. Danach setzt sie sich in das Schlafzimmer und hört Musik, ein Streichquartett von Beethoven.
Wer nichts von Johns Tod erfährt, ist die jetzt fast acht Jahre alte Pegeen. So wie Peggy zu Kinderzeiten von ihren Eltern im unklaren über wichtige Ereignisse gelassen wurde, entscheidet sie als Mutter jetzt auch für Pegeen, daß die Nachricht vom Tod des auch von dem kleinen Mädchen geliebten Mannes das Kind überfordere und läßt es glauben, John sei im Krankenhaus. Die Zeit kommt Pegeen sehr lang vor, wann er denn zurückkomme, fragt sie daher irgendwann, und die Antwort ist schockierend: »Niemals. Er ist im Himmel bei den Engeln.«
Pegeen verweigert wenig später den Schulbesuch. Doris, das Kindermädchen, hat geheiratet, und Peggy, die nicht ertragen konnte, daß dieser treue Geist auch noch Gefühle für andere hatte, hat die weitere Hilfe von Doris abgelehnt. Die Welt des kleinen Mädchens ist – wieder einmal – zusammengebrochen. Peggy will sich selbst um Pegeen kümmern, obwohl sie in so manchen praktischen Fragen der Kindererziehung und -betreuung, schon wenn es um einfaches Fiebermessen geht, völlig unerfahren ist. In Hampstead findet sie eine neue Schule für Pegeen, und das Mädchen erklärt sich bereit, sie zu besuchen.
Die Freunde von John, die Muirs und Hugh Kingsmill, auch William Gerhardi nehmen lebhaften Anteil an Peggys Trauer und besuchen sie oft. Zahlreiche Beileidsbriefe treffen ein, auch Douglas Garman bietet seine Hilfe an, aber Peggy fühlt, daß seine Zeit noch nicht gekommen ist, und weiß gleichzeitig, daß sie ihn bald »benutzen« wird, um über das Leid hinwegzukommen, das sie als unermeßlich empfindet.

Sie schließt diese Phase des Lebens in einer für sie typischen, praktischen Weise ab. Sie gibt Dorothy alles, was John an Geld und Büchern hinterlassen hat, sowie eine lebenslange Zuwendung von 160 Pfund pro Jahr. Den Haushalt in der Avenue Reille in Paris, den Miniwolkenkratzer, löst sie auf. Wie so oft wandern ihre mittlerweile von zahlreichen Geschichten geprägten Möbel in ein Lager. Auf unbestimmte Zeit.

8. KAPITEL

Peggy entdeckt den Kommunismus

Das Leben wird einsam für Peggy. Auf diese stille Weise hat sie noch nie gelebt, fast den ganzen Tag allein, da Pegeen in der Schule ist und die wenigen Freunde nur am Abend kommen. Die Gedanken an Garman kommen daher bald immer öfter, immer bohrender, bis sie in der bei Peggy bekannten Weise – man erinnert sich an die Streichhölzer, die Nase, die pompejanischen Fresken und, und, und – zu einer wahren fixen Idee werden. Nichts anderes wird sie aus den Grübeleien retten können als ein Wiedersehen mit Garman. Emily erzählt sie davon, um ihre Worte kurz darauf wieder zurückzunehmen. Etwas später wagt sie sich erneut vor und bittet Emily, die Situation für sie zu erkunden. Die Freundin soll sich mit Garman – in ihrer ersten Fassung der Biographie handelte sie ihn unter dem Pseudonym Sherman ab – treffen und herausfinden, wie er über sie denkt. Er habe nett über sie gesprochen. Auch er

ist frei. Er lebe nach wie vor getrennt von seiner Frau, weiß Emily zu berichten. Im Handumdrehen arrangiert Peggy ein Abendessen, zu dem sie Emily mit Samuel Hoare, dem Dichter und Freund Emilys einlädt, sowie Garman.
Am selben Abend nimmt Garman sie mit zu sich. Peggy weiß vom ersten Moment an, was sie will, und sie ist deutlich. So spricht sie keineswegs über ihre Trauer, sondern vermittelt tapferes Zupacken, Akzeptieren des Schicksals, Zukunftszugewandtheit – alles das, was ihr fehlt, was sie sich vielmehr als Ergebnis einer Beziehung mit Garman erst wünscht. Doch noch in der ersten Nacht bricht sie in Tränen aus – die Überforderung, die darin besteht, die Rolle der mutigen Frau zu spielen, findet ihren angemessenen Ausdruck. Garman verliebt sich ernsthaft, behauptet Peggy. Er schreibt Gedichte für sie, zitiert Shakespeare, doch die Angebetete, die die Affäre betrieben hat, bleibt letztlich ungetröstet. Das selbstverordnete Mittel, so gut es schmeckt, hilft nicht gegen die allzu schwere Krankheit. Und außerdem steht sie unter einem zusätzlichen inneren Zwang: Sie möchte ihre neue Affäre vollständig geheimhalten. Dies bedeutet in der Praxis, daß sie nach jedem Treffen vor Tagesanbruch nach Hause fährt.
Peggy erkennt erst jetzt wirklich, in welcher Abhängigkeit von John sie lebte, daß er für sie entschied, daß er für sie dachte. Sie führte aus, was er wollte. Sie bezahlte. Über fünf Jahre lang hatte sie sich untergeordnet, damit regelrecht aufgegeben. Und das Schlimmste: All die Zeit über merkte sie das noch nicht einmal. Erst jetzt, wo keiner mehr da ist, der ihrem Leben Sinn gibt, denn Garman ist kein Ersatz für John, wird ihr deutlich, von welcher Art die Beziehung zu John war. Garman tut ihr leid, denn er war eigentlich bisher niemals recht glücklich in seinen Beziehungen zu Frauen. Sie läßt ihren Tränen freien Lauf. Wahres Glück mit Garman gibt es nicht für sie, sie weiß von vornherein, daß sie zwar in ihn verliebt ist, aber ihn nicht lieben kann.

Die Osterferien 1934 verbringt Peggy mit Laurence, Kay und allen Kindern aus den beiden Verbindungen in Kitzbühl. Die Beziehung zu Laurence scheint nach Johns Tod einfacher, harmonischer zu sein. Vor allem der Streit um Sindbad legt sich. Laurence bekümmert Peggys Trauer, und er empfiehlt ihr einen anderen Mann. Noch hat sie ihm nichts von Garman erzählt, aber da sie Pegeen bei Laurence läßt und selbst nach nur zehn Tagen wieder gen London reist, denkt sich Laurence sicher sein Teil.

Sie verbringt einige Tage mit Garman in Sussex und lernt die sieben Schwestern ihres neuen Liebhabers kennen, alle außergewöhnlich hübsche und interessante junge Frauen, für die der guterzogene, gebildete Garman, der in Cambridge studiert hat, Russisch, Italienisch und Französisch spricht, schon lange den Vater ersetzt.

Garmans Herkommen, sein Vater ein Landarzt, die Mutter die illegitime Tochter eines Earl Grey mit unnachahmlichen aristokratischen Angewohnheiten, und seine Interessen, seine Haltung zur Welt, können nicht widersprüchlicher gedacht werden. Er begreift sich als Revolutionär und war nach der russischen Revolution länger in Moskau. Bislang ist seine Karriere als Dichter nicht vom Erfolg gekrönt. Seine Gesundheit ist nicht die beste.

Inzwischen läuft der Mietvertrag von Peggys Londoner Haus aus. Das ist ihr nur recht so, denn die Erinnerungen an John wirken noch so stark, daß sie glaubt, ein Ortswechsel werde ihr guttun. Wie so viele stark wirkende Menschen hat Peggy es zeitlebens vorgezogen, komplizierte Situationen und zu starke negative Gefühle mit einem Wechsel der Szenerie zu neutralisieren.

Zwei Gründe sprechen für Hampstead als neuem Wohnort. Zum einen geht Pegeen in Hampstead zur Schule. Doch Hampstead ist auch insofern günstig gelegen, als Douglas Garman es näher hat, wenn er Peggy besuchen will. Noch immer hält sie das

Geheimnis ihres neuen Liebhabers streng geheim – sie findet es mit ihrer Rolle als Trauernde unvereinbar, nach so kurzer Zeit einen neuen Mann gefunden zu haben.
Im Sommer ersinnt das neue Paar ein praktisches Arrangement – Douglas arbeitet an einem Buch, das er herausgeben will, und hat sich zu diesem Zweck bei seiner Mutter einquartiert. Für Peggy und die Kinder entdeckt er ein schönes Haus nicht allzu weit davon entfernt, Warblington Castle – ein geschichtsträchtiges Bauernhaus mit einem Turm aus dem 12. Jahrhundert, der auch öffentlich besichtigt werden kann, Garten und einem Tennisplatz. Wieder ist Emily Coleman mit ihrem Sohn Johnnie eingeladen, der mit dem diesmal allein sein Ferienziel ansteuernden Sindbad befreundet ist. Für Pegeen wird Debbie Garman zusammen mit einer Cousine eingeladen, eine Freundin von Emily soll auf die Kinder aufpassen – Peggy hat an alles gedacht. Sorgen macht sie sich nur, wenn Pegeen auf dem geliebten Fahrrad fährt. Selbst vor dieser verhältnismäßig bescheidenen Kunst hat Peggy, die zarte Vitale, so großen Respekt, daß sie sie nie erlernt. Das Haus ist groß, noch weitere Gäste finden Platz in ihm: Antonia White erscheint wieder, auch Samuel Hoare, Milton und Peggy Waldman und Peggys Cousin Willard Loeb aus New York mit seiner Frau Mary.
Mit Mary kann Peggy noch einmal über die verstorbene Schwester sprechen, denn Mary war Benitas beste Freundin. Peggy merkt, daß die tiefe Trauer, die sie direkt nach Benitas Tod empfand, einem sanfteren Gefühl gewichen ist, und sie schreibt es der jetzt im Vordergrund stehenden Trauer um John zu.
Fünf Wochen währt die sommerliche Idylle, dann bringt Peggy gemeinsam mit Douglas die Kinder nach Dover und setzt sie auf das Kanalschiff – gemeinsam reist das Geschwisterpaar Richtung Kitzbühl, wo Laurence sie erwartet. Immer noch unglücklich, bereist Peggy mit Garman Wales und das Black Country, Garmans Kindheitsland. Peggy beschließt bei der Rückkehr, ein Haus in der Nähe von dem der Mutter Garmans zu mieten, denn

die Freundschaft zwischen Debbie Garman, deren Cousine Kitty und Pegeen (und sicher auch die Nähe zu Garman) ist ihr so viel wert, daß sie einen neuerlichen Wohnungswechsel in Kauf nehmen will.

Was die mit den Umzügen verbundenen ständigen Schulwechsel letztlich für Pegeen und deren Vertrauen in die Dauer menschlicher Bindungen bedeuten, läßt sich nur vermuten. Davon wird später die Rede sein.

Leider findet sich in der anvisierten Gegend kein Haus zur Miete, wohl aber ein kleines Cottage im elisabethanischen Stil, das man kaufen kann. Peggys Stimmung ist zum Zeitpunkt des Vertragsabschlusses auf einem solchen Tiefpunkt, daß sie eigentlich beschlossen hat, ihr Leben zu beenden. Zum ersten und einzigen Mal in ihrem Leben vernimmt man von ihr ein derartiges Geständnis.

Gleichzeitig führt sie die Verhandlungen des Kaufvertrags jedoch zum Ende, was für ihre über alle Emotionen und Depressionen erhabene pragmatische Seite spricht. Für alle Fälle jedoch, um Verwirrungen zu verhindern, sollte sie sich doch zum Selbstmord entschließen, kauft sie das Haus auf den Namen von Douglas Garman.

Dann nehmen die kleinen und großen Organisationen, die der Umzug mit sich bringt, doch wieder die vitalen Kräfte so in Beschlag, daß das Überleben gesichert ist. Peggy muß ihre Möbel aus dem Pariser Lager holen, denn das Haus ist ja, anders als die bisherigen gemieteten in London, unmöbliert. All das nimmt viel Zeit in Anspruch, und glücklicherweise kann Pegeen für eine Übergangszeit bei Mrs. Garman, Douglas Garmans Mutter, wohnen.

Das neue Haus, Yew Tree Cottage, ist nach der riesigen Eibe benannt, die vor dem Haus steht und es bei weitem überragt. Der Baum soll mehr als fünfhundert Jahre alt sein. Sehr rustikal wirkt das Äußere, mit dem Fachwerk und dem efeuüberrankten überdachten Eingang, dem riesigen Kamin im Wohnzimmer

und den kleinen Fenstern. In Peggys Augen ist es kein großes Haus – gerade einmal zwei Wohnzimmer, vier Schlafzimmer, Bad, Küche und Speisekammer. Doch gehören über 4000 Quadratmeter Land dazu, ein Fluß durchquert den Garten, und eine Bushaltestelle ist ganz in der Nähe, so daß Pegeen leicht nach Petersfield zur Schule kommen kann.
Im Winter des Jahres 1934 auf 1935 nimmt Peggy Douglas Garman mit nach Kitzbühl zum Skilaufen. Die Zeit der Geheimniskrämerei ist offenbar vorüber. Doch am ersten Tag bricht sich Garman gleich mehrere Finger. Diesmal hat Peggy keine bösen Vorahnungen, obwohl die Verwandtschaft der Verletzung mit der von John Holms verblüfft. Die Erinnerung an die Zeit vor einem Jahr, als John vergeblich versuchte, Heilung für sein Handgelenk zu erlangen, macht Peggy erstaunlicherweise Garman gegenüber nicht verständnisvoll, sondern unduldsam. Ohnehin kommt er sich als Außenseiter vor angesichts dieser unkonventionellen, aber dennoch gut eingespielten Familie Guggenheim-Vail.
Wahrscheinlich ist ein Grund ihrer Mißlaunigkeit auch die wohlfunktionierende Beziehung zwischen Kay und Laurence: Peggy ist eifersüchtig und kann es nicht lassen, bissige Bemerkungen über Kays Wunderqualitäten als effiziente Krankenschwester zu machen. Der Hintergrund: Sindbad erholt sich gerade langsam von einer Brustfellentzündung, und Peggy kommt sich neben Kay überflüssig vor. Plötzlich fällt ihr ein, Kays Fähigkeiten als Romanautorin herabzuwürdigen, und zum Beweis der Objektivität ihrer Behauptung gibt sie zu Protokoll, auch Garman sei der Ansicht gewesen, daß Kays Romane von Buch zu Buch schlechter würden. Das ist sie sich einfach schuldig, hier kann sie kein Blatt vor den Mund nehmen, das muß gesagt werden – wenn sie selbst auch nicht als Mutter und Krankenschwester erste Klasse ist wie Kay, so ist sie doch die beschlagene Leserin schlechthin, die Kunstsachverständige überhaupt. Peggy stellt, man merkt es deutlich, wieder einmal

ihre eigene Daseinsberechtigung in Frage und agiert im Angesicht größter Selbstzweifel mit Aggressionen.
Trotz der unerfreulichen Urlaubsverwicklungen geht Douglas Garman nach der Rückkehr nach England – Peggy sagt ehrlich: gegen sein besseres Wissen – darauf ein, in Yew Tree Cottage einzuziehen. Als Kay Boyle davon erfährt, daß Garmans Tochter Debbie mit einziehen werde, fühlt sie sich im Gegenzug bemüßigt, Peggys Möglichkeiten, ein zweites Kind mitzuversorgen, in Frage zu stellen.
Diese Berichte, die von der heißen Nadel zeugen, mit der sie Stich für Stich genäht wurden, verraten, was Peggys Hauptquelle bei der Abfassung ihrer Autobiographie war, nämlich ihre Tagebücher. Nur durch die Lektüre der Tagebucheintragungen, das Sich-Hinein-Versetzen in die damalige Situation ist es ihr möglich, noch einmal das längst nicht mehr existente Klima gegenseitiger Konkurrenz zu erzeugen. Es erstaunt allerdings, daß sie selbst im nachhinein oft nicht in der Lage ist, Distanz zwischen dem Ich von damals und dem Ich von heute zum Zeitpunkt der Abfassung aufzubauen.
Wie dem auch sei: Debbie Garman ist für Peggy keine neue Aufgabe, sondern eine Bereicherung. Sie ist ein offenbar schon früh selbständiges, ruhiges Kind, das keinerlei Probleme bereitet, das gerne liest und sich – das Beste überhaupt – blendend mit der eher schwierigen Pegeen versteht, die zuweilen durch Hochnäsigkeit auffällt. Peggy begeistert sich dafür, daß die beiden wie Schwestern miteinander sind – wenn sie die beiden Mädchen sieht, erinnert sie sich insgeheim vielleicht an die ruhige Benita und sich selbst, den kleinen, aber schwächlichen Wirbelwind.
Garman gibt auf Peggys Betreiben seinen Posten als Direktor des Verlages auf, der seinem Schwager gehört. So sind die Weichen einmal mehr gestellt: Peggy verlangt offenbar, daß jeder Mann, der sein Leben mit ihr teilt, völlig von ihr abhängig ist, kein eigenständiges Berufsleben mehr hat und statt dessen völ-

lig zu ihrer Verfügung steht. Sie übt eine in ihrer Zeit äußerst seltene Umkehrung herkömmlicher Rollenerwartung – in der Regel war es die Frau, die die Berufstätigkeit aufgab, wenn sie eine feste Beziehung einging. Natürlich ist diese männliche Haltung nur denkbar vor dem Hintergrund der materiellen Unabhängigkeit Peggys, die einmal mehr als eine Voraussetzung ihres Andersseins zu gelten hat.
Wie vor ihm Laurence und John möchte Douglas, da die Bedingungen hierfür gegeben sind, seine Zeit zum Schreiben nutzen. Er baut sich ein kleines Gartenhaus. Peggy rechtfertigt die Sache, indem sie die schwache Gesundheit Garmans ins Feld führt: aus diesem Grund habe er ein ruhiges Leben auf dem Land, regelmäßige körperliche Übung und nur wenig Alkohol gebraucht.
Schon kurz darauf beginnt Garman – sicherlich bedingt durch die viele Zeit, die er nun hat – eine entscheidende Lektüre: *Das Kapital* von Karl Marx.
Wenn Peggy fast im gleichen Atemzug berichtet, sie habe zur selben Zeit Proust gelesen, so ist der sich hier anbahnende Konflikt in der Gegenüberstellung der Bücher und Welten, die sie verkörpern, konstelliert. Effektvoller, kürzer hätte sie kaum zum Ausdruck bringen können, daß die soeben zusammengeworfenen Bettücher schon wieder auseinandergerissen werden. In der Tat. Während sie fröstelnd in ihrem großen Zimmer, das schlecht zu heizen ist, im Bett sitzt und von einer längst vergangenen, aber immer noch zu riechenden, zu hörenden und zu sehenden Welt liest, einer Welt des Adels, des Reichtums und der Kunst, überlegt sich Garman, wie man den Reichtum gerechter unter die Menschen verteilen kann. Er mißbilligt zutiefst, was Peggy bewegt. Er möchte, daß sie seine Interessen zu teilen anfängt und sich auch für Marx interessiert.
Im Grunde steht auch die Beziehung zu dem Marx-Adepten Garman wie schon die vorherigen im Einklang mit den derzeit modernsten Bestrebungen im Bereich der Literatur – fast

zeitgleich mit dem Kennenlernen Garmans findet in Moskau der große Schriftstellerkongreß statt, den für den deutschsprachigen Raum stellvertretend etwa Klaus Mann, Annemarie Schwarzenbach und Oskar Maria Graf besuchten. Nur wenige von denen, die zurückkamen und berichteten, konnten sich der beeindruckenden Atmosphäre in Moskau entziehen. Inmitten des Stalinismus waren die meisten bereit, die Herrschaft des Kommunismus als Lösung aus allen Problemen zu verstehen und zu glorifizieren; so auch Garman, obwohl er nicht an diesem Schriftstellerkongreß teilnahm.
Wieder einmal ist es Peggy gelungen, einen Mann zu finden, der sie mit den modernsten geistigen Strömungen des Augenblicks zusammenbringt. Doch anders als bei den bisherigen Partnern ist ihre Begeisterung für seine Richtung mehr als gedämpft.
Da hat sie schon größeres Verständnis für die praktischen Fähigkeiten Garmans, der neben seiner geistigen Arbeit das Haus Stück für Stück überholt, Wände niederreißt, neue errichtet und dabei seinen gediegenen bürgerlichen Geschmack einsetzt – teure Möbel werden angeschafft, herrliche Chintzvorhänge aufgehängt. Auch draußen wird alles, wie es sein soll, vom Feinsten: der Tennisplatz entsteht, der Swimmingpool, der Cricketplatz für Sindbad. Im Garten gibt Garman Unsummen auf Peggys Kosten für schöne seltene Pflanzen aus. Ihr war es recht so, und den Widerspruch zwischen Denken und Handeln haben sie wahrscheinlich nicht thematisiert.
Während Garman zukunftsweisend denkt, beschäftigt sich Peggy damit, alle Manuskripte, die sie von John geerbt hat, abzutippen. Wenigstens auf diese Weise möchte sie ihm die Treue halten. Sie träumt davon, ein Buch herauszugeben – die Manuskripte und dazu den Briefwechsel, den John mit Hugh Kingsmill führte. Aber die Arbeit muß vor Garman geheimgehalten werden, und so gestaltet sie sich zuweilen etwas kompliziert.

Bald wird auch das Leben auf dem Land immer komplizierter, da das Paar, das sich auf so merkwürdige Weise fand, weder die gleichen Dinge noch die gleichen Menschen schätzt. Inzwischen hat Peggy eine Angewohnheit Johns übernommen, von der man hätte annehmen können, daß das schlechte Beispiel sie davon vielleicht abgehalten hätte: Trinken. Vielleicht ist genau das der springende Punkt: als sie mit trinkenden Männern zusammen war, mußte sie nüchtern bleiben, zumindest meistens. Nun, da sie mit einem nüchternen Mann zusammenlebt, muß sie eben trinken. Zu ihrem Wesen gehört – und es ist wie ein Fluch –, daß sie sich in allem von ihrem Partner absetzen, alles in Frage stellen, alles konterkarieren muß. Je älter sie wird, desto mehr. Garman kritisiert Peggy wegen des Trinkens. Aus Rache demütigt sie Garman, indem sie ihm sagt, in Johns Augen sei er ein Langweiler gewesen, John habe sich ausschließlich für ihn interessiert, weil er erreichen wollte, daß er Djuna Barnes' Buch veröffentliche.
Wen wundert es, daß unter derartigen Spannungen auch Garmans eigenes Schreiben stagniert und daß er darüber unzufrieden ist. Daß letztlich diese Unzufriedenheit es ist, die ihn immer mehr Interesse für Karl Marx aufbringen und nach einer Veränderung seines Lebens suchen läßt.
Im folgenden Frühjahr, es ist das Jahr 1935, entscheiden Laurence und Kay, daß sie mit all ihren Kindern nach England ziehen wollen, zumindest auf ein Jahr, denn Sindbad soll jetzt eine englische Schule besuchen. Sicherlich ist es die Erinnerung, die Laurence selbst an seine Ausbildung hat, die ihn zu diesem Schritt bewegt. Die ersten zwei Monate des Aufenthalts wohnt Sindbad bei Peggy – der Beginn seiner großen Passion für das Cricketspiel, dem der Gärtner Jack frönt. Auch Tennis und Schwimmen liebt er leidenschaftlich, weshalb es ihm sicherlich in Yew Tree Cottage besonders gut gefällt. Im Sommer beginnt Peggy damit, erste Ausbruchsversuche aus der Beziehung mit Douglas Garman zu wagen. Sie sagt nicht deutlich, worin ihr

Davonlaufen besteht, beschreibt jedoch ihre verzwickte Gefühlslage: Einerseits möchte sie nicht mehr mit ihm leben, andererseits auch nicht ohne ihn. Obwohl sie alles tut, um das gemeinsame Leben zu vergiften, liebe er sie immer noch sehr. Sie kann gar nicht begreifen, wie er alles, was sie ihm antut, ertragen kann. Und wirklich – ganz nach dem Muster ihrer früheren Beziehungen kommt es auch zwischen Garman und ihr zu Handgreiflichkeiten. Für den konservativ erzogenen Mann mag es ein Schock gewesen sein, die eigene Haltung unbegreiflich. Nur so läßt sich erklären, daß er gleich nach seinem Schlag in Tränen ausbricht, wie Peggy berichtet.

Aber keine Trennung erfolgt, keine Lösung. Alles wie gehabt – wenn es Probleme gibt, plant Peggy Reisen. Im Sommer 1935 geht es wieder nach Wales, im Winter 1935/36 fliegt das Paar nach Paris. Peggy berichtet von ihrer ersten Begegnung mit Gala Dalì, die mit Mary Reynolds befreundet ist. Für Peggys Geschmack ist Gala »zu künstlich, um sympathisch zu sein«, eine interessante Aussage, denn sie beinhaltet – zumindest im Peggy-Kosmos –, daß sie sich selbst für äußerst natürlich hält und diese Eigenschaft auch als Qualität ansieht. Es wird deutlich, daß Peggy sich inzwischen von den Personen, die die Pariser Kunstszene bevölkern, stark gelöst hat, so sehr, daß sie in der Lage ist, sie zu kritisieren und ihre eigene Haltung daneben aufrechtzuerhalten. Zu Laurence' Zeiten ein undenkbarer Vorgang!

Es kommt bei Peggy trotz aller Streitigkeiten und Unterschiede zwischen Garman und ihr, vielleicht durch das äußerst häusliche Leben in Yew Tree Cottage und die erfreuliche Beziehung zwischen Pegeen und Debbie, zu dem merkwürdig disparaten Wunsch nach einem Kind von Garman. Aber wegen seiner Krankheit ist Garman offenbar nicht mehr zeugungsfähig.

Statt dessen wird im Sommer 1935 eine Segeltour anberaumt. Garman lädt seinen ältesten Freund mit Gattin ein. Gemeinsam mit Edgell Rickwood hatte Garman *The Calendar* herausgege-

ben, und auch Rickwood dichtet – und trinkt. Peggy genießt die Zeit auf diesem Törn vor der Küste von Norfolk sehr, obwohl sie Segeln wie jede Sportart haßt, ja mehr noch als alle Sportarten, denn Segeln macht sie nervös und unleidlich.
Zur selben Zeit läßt Garmans getrennt lebende Ehefrau Saddie von sich hören. Sie lebt schon lange mit einem jungen Schauspieler zusammen und möchte ihn nun heiraten. Eine Scheidung zwischen Garman und ihr ist die Voraussetzung, und Garman, ganz Gentleman, geht darauf ein, selbst die Schuld auf sich zu nehmen. Zu diesem Zweck muß ein Londoner Detektiv Peggy und Garman morgens in flagranti im Bett ertappen – ein in Garmans Augen unwürdiges Getue. Peggy findet die Sache eher albern. Sie vermutet, der Detektiv habe sogar in ihrem Tagebuch geschnüffelt, in dem für die betreffende Zeit eingetragen war: »Fighting all day, f... all night«, ein wohl auch für die Laurence-Zeit und die John-Holms-Zeit zutreffendes Motto, ja eine Konstante für Peggys Umgang mit haß-geliebten Männern.
Doch anders als in den bisherigen Beziehungen vereinsamt Peggy an Garmans Seite mehr und mehr. Ein Grund ist die Abgelegenheit von Yew Tree Cottage, ein anderer ihr Status des Unverheiratetseins, der verhindert, daß die konventionellen Nachbarn die beiden einladen. Das englische Land ist nicht Paris, das wird Peggy sehr schnell klar, aber auf die langweiligen Kontakte meint sie auch verzichten zu können. Die immer so umtriebige Frau liest wie in ihrer frühen Jugend den ganzen Winter lang und wird, speziell unter dem Einfluß ihrer Lieblingsbücher – ebenfalls wie einst in ihrer Jugend – depressiv. In ihrer Verzweiflung ahmt sie die Gräfin Tolstoi nach, deren Lebensbeschreibung von Leo Tolstoi sie fasziniert. Besonders der Versuch, die Unmenschlichkeit der Gräfin zu kopieren, gelingt ihr hierbei ausnehmend gut im Umgang mit Garman.
Das einzige, was Peggy an ihrem Leben bei Petersfield ohne Abstriche zusagt, ist die Landschaft, die es sogar mit der Dart-

moor-Gegend aufnehmen kann – Garman und sie verbringen Stunden und Stunden auf Spaziergängen oder -ritten.
Daneben lernt Peggy jetzt – man kann nicht genug staunen – mit immerhin 38 Jahren, die sie ohne solche Kenntnisse auskam, das Kochen. Es ist ihr einfach zu langweilig, immer die selben beiden Gerichte, die die neue Köchin ausschließlich gut zubereiten kann, zu verzehren. Eine alte Freundin von John und Dorothy, Wahab, wird eingeladen. Man kocht täglich vier verschiedene Mahlzeiten, deren Zubereitung sowohl die Köchin wie Peggy einüben.
Die Beziehung zwischen Laurence und Peggy, die sich glücklicherweise entspannt hatte, muß noch einmal eine Prüfung erleiden, anläßlich nämlich des merkwürdig an John Holms' Ende gemahnenden unzeitigen Tod von Clotilde, die im selben Winter wie ihr Vater und ihr Onkel stirbt, wie John während einer Operation unter der Anästhesie. Laurence glaubt Peggy ihre Beileidsbekundungen nicht, denn solange Peggy und Clotilde sich kannten, hatte es von beiden Seiten nichts als unüberwindbaren Haß gegeben.
Als die französischen Surrealisten im Frühling 1936 eine große Ausstellung im Londoner Burlington House eröffnen, möchte Garman mit Djuna Barnes und Peggy hinreisen, doch die beiden Damen verweigern ihre Anwesenheit mit dem Argument, der Surrealismus sei eine Richtung, die schon lange passé sei, daß sie vor zehn Jahren damit zu tun hatten, aber nicht mehr im Augenblick. Auch für Peggy scheint ihr späteres Engagement für den Surrealismus eine der großen Merkwürdigkeiten ihres Lebens zu sein.
Und dann tritt Douglas, der sich immer mehr in die Theorien des Marxismus verrennt und auch Literatur nur noch auf der Grundlage von Karl Marx interpretiert, der Kommunistischen Partei bei. Für Peggy der natürliche Anfang vom Ende. Garman gibt jetzt alles Geld, das sie ihm zur Verfügung stellt, nicht mehr für das Haus und entsprechende, dem gemeinsamen Leben die-

nende Dinge aus, sondern spendet es der Kommunistischen Partei. Zunächst hat Peggy gar nichts dagegen, auch sie versteht sich auf soziales Engagement. Was sie jedoch langweilt und zugleich erbost, ist die Zumutung Garmans, auch sie müsse den Befehlen Moskaus Folge leisten, auch sie müsse in die Partei eintreten. Was sie im übrigen tut, nur um Garman zu beweisen, sie werde dort akzeptiert, obwohl sie nicht bereit ist, einen Parteiposten zu übernehmen. Garman hat eine neue Beschäftigung gefunden – er hält Vorträge, fährt in einem gebrauchten Auto über Land und versucht, neue Parteimitglieder zu rekrutieren. Peggy sieht ihn immer weniger, und sie wird immer unglücklicher dabei. Es ist die Zeit des spanischen Bürgerkriegs, und Garman wäre am liebsten den internationalen Brigaden beigetreten. Wegen seines schlechten Gesundheitszustands ist daran jedoch nicht zu denken. Zum Ausgleich bevölkert er Yew Tree Cottage mit ganz neuen Gesichtern. Peggy ist gelangweilt, aber Garman strahlt, wenn es ihm wieder gelungen ist, einen echten Arbeiter einzuladen. Als Folge dieser unterschiedlich empfundenen Erfahrungen streitet sich das Paar noch heftiger als zuvor, auch über die stalinistischen Exzesse, die Peggy die Augen öffnen, die Garman aber zu erklären, ja zu rechtfertigen sucht.

Auch Freundschaften und verwandtschaftliche Bindungen leiden unter dem fanatischen Kommunismus Garmans, der, wenn er die Ratten, die das Haus zu Zeiten heimsuchen, tötet, sie als Faschisten beschimpft, da er nur so in der Lage ist, die Hand gegen sie zu erheben. Auch Peggy wird in Auseinandersetzungen ab jetzt bevorzugt als Trotzkistin beschimpft, das schlimmste Schimpfwort für Garman.

Es wird Zeit für Abstand von dieser mehr und mehr nur noch ertragenen Lebenssituation, beschließt Peggy daher im Sommer 1936. Und sie denkt sofort an ihre Lieblingsstadt – Venedig. Ohnehin muß sie Sindbad zurück nach Europa begleiten.

Venedig tut Peggy, wie immer, sehr gut – es wird mehr und

mehr zu einem Ort der Selbsttherapie für sie. Hier kann sie plötzlich das in England ungeliebte Alleinsein genießen. Sie tut genau das, was der Augenblick ihr eingibt, und läßt ansonsten die Lagunenstadt in all ihrer Schönheit auf sich wirken. Niemand kritisiert sie, niemand beeinflußt sie.
Im Grunde spürt sie, daß dies ihr Weg sein wird, der einsame nämlich, daß Venedig ihr Platz ist, aber noch kann sie es nicht ganz wahrhaben. Noch lange nicht. Zwar: Wenn sie Carpaccio sieht, ist sie glücklich, ganz glücklich. Und nur einmal in den zehn Tagen des Glücks hat sie eine »Versuchung«, wie sie es nennt, aber sie flieht diese vielleicht vor einigen Jahren noch sofort ergriffene Gelegenheit. Außerdem glaubt sie immer noch, daß sie in Garman verliebt ist.
Auf der Rückfahrt in Paris trifft sie Florette und kauft neue Kleider, auch das ein immer sie beseligendes, die Erneuerung von Körper und Seele anzeigendes Tun. Florette kann sich über die dritte Beziehung ihrer Tochter eigentlich gar nicht mehr beruhigen, so sehr ist sie mit allen Fasern ihres Wesens dagegen. Aber mit Florettes Formen der Ablehnung hat Peggy in den Jahren ihrer Loslösung vom Clan umgehen gelernt, sie schmerzen sie nur noch für kurze Momente.
Bei der Rückkehr nach England stellt sie fest, daß Garman in London eine kleine Wohnung genommen hat, denn für seine Agitationsarbeit ist das Londoner Pflaster natürlich sehr wichtig. Aber für ein Leben in London interessiert sich Peggy augenblicklich nicht. Es zieht sie zurück in ihr Yew Tree Cottage, das an Attraktivität gewinnt, da Sindbads neue Schule – Bedales School, das erste englische Internat, an dem Jungen und Mädchen gemeinsam erzogen werden – nur sechs Meilen von ihrem Haus entfernt ist und sie ihren Sohn immer am Sonntag nach Hause holen kann. Auch Pegeen kommt auf eigenen Wunsch im Schlepptau ihrer Freundin Debbie in ein Internat, sie gehen nach Wimbledon. Und auch die beiden Mädchen verbringen die Wochenenden regelmäßig mit Peggy.

In ihrer seltsamen Mischung aus Naivität und Raffinesse plant Peggy einen letzten Versuch, die angeschlagene Beziehung zwischen Garman und ihr zu retten. Dieser Versuch besteht in einer Wette: Während in England die Nachrichten über den Wunsch des Königs, Wallis Simpson zu heiraten, lange Zeit unterdrückt werden, sind sie in Amerika bereits in aller Munde. So erfahren auch Peggy und Garman davon. Doch Garman kann nicht glauben, daß der König diesen Schritt gehen wird, und wettet daher gegen Peggy, die verlangt, Douglas müsse sie heiraten, wenn der König Mrs. Simpson ehelicht.

Wie bekannt ist, kam es tatsächlich zur Abdankung des Königs und zu seiner Ehe mit Mrs. Simpson. Gegen die Wettabsprache kommt es jedoch nicht zu einer Heirat zwischen Peggy und Garman.

Für Garman ist es jetzt zu spät zur Umwandlung dieser von Peggy nur halbherzig betriebenen Beziehung, und er macht dies deutlich. Doch Peggy, der eigentlich klar sein müßte, daß metertiefe Gräben sie trennen, ist wütend, denn sie fühlt sich durch die ablehnende Haltung Garmans in ihrer Ehre gekränkt. Wie ein wütendes Kind reagiert sie: Sie reißt in ihrem Zorn die schönsten Blumen aus dem von Garman angelegten Beet und wirft sie über das Gatter auf das Feld nebenan. Und wie im Fall des aggressiven und dann reuigen Kindes geht es weiter – am nächsten Tag möchte sie alles ungeschehen machen, pflanzt mit Hilfe des Gärtners die Blumen neu und glaubt wirklich, daß sie damit auch alles wiedergutgemacht hat und die Dinge unverändert weitergehen.

Das finale Gespräch kommt für Peggy dann gänzlich unerwartet, denn sie hatte sich gar nichts Besonderes vorzuwerfen. Doch Garman, der drei Jahre lang alles in seiner Macht Stehende versucht hatte, um Peggy aus der Trauer um John zu lösen und von seiner Liebe zu ihr zu überzeugen, ist auf einmal ausgebrannt, empfindet nichts mehr für sie, während ihre Verliebtheit – die sie wie all die drei Jahre zuvor nicht mit wahrer Liebe verwechseln möchte – in Garman unvermindert anhält.

Die Trennung ist beschlossene Sache. In der üblichen großzügigen Weise läßt Peggy dem Partner einen Teil der erworbenen Güter, in diesem Fall die Londoner Wohnung, und behält selbst das Haus. Garman bittet, am Wochenende auf Besuch kommen zu dürfen, auch, damit er seine Tochter sehen kann. Gleichwohl ist auch er inkonsequent in seinen Trennungswünschen, denn immer, wenn er in Yew Tree Cottage weilt, führt er die sexuelle Beziehung mit Peggy fort, und das, obwohl das Einverständnis über alle Fragen an dem grundsätzlichen Dissens in Sachen Kommunismus scheitert und immer öfter Tätlichkeiten zwischen beiden stattfinden. Doch auch für Peggy steht das Begehren auf einem Blatt, die Schwierigkeiten auf einem anderen.

In der Zeit der Osterferien macht sie einen weiteren Versuch, die Gedanken an Garman durch eine kleine Reise – diesmal nach Paris – abzuschütteln. Es gelingt ihr nicht. Als sie zurückkommt, ist Garman hingegen frisch verliebt, und zwar in eine ihrerseits verheiratete Kommunistin mit Kind, die schon wenig später gemeinsam mit ihrem Mann ins Ausland geschickt wird.

Der Abschied ist zäh und langwierig – wieder und wieder kommt Garman nach Yew Tree Cottage, und alles scheint kein Ende zu nehmen. Besonders von den Kindern, die er sehr liebt, kann er sich nicht trennen. Peggy sagt, sie haben sechs Monate gebraucht, um auseinanderzugehen. Immer wieder redet man sich ein, man könne es doch noch einmal miteinander versuchen, man könne doch vielleicht gemeinsam in London leben – doch beiden ist im Grunde klar, daß sie nicht zusammengehören. Immerhin verbringen Garman und Peggy noch einen Sommer gemeinsam, ein Grund sind die Kinder, ein weiterer Grund das von Peggy geliebte Dorset. Das konstante Streiten der beiden wirft dennoch einen Schatten auf diese Zeit.

Wir schreiben das Jahr 1937. Noch einmal kommt Florette nach Europa, aber sie ist bereits von schwerer Krankheit gezeichnet, hat etliche Operationen hinter sich bringen müssen, und Peggy erfährt von Florettes Mädchen, daß die Mutter nur noch sechs Monate zu leben hat. Peggy verbringt eine Zeit mit ihr in London und sucht sie daraufhin auch noch in Paris auf, wo Florette mit letzten Kräften, aber begeistert, die Pariser Weltausstellung besucht.

Das doppelte Faktum einer aufs neue gescheiterten Beziehung zu einem Mann und die Furcht vor dem baldigen Verlust der Mutter lähmen Peggys Kräfte vollständig. Obwohl sie Emilys spitze Zunge kennt, vertraut sie dieser Freundin ihre Schwäche an. Sie sagt zu ihr: »Ich denke, mein Leben ist vorbei.« Sie ist 39 Jahre alt.

Und Emily hat die Delikatesse, zu antworten: »Wenn du es so empfindest, dann ist es vielleicht so.«

9. KAPITEL

Die Kunst und der Sinn des Lebens

Bereits seit Mai des Jahres nagt jedoch eine Idee an Peggy, die ihr die zweite treue Freundin, die Namensvetterin Peggy Waldman, eingegeben hat. Der Brief Peggy Waldmans an Peggy Guggenheim vom 11. Mai 1937 ist erhalten: »Allerliebste Peggy, ... es tut mir nur leid, daß du so verärgert und unglücklich bist, und ich wünschte, du würdest etwas Ernsthaftes arbeiten – die Kunstgalerie, die Buchagentur – irgend etwas, das einen in Bann schlägt, aber auf unpersönliche Weise –; wenn du etwas Hilfreiches für gute Maler oder Schriftsteller tätest, oder noch besser, selbst einen Roman schriebst. Ich denke, es würde dir viel besser bekommen, als wenn du immer auf G. (Douglas Garman) am Wochenende wartest und darauf, daß er dich in Stücke reißt... Ich meine, du hättest einfach eine viel schmerzlosere Perspektive, wenn du nebenbei noch ein anderes, aktives Interesse verfolgtest, und insbesondere eines, das

dich mit inspirierenden Menschen zusammenbringt ... Wie dem auch sei, I love you, bitte schreibe zurück, Deine Peggy.«
Ganz so aus der Luft gegriffen scheint die Idee nicht zu sein, denn Peggy führte zwar zeitweise ein äußerst sorgloses, reisefreudiges Leben, speziell in ihrer Ehe mit Laurence Vail pflegte sie trotzdem den Kontakt zu den avantgardistischen bildenden Künstlern, sei es in Paris, sei es auch in Pramousquier. Sie besuchte die entscheidenden kulturellen Ereignisse der Zeit wie Ausstellungseröffnungen, Theaterpremieren und Ballettaufführungen, und sie frequentierte die Cafés, die der Treffpunkt der Künstler waren. Erst seitdem sie in England lebte, hatte sich der Schwerpunkt mehr auf die Schriftsteller verlagert. Doch die Idee, eine Agentur oder einen Verlag zu gründen, verwirft Peggy in ihrer typischen schnellen Art. Das Argument lautet: Ein solches Unternehmen braucht zu viel Kapital, sie will nichts mit jemandem teilen, sie will etwas ganz alleine tun – also die Kunstgalerie.
Wieviel Geld jedoch eine Kunstgalerie verschlingen kann, ist ihr zum Glück zu Beginn noch nicht klar. Zum ersten Mal in ihrem Leben hat sie ein Ziel, das nicht die Eroberung eines Manns meint, sondern objektiven Wert. Der Plan nimmt schon im Frühjahr 1937 konkrete Gestalt an. Emily Coleman, die immer junge Genies bei der Hand hat, bringt den Photographen und Maler Humphrey Jennings, einen ihrer zahlreichen jüngeren Liebhaber, nach Yew Tree Cottage – er soll Peggy helfen, die Idee einer Galerie moderner Kunst zu verwirklichen. Als erstes gilt es die Frage nach dem Standort der Galerie zu lösen. Daß Emily ihr Humphrey, der erst dreißig ist, gewissermaßen wie ein ausgelesenes Buch überläßt, kann sie auch nicht aus der Ruhe bringen. Sie nimmt ihn genauso hin, lacht aber über ihn – er ist häßlich, ausgemergelt, kommt Peggy mehr wie ein Donald Duck vor als ein Mann. In Paris stellt Peggy ihm Marcel Duchamp vor, er ihr André Breton. Breton, das Flaggschiff der surrealistischen Bewegung, wirkt auf sie wie ein Löwe, der

unruhig in seinem Käfig auf- und abmarschiert. Die kleine Affäre mit Humphrey ist zu Ende, ehe sie noch recht begonnen hat – ein zweites Wochenende mit ihm glaubt Peggy nicht verkraften zu können. Nachdem sie gemeinsam Yves Tanguy aufgesucht haben, um ihn zu fragen, ob sie sein Werk in London ausstellen könnten, sagt Peggy, daß die Beziehung für sie beendet sei, weil sie immer noch an Garman hänge – eine halbe Notlüge, aber von Humphrey, der es sich so schön vorstellte, gemeinsam mit Peggy im Luxus und für den Surrealismus zu leben, mit Tränen quittiert.

Auch Garman taucht noch in Paris auf, aber Peggy, die ganz in den Eindrücken der modernen Kunst, die sie auf der Weltausstellung gesehen hat, schwelgt, ist für das vorgesehene Thema der Auseinanderdividierung von Wohnungen und Kindern gar nicht disponiert, statt dessen in großzügiger Stimmung und durchaus zu Sex bereit. Garman bleibt hart. Einmal wieder leidet Peggy.

Sindbad und Pegeen kommen nach Paris, um die Großmutter noch einmal zu sehen – ein endgültiger Abschied. Florette Guggenheim, geborene Seligman stirbt im November 1937 in New York.

Als Peggy mit den Kindern zurück nach England kommt, wird die Trennung von Garman vollzogen. Peggy, die die Galeriepläne im Auge hat, behält die Wohnung in London, Garman zieht aus, sie mietet Yew Tree Cottage von ihm und trennt sich, weil sie schon einmal beim Trennen ist, auch geschäftlich von dem vielfältig interessierten Jennings. Statt dessen übernimmt Peggys Freundin Wyn Henderson, die sie in den glücklichen Tagen von Hayford Hall kennenlernte, den Job der Sekretärin in den endlich gefundenen Galerieräumen im zweiten Geschoß eines Gebäudes in der Londoner Cork Street Nr. 30. So hat sich das Nebulöse, das die Vorstellungen Peggys vor kurzem noch hatte, verdichtet – und die patente Wyn findet auch gleich den Namen für das Kind: Sie nennt die Galerie »Guggenheim Jeune«, in An-

lehnung an die Pariser Galerie Bernheim Jeune, die sich Matisse und den Malern des Futurismus verschrieben hatte.
Eigentlich plant Peggy als erstes eine Brancusi-Ausstellung, aber sie trifft den Künstler nicht in Paris an, und so wendet sie sich wieder an Marcel Duchamp, der ihr von jetzt an bei ihren Planungen gerne zur Seite stehen wird. Er vermittelt ihr, die zwar in der Kunst der italienischen Renaissance beschlagen ist nicht jedoch in den modernen Stilen, ohne jegliche Prätention die wichtigsten Kenntnisse, erklärt ihr den Unterschied zwischen Surrealismus und Abstraktion und nennt ihr eine ganze Liste bedeutender Künstler, mit denen er sie auch bekannt macht. Da man Duchamp überall schätzt, wird auch Frau Guggenheim gut empfangen – die erste Voraussetzung für eine erfolgreiche Tätigkeit als Galeristin. Peggy hat instinktsicher den richtigen Berater gewählt, eine Eigenschaft, die ihr oft half, wenn sie in der Sache unentschieden war. Für Duchamp wiederum ist Peggy Guggenheim ein interessanter bunter Hund, eine Frau, die Geld hat und einiges zu leisten in der Lage ist, die guten Freunden, die noch unbekannt sind, zu einer Karriere verhelfen könnte. Das reizt ihn, auch hat er schon andere Sammler wie Walter Arensberg und Katherine Dreier beraten.
Duchamp bringt sie mit dem bereits recht kranken Jean Cocteau zusammen, der opiumrauchend auf seinem Bett liegt, und man kommt überein, daß man die Eröffnungsausstellung von »Guggenheim Jeune« ihm widmen will, obwohl sein Werk weder dem Surrealismus noch der Abstraktion zuzurechnen ist.
Auf der anderen Seite des Atlantischen Ozeans entwickeln sich die Ereignisse in merkwürdiger Weise spiegelbildlich, wenn man die Person betrachtet, die mit Peggy einen Hauptantriebsmotor aller Aktionen teilt, nämlich die Langeweile: Onkel Solomon Guggenheim, Sol in der Abkürzungssprache des Clans.
Sol war abgesehen von Benjamin, Peggys Vater, bei weitem der kunstsinnigste der Guggenheim-Brüder. Durch seine Frau Irene wurde er immer wieder angehalten, alte Meister zu kaufen. Sei-

ne Sammlung speziell von Watteau war umfangreich. So verhielten sich die Dinge zumindest bis in das Jahr 1927. In dieser Zeit begann Solomon sich inmitten seiner alten Meister immer mehr zu langweilen und fand nicht einmal auf seiner Yacht, die dem Besuch der häufig wechselnden Freundinnen diente, dauerhafte Freude. 1927 jedoch steuert eine damals 36 Jahre alte, höchst energische deutsche Baronesse, Hilla Rebay von Ehrenwiesen mit großem Lächeln und ebenso großem Hut auf ihn zu. Sie hat ein Empfehlungsschreiben und soll Solomons Portrait malen. Aber schon bald sieht sie ihre Aufgabe darin, ihn davon zu überzeugen, daß das Sammeln von alten Meistern seiner überragenden Statur als Pionier des Big-Business unwürdig ist, daß ein weitsichtiger Mann wie er viel mehr davon profitiert (abgesehen davon, daß auch die Künstler viel mehr davon profitierten), wenn er sich um moderne, sogenannte non-objective Kunst kümmere. Sprich: Sie setzt sich mit all ihren nicht unerheblichen Kräften dafür ein, Sol ein neues Ideal in seinen damals fünfundsechzig Jahre alten Kopf zu setzen. Und siehe da – Leben pulsiert bald in Sols gelangweilten Gefäßen, Hilla wird immer wichtiger für ihn, er schenkt ihr eine Wohnung, kauft ihr Bilder, kauft sich Bilder, reist mit ihr, besucht Kandinsky in Dresden, den er zu seinem ersten neuen Gott erklärt. Im Laufe von zehn Jahren entsteht Erstaunliches – angeleitet von »Hillachen«, wie Sol sie in seinen Hunderten von Briefen anschrieb, kauft Sol zum Teil beneidete, zum Teil belächelte Werke der modernen Kunst. Bis zum Ausbruch des Zweiten Weltkrieges wird er fünfzig Kandinskys, fünfzehn Gleizes, sechs Légers, fünf Mohóly-Nagys, drei Chagalls, vier Delaunays, zwei Feiningers (dieses alles die beneideten Werke) erwerben, darüber hinaus jedoch sozusagen alles, was je dem Pinsel des von Hillachen favorisierten Polendeutschen Rudolf Bauer entspringt – und dies ist die eher belächelte Seite. Hillas einstige Liebe und langjähriger Schützling. Der, dem sie unter Eid geschworen hat, sie werde dafür sorgen, daß sein Leben angenehmer wird. Ein

eher mittelmäßiger Maler, dessen Arbeiten vielleicht noch bedenklicher als die Werke von Hilla selbst sind, denn man erinnert sich: Sie ist ja ausgebildete Malerin.
Es kommt im Jahre 1937 – also zeitgleich mit Peggys Galeriegründung – zur Gründung der Solomon R. Guggenheim Foundation, einer Stiftung »zur Verbreitung und Förderung der Kunst und Kunsterziehung«, wie es in den Statuten heißt.
In der 54. Straße Ost, Nr. 24 wird am 1. Juni 1939 die »Solomon R. Guggenheim Collection of Non-Objective-Painting« eröffnet. Die verantwortliche Kuratorin ist Hilla.
Doch zurück in das Jahr 1937 in die Räume von »Guggenheim Jeune« in London.
Vermutlich auf Anraten Duchamps sucht Peggy Guggenheim während der Parisreise den elsässischen Künstler Hans (Jean) Arp in Meudon auf, wo er mit seiner Frau, Sophie Taeuber-Arp, lebt und arbeitet. Peggy kauft als erstes Stück ihrer zukünftigen berühmten Sammlung für 300 Dollar die kleine Statue von 1933 mit dem Titel *Kopf und Muschel,* ein zweiteiliges, biomorph anmutendes Werk und gleichzeitig die erste freistehende Skulptur, die Arp überhaupt schuf. Als sie abgegossen wurde, habe sie das unwiderstehliche Bedürfnis gehabt, sie in die Hände zu nehmen, und: »In dem Augenblick, da ich sie berührte, wollte ich sie besitzen.«
Peggy empfindet die gleiche erotische Faszination für ein Kunstwerk wie für einen Mann oder die Schönheit einer Frau. Sie sieht, sie berührt – und sie möchte besitzen. Wenn sie einen Menschen besitzt, dann wird es schwierig, denn ein Mensch allein genügt ihr nicht. Vielleicht ist es weniger schwierig, wenn sie Kunstwerke besitzt?
Ihr neues Leben in der Kunstszene geht mit einem stürmischen Liebesleben einher – sie ergreift jede Tröstung, die ihren Weg kreuzt. Es ist, als sei jetzt, nachdem mit Florette die letzte ihr nahestehende Repräsentantin der Familie, die die guten Sitten verkörperte, gestorben ist, auch in Peggy so etwas wie ein letz-

Marcel Duchamp (1887–1968) – auch er ein lebenslanger Freund und Berater Peggys, den sie zwanzig Jahre lang heimlich liebte.
(Foto: KEYSTONE Pressedienst, Hamburg)

ter Damm der Hemmungen gebrochen. Wem sollte sie noch Rechenschaft schuldig sein?
Dann tritt ein Mensch in ihr Leben, der sie zumindest über ein Jahr lang fesseln und eine neue Obsession für sie sein wird, jene »seltsame Kreatur«, als die sie ihn bezeichnet, den damals noch wenig bekannten irischen Dichter Samuel Beckett.
Schon zu Johns Lebzeiten, als sie in dem Miniwolkenkratzer wohnten, sei man sich begegnet, er war ein Freund von James Joyce, erinnert sie sich, er sei sogar mit Lucia Joyce verlobt

gewesen und habe sie sehr unglücklich gemacht, doch... der Reihe nach.
Beckett tritt in Peggy Guggenheims Leben am Tag nach Weihnachten 1937. Er ist riesengroß, hager, ungefähr dreißig – in der Tat kann man bei Beckett immer nur sagen, er sei »ungefähr« so und so alt gewesen, denn bis heute ist sein genaues Geburtsdatum strittig, es wird auf den 13. April oder den 13. Mai 1906 angesetzt. Also sagen wir, er sei zum Zeitpunkt des Treffens »ungefähr« 31 Jahre alt gewesen. Peggy Guggenheims Alter läßt sich genau angeben: neununddreißigeinhalb.
Samuel Beckett war zum genannten Zeitpunkt ein Mann, dessen Beziehungen zu Frauen, mit Ausnahme einer Affäre mit einer Studienkollegin, von größter Passivität gezeichnet waren. So wird behauptet, er habe im wesentlichen flüchtige oder therapeutische Begegnungen mit Prostituierten und ähnlichen willigen Personen gepflegt. Verliebt war er in den zwanziger und dreißiger Jahren einmal wirklich, nämlich in seine Cousine Peggy Sinclair mit den grünen Augen, die gemeinsam mit ihrer Familie in Kassel lebte, weshalb er oft nach Deutschland reiste. Doch die Beziehung zu ihr fand keine Erfüllung, denn Peggy war erstens sehr jung und sprunghaft und starb außerdem früh an Tuberkulose. Mit James Joyce verbindet Beckett die Gleichartigkeit der Interessen – beide haben Französisch und Italienisch studiert, beide sind Exiliren, die hauptsächlich in Paris leben, beide interessieren sich für die entlegensten Formen des Wissens. Beckett wie jeder andere junge Ire im damaligen Paris hilft Joyce, der schon nicht mehr gut sehen kann, Informationen für seine Bücher zu sammeln. Er ist jedoch niemals, das betonen Peggy und die Beckett-Biographin Deirdre Bair, der Sekretär von Joyce gewesen. Diesen Posten habe der Russe Paul Léon bekleidet. Lucia Joyce, die junge Tochter, die von einer unerreichbaren Karriere als Tänzerin träumt, klammert sich an Beckett und verliebt sich unsterblich in ihn. Er übersieht sie zunächst ganz, denn eigentlich kommt er nur ins Haus wegen des berühmten Vaters.

In den Augen der Eltern ist Beckett mit Lucia ein Jahr lang verlobt gewesen, doch seine Unfähigkeit, sich gefühlsmäßig an andere Menschen zu binden, bewirkt, daß Lucia mit der Zeit immer mehr verfällt. Sie leidet unter Depressionen und vernachlässigt sich. Die Eltern Joyce hadern mit Beckett und machen ihn für die ausbrechende Geisteskrankheit der Tochter mitverantwortlich. Joyce bricht mit Beckett.
Nachdem dieser daraufhin zunächst versuchte, in Dublin die Laufbahn eines Hochschullehrers einzuschlagen, veröffentlicht er 1934 den Erzählungsband *More pricks than kicks.* 1934 bis 1937 schreibt Beckett, der inzwischen eine Psychoanalyse über sich ergehen läßt, um seiner Probleme Herr zu werden, an dem Roman *Murphy* - diese Arbeit ist eine große intellektuelle Herausforderung für ihn, ein wahrer Kampf zuweilen. Er, der nach außen immer ruhig und überlegen wirkt, ist in Wahrheit ein von Traurigkeit, Langeweile und Frustration geplagter Mensch, der chronisch unter Geldmangel leidet, lange keine Zeile zu Papier bringen kann und der die merkwürdigsten Krankheiten, insbesondere Furunkel an den unmöglichsten Stellen, langwierige Grippen und Gelenkschmerzen, entwickelt. Beckett neigt, wen wundert es, aus all diesen Gründen auch zum exzessiven Trinken. Aufmunternd wirken die Theatererfahrungen, die er im Jahre 1936 in Dublin macht, und er beschließt, Stücke zu schreiben, aber der erste Versuch mißlingt.
Im Herbst des Jahres 1937 beschließt Beckett urplötzlich, daß seines Bleibens in Irland nun nicht länger sei. Zunächst will er nach London, aber dann entscheidet er sich trotz der unglücklich auseinandergebrochenen Beziehung zu James Joyce doch für Paris, denn summa summarum war er in dieser Stadt doch am glücklichsten. In der letzten Oktoberwoche kommt er in Paris an, aber bereits im November muß er noch einmal wegen einer Gerichtsverhandlung nach Dublin reisen – die Erfahrungen mit dem engstirnigen Richter, der aus seinen Büchern zitiert und ihn daraufhin als »Zuhälter und Gotteslästerer aus

Paris« bezeichnet, vertreiben ihn endgültig aus Irland – Paris ist sein Ziel, hier kann er so leben, wie er will, und niemand schaut ihn scheel an, wenn er im Café sitzt. Am 3. Dezember ist er daher schon wieder in Paris, am 9. Dezember erfährt er, daß sein Roman *Murphy* endlich vom Routledge Verlag angenommen wurde.

Dem verantwortlichen Lektor, Herbert Read, gefällt das Buch außerordentlich – gerade dieser Literatur- und Kunstkenner wird eine besondere Rolle in Peggys Leben spielen. Das Erfolgserlebnis beflügelt Beckett derartig, daß er, was er noch vor wenigen Wochen niemals gewagt hätte, als wäre nichts gewesen, bei James Joyce anruft und sich mit ihm verabredet. Und Joyce lädt ihn, als wären nicht etliche Jahre seit dem letzten Besuch verstrichen, sondern nur Wochen, zwar distanziert, doch freundlich ein, er möge nur gleich vorbeikommen, er könne ihm einen kleinen Dienst erweisen.

Diese Vorgeschichte der Beziehung ist für jeden wichtig, der sich das erotische Abenteuer zwischen der amerikanischen Kratzbürste und dem depressiven Iren erklären will: Nur die besondere Situation, in der Beckett sich befindet, in einer Art Rausch und Befriedigung über die endliche Annahme des Romans, gleichzeitig glücklich darüber, wieder an die Beziehung mit Joyce anknüpfen zu können, die ihm auch schriftstellerisch so wichtig ist, und schließlich im Einklang mit seiner Entscheidung, Irland auf immer den Rücken zu kehren, macht die gelöste Stimmung erklärbar, in der er Peggy seinen linkischen Antrag machen wird. Daß er parallel hierzu gerade eine andere Beziehung zu der Pianistin Suzanne Deschevaux-Dumesnil eingegangen ist, hindert auch nicht. Der Reihe nach.

Obwohl er auf keinen Fall wieder in die frühere Funktion eines Zuträgers für Joyce zurückfallen möchte, geht er auf das Ansinnen des Meisters ein, gemeinsam mit Giorgio Joyce – der ja Helen Kastor Fleischman geheiratet hatte, ohne Glück, die Ehe steht im Begriff, zu zerbrechen – die Fahnenkorrekturen

Sir Herbert Read (1893–1968) und Peggy vor Yves Tanguys Gemälde »Die Sonne in ihrer Schatulle«, 1939, aufgenommen von Gisèle Freund. »Papa« Herbert war einer der wichtigsten künstlerischen Berater Peggys und einer der bedeutendsten Wegbereiter der modernen Kunst.
(Foto: Guggenheim Foundation, Venedig)

von Teil eins und drei des sogenannten *Work in Progress* zu lesen. Drei Tage bringt er mit dieser für ihn geisttötenden Arbeit zu. Beckett läßt sich von Joyce einladen, gemeinsam mit der Familie, den Ehepaaren Paul und Lucie Léon und Eugène und Maria Jolas Weihnachten zu feiern. Einmal im Dunstkreis des Meisters, läßt Joyce nicht mehr los. Beckett wird zu allen Anlässen, die die Joyces besuchen, mitgenommen.

Am Abend nach Weihnachten 1937 sitzt er daher beim Diner einer Frau gegenüber, die ihn zwar nur flüchtig kennt, die jedoch in London über Herbert Read, mit dem sie in Sachen moderner Kunst in Kontakt getreten ist, von dessen überwältigtem Eindruck nach der Lektüre von *Murphy* erfahren hat. Dieser Beckett ist womöglich ein Genie, mag sie gedacht und sich den Namen behalten haben. Und da das Geniale oder genialisch Wirkende sie immer magisch anzieht, beginnt sie – Peggy – ihm – Beckett – während des Diners ihre fixierenden Blicke zuzuwerfen.

Beckett selbst hat Peggy nicht beschrieben, aber ein anderer Ire und Freund Becketts, von Peggy Liam genannt, kennzeichnet die frischgebackene Galeristin so: »Peggy war ein bezauberndes, venusartiges Wesen, das von einer Sache zur anderen flatterte. Von literarischen Dingen verstand sie nichts, war aber flink dabei, hier ein Bonmot und dort eine prägnante Wendung aufzuschnappen. Sie war die Rose zwischen zwei Dornen, wie Sam (Beckett) und ich sie damals nannten. Sie war sinnlich, besitzergreifend – stets an Literatur interessiert, aber nur in dem Maße, wie sie etwas aus der Literatur ziehen oder die Literatur auf ihre Person beziehen konnte. Sie erkannte etwas in Sam, und ich glaube, sie wollte teilhaben an dem, was auch immer ihm an Gutem widerfahren sollte.«

Beckett versucht, sich ihrem fixierenden Blick zu entziehen und kümmert sich an diesem Abend mehr um Joyce, als er eigentlich vorgehabt hatte. Sie beschreibt Samuel Beckett so: »Er trug eine Brille und schien immer weit weg zu sein, als ob er irgendein intellektuelles Problem löste; er sprach sehr selten, und niemals sagte er etwas Dummes. Er war übertrieben höflich, aber ziemlich ungeschickt. Er war schlecht angezogen, trug zu enge französische Sachen und war überhaupt nicht eitel, was sein Äußeres betraf. Er akzeptierte das Leben mit Fatalismus, niemals schien er zu denken, daß er irgend etwas ändern könnte. Er war ein frustrierter Schriftsteller, ein reiner Intellektueller.«

Das nächste Treffen der beiden findet im Haus von Helen Joyce statt. Hier geschieht das völlig Unerwartete, gleichwohl von Peggy Ersehnte: Beckett fragt, ob er sie nach Hause begleiten darf. Die Rue de Lille ist eine lange Straße, Peggy ist klein, Beckett sehr groß – er hält ihren Arm. Disparat wirkt dieses Paar, trippelnd erklingen Peggys Schritte gegen die des schlaksigen Iren. Peggy benutzt die Wohnung von Freunden.

Beckett habe seine Absichten nicht klar zum Ausdruck gebracht, aber er sei mit hinaufgekommen und habe auf recht ungeschickte Weise gefragt, ob sie sich nicht auf das Sofa zu ihm legen wolle: »Bald fanden wir uns im Bett wieder, wo wir bis zur Abendbrotzeit am nächsten Tag blieben. Vielleicht wären wir noch heute dort, aber ich mußte mit Arp zum Abendessen ausgehen, und er hatte unglücklicherweise kein Telefon. Ich weiß nicht, warum, aber ich erwähnte Champagner, und Beckett lief hinaus und kaufte etliche Flaschen, die wir im Bett tranken. Als er ging, sagte er sehr einfach und fatalistisch, als würden wir uns niemals wieder treffen: »Danke. Es war schön, solange es dauerte.«

Joyce kann Beckett am Abend nach dem Diner nicht erreichen, und so denkt er sich gleich seinen Teil. Man redet über die Affäre, die eigentlich am nächsten Tag schon wieder beendet ist. Für Beckett wohlgemerkt, nicht jedoch für Peggy.

Peggys Leidenschaft, bestimmte Dinge für schicksalsbedingt, von Vorzeichen bestimmt, hinzunehmen, ist schon beschrieben worden, auch, daß diese Mentalität ganz im Einklang mit der surrealistischen Theorie zu sehen ist, und daher hält sich das

Staunen in Grenzen, wenn man erfährt, daß unmittelbar vor Neujahr 1938 Beckett und Peggy, ohne daß sie miteinander verabredet waren, plötzlich auf einer Verkehrsinsel auf dem Boulevard du Montparnasse zusammentreffen.

Man fühlt sich unwillkürlich an das hervorragendste Beispiel der surrealistischen Literatur erinnert, an André Bretons Roman *Nadja* von 1928, wo der Protagonist seiner Nadja immer auf diese Weise begegnet – unvermutet, ohne Verabredung –, es muß so sein, und nur deshalb ist es Liebe, die neue Art der Liebe, die unvergleichliche Begegnung der kometengleich aufeinanderzurasenden Liebenden der Avantgarde. Man darf ebenfalls vermuten, daß Peggy den Roman bestens kannte und begeistert war über die Ähnlichkeit ihres eigenen Lebens mit der modernen Literatur – ganz im Sinne des Romanhelden zeigt sie jedenfalls keinerlei Überraschung, als sie Beckett auf der Verkehrsinsel sieht.

Das Paar steuert schnurstracks Mary Reynolds Haus an, wo Peggy während eines Krankenhausaufenthalts Marys mittlerweile wohnt. Sie bleiben dort zwölf Tage lang. Peggy resümiert: »Es war uns bestimmt, nur für diese kurze Zeit glücklich zu sein. Von den ganzen dreizehn Monaten, in denen ich in ihn verliebt war, erinnere ich mich dieser Zeit mit großer Bewegung. Zunächst einmal war er auch in mich verliebt, und beide waren wir intellektuell erregt. Seit Johns Tod hatte ich nicht mehr meine eigene, oder besser seine Sprache gesprochen. Und jetzt war ich auf einmal wieder frei und konnte sagen, was ich dachte und fühlte.«

Peggy hat zum ersten Mal in ihrem Leben eigentlich keine Zeit für eine intensive Liebesbeziehung. Sie steckt mitten in den Vorbereitungen zu ihrer ersten Ausstellung, die am 24. Januar die Tore öffnen soll. In Paris ist sie überhaupt nur, um mit Cocteau alle Details zu klären. Aber der passive Beckett möchte sie ungern von seiner Seite lassen. Selbst taucht er auf und verschwindet ganz nach seinem Gusto – sie findet das äußerst erregend, es ist genau so wie in *Nadja* – »unpredictable«. Außerdem ist der lange Ire, von dem die Fama geht, daß er ganz Paris mit seinen Selbstmordvorhaben belästigt, dabei zwar nicht seinen eigenen Selbstmord, aber den von etlichen anderen Künstlern teilweise auf dem Gewissen hat, die ganze Zeit betrunken und geht herum wie im Traum. Es ist ein kurzer Traum – schon am zehnten Tag des traumhaften Glücks wird Beckett Peggy untreu. Eine Freundin aus Dublin ist gekommen, und Beckett in seiner grenzenlosen Passivität kann nicht nein sagen. Er mißt der Angelegenheit überhaupt keine Bedeutung zu, sagt zu Peggy, daß er nicht in die Frau verliebt ist, doch Peggy ist gekränkt, wütend und schreit, daß sie mit ihm zu Ende sei. Am Abend darauf ruft Beckett erneut an, aber Peggy weigert sich, mit ihm zu sprechen.

In dieser Nacht ereignet sich einer der wirklich merkwürdigen Vorfälle, die Peggys Leben säumen. Es kommt zumindest ihr so vor, als haben ihre schlechten Gedanken, die sie einer bis vor kurzem noch geliebten Person widmet, eine sofortige katastrophale Wirkung auf dieselbe gehabt. Was geschieht? In den frühen Morgenstunden des 7. Januar 1938 kehrt Beckett gemeinsam mit Freunden von einer langen Cafénacht nach Hause zurück. In der Avenue d'Orléans werden sie von einem Mann angehalten. Beckett erkennt ihn als einen in diesem Viertel ansässigen Zuhälter. Der Zuhälter bittet Beckett um Geld. Beckett behauptet, er habe keines bei sich. Der Mann läßt nicht lokker, bittet um ein Darlehen und bietet im Gegenzug seine beste Hure an. Beckett lehnt ab. Der Mann wird handgreiflich. Beckett schleudert ihn beiseite, der Mann zieht sein Klappmesser und stößt es Beckett in die Brust.

Nur sein dicker Wintermantel rettet ihn vor dem Tod. Das Rippenfell an der rechten Brustseite ist getroffen, er blutet heftig. Der Täter entkommt. Ein Krankenwagen wird gerufen. Beckett ist bei vollem Bewußtsein und verlangt, daß Suzanne Deschevaux-Dumesnil informiert werden soll. Joyce erfährt als einer

der ersten von der Messerstecherei, während Peggy Guggenheim verzweifelt – sie ist inzwischen anderen Sinnes geworden – hinter Beckett her telefoniert und gleichzeitig ihre Abreise nach London planen muß. Erst der Hotelbesitzer des *Liberia*, wo Beckett sein Zimmer hat, berichtet ihr von dem Anschlag.
Peggy glaubt wieder einmal, daß sie verrückt wird, als sie begreift. Muß sich denn alles immer und immer wiederholen? Hat sie denn nie Glück? Sie macht sich Vorwürfe, denn wie anders hätte die betreffende Nacht verlaufen können, wenn sie sich nicht geweigert hätte, mit Beckett zu telefonieren. In wildem Aktionismus sucht sie alle Pariser Krankenhäuser nach ihm ab, bis sie auf die kluge Idee verfällt, Nora Joyce nach seinem Verbleib zu fragen.
Peggy kann ihm persönlich auf Wiedersehen im Krankenhaus sagen, leider darf sie ihre Abreise wegen der Ausstellung nicht verschieben. Danach möchte sie jedoch so bald wie möglich wiederkommen: Sie hinterläßt einen kleinen Brief, in dem sie schreibt, wie sehr sie ihn liebt, und daß sie ihm alles vergibt.
Als unerwartetes Ergebnis der Verwundung erfährt Beckett in seinem Krankenbett plötzlich die geradezu stürmische Befreiung aller seiner jahrelang meist blockierten kreativen Kräfte, ein Bedürfnis zu schreiben, vieles, Unterschiedliches, unter anderem die Übersetzung des Vorworts, das Cocteau für den Katalog von Peggys Ausstellung geschrieben hat. Der menschenscheue Beckett genießt die Aufmerksamkeit und Sorge seiner Mitmenschen – vielleicht ist es auch die vitalisierende Erfahrung mit Peggy im Zusammenhang mit der besonderen Erfahrung, dem Tod nur knapp entronnen zu sein, die ihm so etwas wie Lebensfreude vermitteln kann.
Inzwischen führt Peggy in London ein hektisches Leben. Es gilt, die Wohnung einzurichten, Listen zusammenzustellen mit all den Leuten, die für wichtig gehalten werden, an der Eröffnung der Galerie teilzunehmen, es gilt, den Katalog und die Einladungen drucken zu lassen. Marcel Duchamp bietet sich an, die

Ausstellung zu hängen. Es handelt sich um dreißig Zeichnungen, die Cocteau für sein Stück *Les Chevaliers de la Table Ronde* angefertigt hat, außerdem Möbeldekorationen und Silberplatten, die er entwarf und darin verwandte, sowie um zwei Leinenbettücher mit Zeichnungen im gleichen Stil, die Cocteau speziell für die Ausstellung anfertigte. Selbst fühlt sich der dem Opiumgenuß Verfallene nicht gesund genug, um an der Eröffnung teilzunehmen, aber auch so wird die Ausstellung schon im Vorfeld skandalös genug. Die beiden Tücher, auf denen alle Personen nackt und mit starkem Schamhaarbewuchs dargestellt werden, verursachen Aufsehen. Der britische Zoll ist so erregt, daß er die unzüchtigen Werke nicht nach Großbritannien einreisen lassen will. Marcel Duchamp und Peggy müssen einige Zeit am Flughafen Croydon diskutieren, bevor es Peggy gelingt, unter der Maßgabe, die Tücher ausschließlich im privaten Kreis zu zeigen, ihre Freigabe zu erreichen. Natürlich ist sie stolz auf diesen Erfolg, denn alles, was Skandal macht, ist ihr nur lieb, denn es zeigt, daß man noch nicht erstarrt, eine langweilige Mumie ist, sondern daß das Leben noch funkelt und schillert. Vielleicht auch aus diesem Grund, zur Erinnerung an einen großen Spaß, entschließt sie sich dazu, das eine Tuch mit dem Titel *La Peur donnant ailes au courage,* das den nackten Schauspieler Jean Marais und zwei weitere Personen zeigt, für sich zu kaufen.

Noch denkt sie nicht an eine eigene, ausgewachsene Sammlung. Sie möchte mit Kunst handeln, ja, denn sie geht gerne mit Geld um, und Handeln macht ihr Spaß. Aber sammeln?

Es geschieht wie von selbst. Da Peggy eine geborene Sammlerin ist, kommt es in ihrem Fall auf den eigentlichen Entschluß, Sammlerin zu werden, gar nicht an.

Ab jetzt kauft sie in jeder Ausstellung von »Guggenheim Jeune« ein Werk, und sei es auch nur, um den Künstler der jeweiligen Ausstellung nicht desillusioniert gehen zu lassen. Sie begreift schnell, daß es gar nicht so einfach ist, moderne Kunstwerke zu verkaufen.

Die Cocteau-Ausstellung wird ein großer Erfolg. Aber es ist die Ankunft eines Glückwunschtelegramms, die die größte Freude hervorruft. Die Unterschrift: Oblomov.
So hat er an sie gedacht, der lange Ire, den sie mit diesem Namen bedacht hat, weil er sie so an den Helden bei Gontscharow erinnert, der den ganzen Tag am Diwan liegt und zu nichts, auch nicht der kleinsten Handlung, dem kleinsten Entschluß in der Lage ist. Der Held der Passivität schlechthin, das Gegenteil von allem, was die tatkräftige Peggy auszeichnet. Und möglicherweise ist es auch in diesem Falle so, daß ihre Freude darüber, daß ein Oblomov in der Realität existiert, Peggys Verliebtheit in ihn noch zu steigern wußte, zumal Beckett-Oblomov das Buch bis dato unbekannt war und er es erst auf Peggys Rat hin liest. Ja, er gibt zu, daß da Parallelen sind.
Mary Reynolds, Marcel Duchamp und Peggy Guggenheim reisen Ende Januar zurück nach Paris. Beckett war am 23. Januar aus dem Krankenhaus entlassen worden und erholt sich im Hotel. Peggy verfällt auf die Idee, sich im selben Hotel ein Zimmer zu mieten, muß aber erkennen, daß Oblomov nicht sehr erfreut wirkt. Schwer ist es, sich mit ihm zu unterhalten, denn er braucht unendliche Mengen von Alkohol, um sich warmzureden. Peggy möchte hören, daß er sie liebt, sie beharrt darauf, er habe es doch schon einmal gesagt, doch er haßt es, mit einmal getroffenen Äußerungen konfrontiert zu werden. Das macht ihn so verstockt, daß er alles, was er zuvor gesagt hat, widerruft. Und über ein gemeinsames Leben mit ihr nachdenken, möchte er schon gar nicht. Die Antwort auf die Frage, was er in dieser Angelegenheit tun möchte, lautet immer unverändert: »Nichts.«
Für Beckett ist die Welt seit der Ankunft seiner Mutter, die ihn pflegen will, schwierig geworden. Und nun will auch Peggy ihn

Samuel Beckett (1906–1989) – die obsessionale Liebe der Jahre 1938 und 1939, Peggys alkoholisierter ›Oblomov‹.
(Foto: Archiv für Kunst und Geschichte, Berlin)

pflegen. Auf keinen Fall dürfen sie einander begegnen. Und zweitens hat er sich jetzt sowieso für Suzanne Deschevaux-Dumesnil entschieden, die während Peggys Abwesenheit alles für ihn erledigt hat. Auch Suzanne und Peggy – die übrigens fast gleichaltrig sind – dürfen einander nicht begegnen, noch wissen sie nichts voneinander. Günstig ist in diesem Zusammenhang, daß Peggy eine Wohnung findet, die ihr besser zusagt als das Hotelzimmer, nämlich die Wohnung ihrer Schwester Hazel. Außer einem großen Bett und vielen Bildern von Hazels eigener Hand im naiven Stil gibt es dort keine Einrichtung, aber das macht nichts.
Dummerweise kann Peggy ihre unselige Passion für Szenen, die alles auf den Punkt bringen sollen und mit der Eifersucht arbeiten, nicht lassen, deshalb kommt es auch zwischen dem schweigsamen Beckett und ihr zu unerfreulichen Vorkommnissen. Um Beckett zu provozieren, behauptet sie, sie wolle mit Becketts Freund Brian, einem vertrockneten, kleinen Intellektuellen schlafen. Schließlich wird es Beckett zu dumm, und er sagt, sie solle Brian nehmen, nur dann wäre sie wirklich glücklich. Peggy, die außer sich vor Wut ist, weil sie kurzzeitig vergessen hat, daß sie selbst alles auf diese Weise ins Rollen gebracht hat, geht kurzerhand zu Brian und schläft mit ihm. Am nächsten Tag fragt Beckett, ob sie Brian mochte. Sie antwortet mit Nein. Beckett kommt zu ihr zurück. Es geht hin und her, bis Beckett das Feld räumt. Natürlich hat es keinen Sinn mehr, daß sie zu Beckett ins Hotel rennt und ihm eine ihrer entsetzlichen Szenen macht – seine Antwort ist, daß er nicht mehr in sie verliebt ist. Jetzt tut ihr ihr Verhalten leid.
Ein neuerlicher Blick schweift über den Atlantik hin zu Onkel Sols und Hillas Aktivitäten, die Peggy – naturgemäß, da sie nun auch im Dienst der modernen Kunst tätig ist – zu interessieren beginnen. Unter Hillas im Laufe der Jahre immer stärker die Kategorien der Objektivität sprengenden Ratschlägen hatte Solomon Guggenheim nicht nur das Werk Rudolf Bauers

aufgekauft, sondern diesen Künstler auch so weit unterstützt, daß er sich im feinen Berliner Westen eine Villa leisten konnte. Zwischen Kandinsky und Bauer kam es, wenn nicht zum Zerwürfnis, so doch zu einer Entfremdung – zu wichtig nahm sich Bauer in Kandinskys Augen. Hilla Rebay jedoch verlor jegliches Maß. Sie begann nämlich, die erworbenen Kandinsky-Werke zu Schleuderpreisen wieder abzugeben – eine denkwürdige Fehleinschätzung der künstlerischen Bedeutung beider betroffener Künstler, Kandinskys und Bauers.

Daß Peggy Guggenheim sich nun unter der Ägide Duchamps dazu entschließt, als nächstes Ausstellungsprojekt von »Guggenheim Jeune« just eine Schau von Werken Kandinskys aus den Jahren 1910–1937 zu zeigen, bringt sie fast unvermeidlich in Kontakt mit der streitbaren Hilla. Zwar ist der mittlerweile siebzig Jahre alte Kandinsky hochangetan von der Idee, erstmalig in London auszustellen, und plant gemeinsam mit seiner viel jüngeren Frau Nina (Originalton Peggy: »Alle Welt betete ihn an und fand sie abscheulich.«) die ganze Installation selbst, doch leidet er unter dem finanziellen Mißerfolg der Sache so sehr, daß er Peggy bittet, alle ihre zur Verfügung stehenden Überredungskünste einzusetzen, um zu erreichen, daß Solomon Guggenheim ein neues Werk von ihm erwürbe. Peggy kennt die unliebsame Geschichte, nach der Kandinsky lange Zeit Bauer bei Solomon protegierte und empfahl, nach der jedoch, sobald Bauer einmal fest im Sattel saß, umgekehrt dieser nur noch gegen Kandinsky polemisierte und ihn aus der Gunst Sols stieß, doch sie läßt sich keineswegs durch dieses Wissen davon abhalten, bei Sol in dem gewünschten Sinn anzufragen.

Die Antwort ist niederschmetternd und beleidigend, sie zieht einen tiefen Graben zwischen der Welt Onkel Sols und der Peggys. Infamerweise antwortet der Onkel nicht einmal selbst. Hilla schreibt:

»Liebe Mrs. Guggenheim ›Jeune‹«,
Ihre Anfrage, uns einen Kandinsky zu verkaufen, wurde mir zur Beantwortung übergeben.
Zunächst kaufen wir niemals von einem Kunsthändler, solange uns große Künstler ihre Arbeiten selbst verkaufen, und zweitens wäre Ihre Galerie die letzte, die unsere Stiftung in Anspruch nähme, wenn jemals die Notwendigkeit, ein historisch bedeutendes Bild zu bekommen, uns zwingen sollte, die Dienste einer Kunstgalerie zu verwenden.
Es ist äußerst geschmacklos im Augenblick, da der Name Guggenheim für ein Ideal in der Kunst steht, ihn gleichzeitig für den puren Kommerz gebraucht zu sehen, denn so entsteht der falsche Eindruck, daß nämlich dieses große philantropische Werk in der Absicht geboren wurde, irgendeinen kleinen Laden in Schwung zu bringen.
Die moderne Kunst, das werden Sie bald herausfinden, existiert nicht als Dutzendware, so daß ein Laden mit solcher Kunst Profit abwürfe. Handel mit wahrer Kunst kann daher gar nicht existieren. Sie werden bald herausfinden, daß Sie sich für Durchschnittliches einsetzen, wenn nicht Schrott. Wenn Sie sich für ungegenständliche Kunst interessieren, können Sie es sich doch leisten, sie zu kaufen und eine Sammlung aufzubauen. Auf diese Weise kommen Sie in nützlichen Kontakt mit den Künstlern, und Sie können Ihrem Land eine schöne Sammlung hinterlassen, vorausgesetzt, Sie wissen zu wählen. Wenn Sie das nicht tun, werden Sie sich auch im Handel bald in Problemen wiederfinden.
Aufgrund der Weitsicht eines wichtigen Mannes, der seit vielen Jahren sammelt und die wahre Kunst fördert, durch meine Arbeit und Erfahrung, wurde der Name Guggenheim bekannt für große Kunst, und es zeugt in der Tat von sehr schlechtem Geschmack, ihn, unsere Arbeit und unseren guten Ruf zu benutzen, um ihn auf den Profit herabzuziehen.«
Peggy zitiert den Brief unkommentiert, und wirklich spricht er für sich selbst, spricht für die Rachsucht, mit der Hilla Rebay

verhindern will, daß jemand, noch dazu eine Angehörige der Familie, das von ihr Erreichte vielleicht übertrifft oder sich mit fremden Federn schmückt.

Und es spricht wieder einmal für Peggys Offenheit, diesen Angriff auf ihr Unternehmen zu veröffentlichen. Zum Glück hatte sie es nie nötig, die kränkenden Vorwürfe, sie wisse womöglich nicht zu unterscheiden, welche Werke »wahre Kunst« wären und welche nicht – im Gegensatz zu Hilla selbst – ernst zu nehmen. Was man Peggy Guggenheim auch vorwerfen mag: Ihr Instinkt für große Künstler und große Kunstwerke war fast unfehlbar.

Mit ihrer dritten Ausstellung, die sie einem Künstler namens Cedric Morris widmete, einem ihrer ältesten Freunde, katapultiert sie sich einmal mehr auf die Skandalseite der Zeitungen. Morris ist bekannt für seine Blumenbilder, er besitzt eine Iriszucht und eine Malschule in Suffolk. Nun passen die Blumenbilder nicht gerade in die moderne Galerie, und auch die über fünfzig Portraits von Londoner Berühmtheiten, alle mehr oder weniger Karikaturen, können nicht gerade als ungegenständliche Werke gelten, doch einmal versprochen, hält Peggy aus Freundschaft ihr Wort und gibt sogar im Verlauf der Ausstellungszeit abends eine kleine Party. Die Absicht ist es, dadurch den Verkauf anzuregen. Was nicht geschieht. Statt dessen erhebt sich ein Streit ganz im Geiste der früheren surrealistischen Saalschlachten. Ein geladener Architekt – hier verwendet Peggy auch in der dritten Fassung ihrer Autobiographie schützend ein Pseudonym – zeigt seine Abscheu vor dem mangelnden Respekt, den der Maler der Portraits wohl vor seinen Modellen hatte, indem er plötzlich anfängt, die Kataloge zu verbrennen, was den Künstler wiederum so erregt, daß er einen Zweikampf vom Zaun bricht. Die Wände der Galerie haben bald Blutflecke. Am nächsten Tag ist Morris kleinlaut, bittet um Entschuldigung und bietet an, die Bilder abzuholen. Doch Peggy winkt ab. So ist es ihr gerade recht. Eine Durchschnittsgalerie möchte sie auf keinen Fall.

Die nächste Ausstellung, die Duchamp Peggy empfiehlt, soll zeitgenössische Skulpturen präsentieren. Sie ist international konzipiert, und Peggy lädt Constantin Brancusi, Raymond Duchamp-Villon, Antoine Pevsner, Henri Laurens, Jean Arp, Sophie Taeuber-Arp, Alexander Calder und Henry Moore ein, sie mit Werken zu bestücken. Henry Moore sitzt in England, Jean Arp reist selbst mit seinen Werken an – aber die anderen? Wieder macht der Zoll Schwierigkeiten, als die großen Kisten eintreffen, die Duchamp in Paris für Peggy zusammengestellt hat. Diesmal ist es der damalige Direktor der Londoner Tate-Galerie, James B. Manson, der in seiner Funktion als Kunstsachverständiger des Zolls befindet, die eingetroffenen Werke seien nicht als Kunstwerke zu bezeichnen, sondern als »Bronze-Marmor- oder Holzstücke«. Als Peggy merkt, daß es dem Direktor nur um den erhöhten Einfuhrzoll geht, erbost sie sich derartig über das Vorgehen, daß sie zusammen mit Wyn eine regelrechte Kampagne lanciert. Die bedeutendsten Londoner Kunstkritiker werden informiert und gebeten, sich öffentlich gegen Mansons Diktat zu stellen. Vor dem House of Commons wird festgestellt, daß der Tate-Direktor seine Aufgabe zu weitgehend interpretiert hat, die Bronze-, Marmor- oder Holzstücke dürfen als Kunstwerke einreisen, und Manson wird seines Amts enthoben.
Wieder ist Peggys aufmüpfige Galerie in aller Munde. Peggy könnte zufrieden sein, aber immer noch denkt sie an Oblomov-Beckett. Wyn empfiehlt schließlich das probate Rezept gegen den Liebeskummer: eine kleine Reise. Warum nicht – nach Paris?
Becketts Roman *Murphy* ist im März erschienen. Er wird in den wichtigsten englischen Zeitschriften und Zeitungen positiv besprochen, wenn auch viele Rezensenten nicht recht wissen, womit sie es eigentlich zu tun haben. Beckett hat außerdem das Hotel verlassen und in der Rue des Favorites im 15. Arrondissement eine kleine Wohnung gefunden. Suzanne, die Freundin,

wohnt noch bei ihren Eltern. Man trifft sich nur am Wochenende.
Peggy besucht Beckett während der Woche, und er zeigt sich – so sagt sie – geschmeichelt von ihrer Hartnäckigkeit. Im Augenblick kann er Peggy weder ganz aufgeben noch sie besitzen. Um sich die Zeit zu vertreiben, trinken sie gemeinsam und wandern ganze Nächte lang durch Paris. Dann rät Helen Joyce ihr, Beckett doch einfach zu vergewaltigen. Sie geht mit Beckett nach Hause und besteht darauf, die ganze Nacht zu bleiben. Er verläßt fluchtartig seine Wohnung. In derselben Nacht noch verfaßt sie ein Gedicht, das sie ihrem Oblomov auf dem Schreibtisch hinterläßt. Am Morgen muß sie nach England reisen, doch bald schon ist Beckett wieder in ihrer Nähe, denn sie bereitet die von ihm vorgeschlagene Geer-van-Velde-Ausstellung vor.
Leider wird der Ausstellung von seiten der Kritik und des Publikums nicht der erwünschte Erfolg zuteil, da man Van Velde als Picasso-Epigonen abtut. Daher kauft Peggy seufzend unter den verschiedensten Namen die Bilder des Glücklosen auf. In diesem Fall habe sie es nur getan, weil sie Beckett so liebte und ihm Van Velde am Herzen lag.
Sie nimmt das Ehepaar Van Velde, George Reavey und Frau und – nachdem er selbstverständlich lange geschwankt hat – auch Beckett mit nach Yew Tree Cottage. Ein Wochenendvergnügen. Erst hier gesteht Beckett Peggy in einer Nacht, daß er zu einer anderen Frau eine Beziehung hat. Peggy hat Suzanne einmal gesehen, und auf die Frage, ob es ihr etwas ausmache, antwortet sie nein. Der Grund für ihre großzügige Reaktion ist zum einen, daß Beckett sagt, er liebe Suzanne nicht, sie kümmere sich nur um ihn, zum anderen ist Peggy der Ansicht, Suzanne, die weniger attraktiv ist als sie selbst, könne keine ernsthafte Gefahr bedeuten.
Nach der ernüchternden Eröffnung durch Beckett – so erfordert es die Peggy-Logik – muß sofort, und zwar so, daß der Unge-

treue es möglichst noch vor seiner Abreise mitbekommt und sich ärgert, ein neuer Liebhaber auf den Plan treten, der attraktiv und interessant genug ist, Eifersucht zu erregen. Jemand, der ihr etwas angekratztes Selbstbewußtsein aufpolieren kann und richtig in sie verknallt ist. Sie hat bereits einen sehr deutlich im Visier: E. L. T. Mesens, den surrealistischen Dichter aus Flandern, der in der Cork Street ihr Nachbar ist und für Roland Penrose die London Gallery leitet. Peggy kauft gelegentlich Bilder bei Mesens. Sie findet, daß er ziemlich vulgär ist, aber warmherzig und vor allem: an ihr interessiert! Sie gibt zu, daß es ihr »teuflische Freude« bereitet habe, mit Mesens auszugehen, bevor Beckett nach Paris abreiste.

Peggy bleibt in ihrem erotischen Verhalten als vierzig Jahre alte Frau ebenso kindlich, besitzergreifend, leicht entflammbar und rachsüchtig, wie sie es mit achtzehn Jahren war. Für sie sind Männer in der Funktion als Liebhaber austauschbar, es gilt das unmittelbare erotische Verlangen. Eine befriedigende Beziehung gibt es, je älter sie wird, nicht auf Dauer für sie. Sie tut alles, um ein aufregendes Leben zu führen. In der Manier des »naughty girl« verletzt sie dabei auch geliebte Menschen, wenn es sie überkommt.

Mesens wird dementsprechend nach kurzem wieder von Peggy abserviert. Ihr Grund: Immer noch nagt die Liebe zu Beckett an ihr.

Im Sommer 1938 fährt Peggy mit ihrem Auto nach Paris. Sie hat sich bereit erklärt, Beckett den Wagen auszuleihen, da er mit Suzanne in die Bretagne reisen möchte. Alles könnte friedlich beendet werden. Doch die Agonie der Beziehung kommt nicht ohne die Peggyschen Verwicklungen von Streit und Versöhnung, erneuter Verliebtheit und darauffolgender Trennung aus.

Die nächste Ausstellung steht schon vor der Tür. Peggy hat versprochen, Yves Tanguy, dem sie gewidmet ist, samt Gattin mit nach London zu nehmen. Peggy mag die Tanguys gleich von

Yves Tanguy (1900–1955), der normannische Seemann bekam durch Peggy seine große Chance zum Durchbruch als Maler – nebenbei war er auch ihr Liebhaber. (Foto: Guggenheim, Foundation Venedig)

Anfang an sehr, denn sie sind nicht die verwöhnten, reichen Leute, wie sie sie sonst zumeist kennt. Der Bretone Tanguy hat sogar ein richtiges Schicksal, war schon einmal in der psychiatrischen Klinik und hat jahrelang in der Handelsmarine gearbeitet. Die Tanguys, gemäß der surrealistischen Erziehung durch Breton ein Paar, das sich hauptsächlich über seine wilden Streitigkeiten als Ehepaar begreift, waren noch nie in England, und die Reise bedeutet ein großes Abenteuer für sie. Peggy arrangiert eine Wohnmöglichkeit bei dem surrealistischen Londoner Maler Peter Dawson, während sie selbst nach Yew Tree Cottage eilt – seit fünf Wochen hat sie Pegeen nicht gesehen. Hazel ist für die Nichte als Ersatzmutter eingesprungen.

Tanguy und Dawson hängen die Bilder, damit die Ausstellung am 5. Juli eröffnet werden kann. Peggy ist begeistert und kauft *Toilette de l'Air.*

Während einer der Partys, die Peggys Ausstellungen für gewöhnlich begleiten und die mittlerweile als die amüsantesten Londons gelten, beschließen Peggy und Tanguy, daß sie gemeinsam verschwinden wollen.

Für Peggy bedeutet das Interesse an den Werken der zeitgenössischen Kunst in diesen Jahren immer auch das Interesse an dem Genie, das solch ein Werk hervorgebracht hat – ungeteiltes, allumfassendes erotisches Interesse, sie möchte besitzen und dadurch teilhaben am mystischen Prozeß des künstlerischen Schaffens.

Nur Madame Tanguy darf es nicht merken; sie wird den erfahrenen und komplizenhaften Händen von Wyn Henderson anvertraut.

Madame Tanguy hat dennoch bald Lunte gerochen und ist eifersüchtig auf Peggy, in deren Machtbereich sie sich befindet. Aber sie hat begriffen, daß sie nicht aus der Rolle fallen darf, sonst könnte die Gebieterin, die dem bis dato armen Yves eine Chance gab, einschnappen und sich zurückziehen.

Die Ausstellung wird tatsächlich ein großer finanzieller Erfolg, mit dem sich Tanguys Leben schlagartig ändert. Die Abreise der Tanguys bereitet Peggy Kummer, denn natürlich ist Tanguy mit Leib und Seele Teil ihrer Sammlung geworden, und er hat – so sieht es zumindest aus – Beckett so gut wie vertrieben. Schon sinnt sie darüber nach, wie sie einerseits ihren Pflichten als Mutter gerecht werden (die Sommerferien der Kinder stehen bevor, Sindbad kommt, Pegeen soll zu Laurence nach Mégève gebracht werden ...), andererseits und wichtiger noch aber auch ihren Wunsch nach einem Wiedersehen mit Tanguy befriedigen kann.

Wie bei der Planung eines kriminellen Deliktes geht sie vor, »schnell und clever«: Sie bringt den lange entbehrten Sohn rasch bei den Garmans unter – die können schließlich auch einmal etwas tun, wenn Peggy schon Debbie seit Jahren am Wochenende betreut –, saust mit Pegeen nach Newhaven, bekommt das Kanalschiff, kabelt an Mrs. Vail, Laurence' Mutter, die hocherfreut ist, Pegeen zu sehen und bis zur Abfahrt des Zuges nach Mégève bei sich zu haben, und saust weiter nach Paris, wo sie mit Tanguy im Café verabredet ist.

Geplant ist eine Art Entführung – mit Einverständnis des Opfers. Tanguy hat kein Gepäck bei sich, Peggy nur eine kleine Tasche – und schon sitzen sie im Zug nach Rouen, am nächsten Tag reisen sie nach Dieppe, von dort aus nach England. Ziel: Yew Tree Cottage. Während seines Aufenthalts zeichnet Tanguy mit grüner Tinte. Unter anderem eine Figurine, die Peggy als ihr Portrait ansieht und sich von ihm erbittet. Doch schon nach kurzem zieht es Tanguy zurück nach Paris.

Und plötzlich, unvermutet diesmal, taucht der auf, um dessentwillen Peggy – so sagt sie – all die kleinen und größeren Affären des letzten halben Jahres angezettelt hat. Beckett ist auf der Durchreise nach Dublin.

Diesmal hat Peggy keine Lust, ihm zuliebe ihren Aufenthalt zu verlängern. Sie möchte am nächsten Tag zu Tanguy nach Paris reisen. Sie glaubt, daß Beckett erst in dem Augenblick Interesse an ihr fassen kann, da er weiß, daß sie einen anderen ernstzunehmenden Liebhaber hat – die Abwesenheit ihres Begehrens als Voraussetzung für die Möglichkeit seines Begehrens.

Auch das Idyll mit dem sanftmütigen Tanguy wird brutal unterbrochen – er möchte kurz ausgehen und bleibt 48 Stunden lang unauffindbar: Wieder einmal hat ein Liebhaber Peggys den Weg in eine surrealistische Saalschlacht gefunden. Bei dieser verliert tragischerweise ein völlig Unbeteiligter, der Künstler Victor Brauner, ein Auge. Der Maler Dominguez habe jemandem eine Flasche an den Kopf geworfen, erzählt Peggy, ein Splitter sei zurückgesprungen und habe Brauner das Auge ausgeschlagen. Tanguy bringt Brauner ins Krankenhaus, wo er operiert wird. Doch selbst eine zweite Operation kann das Auge nicht ersetzen – Brauner trägt von jetzt an ein Glasauge.

Peggy berichtet – man kennt ihre Vorliebe schon –, auch Brauner habe geahnt, was ihm widerfahren würde, denn bereits im Jahre 1937, also ein Jahr vor dem Unfall, habe er ein Selbstportrait von sich mit ausgelaufenem Auge gemalt. Für seine Entwicklung als Künstler wäre – ebenso wie der Messerstich für Beckett – der tragische Unglücksfall eher als eine Befreiung letzter Hemmungen zu sehen; er wurde in der Folge ein äußerst bedeutender Maler.

Mit diesem Zwischenfall endet die Zeit des Honeymoon zwischen Peggy und Tanguy abrupt – Peggy berichtet, Madame Tanguy habe sich eingeschaltet und sie im Restaurant mit Fleischstückchen beschossen. Dabei wäre Tanguy zumindest in den Augen von Laurence Vail ein idealer Partner für Peggy gewesen, und auch Sindbad und Pegeen schlagen ihr vor, ihn zu heiraten. Das weist Peggy jedoch weit von sich – sie suche kein Baby, sondern einen Vater.

Peggy reist nach London, und zum ersten Mal ist sie von einem politischen Ereignis tief betroffen. Ebenso wie für viele andere war auch für sie ein großer Krieg bereits im Jahre 1938 unausweichlich, und die Politik des »Appeasement«, die Chamberlain bewog, Hitler in München das Zugeständnis zu machen, das es ihm erlaubte, unter Mißachtung der völkerrechtlichen Bestimmungen in das Sudentenland einzumarschieren, war ihr unverständlich.

Sie hat große Angst um die ihr anvertrauten Bilder. Sie glaubt, daß sie in der Londoner Galerie nicht sicher genug sind, und bringt sie daher nach Yew Tree Cottage. Selbst möchte sie mit den Kindern am liebsten nach Irland gehen, Djuna Barnes soll mitkommen. Erst Laurence' beschwichtigende Telefonate aus Frankreich können sie umstimmen. Eine neue obsessive Vorstellung erfaßt sie: London und Paris werden als erste Städte bombardiert. Erst als Chamberlain aus München zurückkehrt und seinen Standpunkt am Radio erläutert, atmet sie auf. Noch einmal ist der Frieden gesichert.

Die Bilder wandern wieder nach London.

Peggys nächste Ausstellungsidee sind Kinderbilder. Sie bittet in den verschiedensten Schulen um gute Schülerarbeiten, so in Wimbledon, wo Pegeen sehr guten Kunstunterricht erhält, ebenso in der Pariser Schule von Maria Jolas. Einige Bilder des kleinen Enkelkinds von Sigmund Freud, Lucian Freud, finden in letzter Minute Platz in der Ausstellung, und auch Laurence Vails Töchter senden Arbeiten ein. Peggy kann mit dieser für die damalige Zeit höchst ungewöhnlichen Ausstellung hervorragende Verkaufsergebnisse erzielen.

Sie kommt jetzt verstärkt mit Sir Roland Penrose, dem Besitzer der London Gallery neben der ihren, in zunächst geschäftlichen, dann – unvermeidlich – auch privaten Kontakt. Ihm verdankt sie eine ihrer lustigsten Affären, denn Penrose ist neben der Tatsache, daß er wie Peggy ein idealistischer Vorkämpfer moderner Kunst ist und sogar Picassos *Guernica* nach London holt, auch ein höchst charmanter Mann, der gerne Partys in seinem schönen Haus in Hampstead veranstaltet und ebenso wie Peggy amouröse Erfahrungen ungern ausläßt. Mit der Eigenheit jedoch, die Penrose von einem normalen Gentleman unterscheidet, kann sich Peggy nur unter Protest abfinden: Penrose fesselt jede Liebhaberin an den Händen, und die Dame muß die ganze Nacht so verbringen. Als Tanguy Peggy in London besucht, ist er über die neuesten Entwicklungen nicht gerade amüsiert.

Ende des Jahres 1938 kann Peggy in einer Ausstellung Collagen zeigen, zum großen Teil von Jean Arp, aber auch von Penrose selbst, Breton, Ernst, Picasso, Braque, Masson und Juan Gris.

In diesem Winter 1938/39 begegnet Peggy durch Howard Putzel, den amerikanischen Kaufmann und Galeristen, der den Surrealismus in Kalifornien bekannt gemacht hat, auch Max Ernst. Der Maler ist ihr selbstverständlich als Protagonist des Surrealismus ein Begriff, und sein Ruf als Frauenheld tut sein übriges, Peggy für ihn zu interessieren. Ernst hat gerade in der

Nachbargalerie, bei Penrose und Mesens, eine Ausstellung. Peggy profiliert sich bei dieser Gelegenheit durch unausgesetztes Reden – die Anwesenheit der jungen Malerin Leonora Carrington, mit der Ernst zu diesem Zeitpunkt liiert ist, macht sie befangen. Zwar hatte sie die Absicht gehabt, einen Max Ernst zu erstehen, doch dann kauft sie ein Bild der Carrington, *Die Pferde des Lord Candlestick*.

Erst im Januar 1939 gelingt es ihr, die unglückliche Liebe zu Beckett ganz zu überwinden, während sie die Beziehung mit Tanguy in Paris unter den erschwerten Bedingungen der Verfolgung durch Madame Tanguy fortsetzt. Glücklich kann sie Ohrringe, die Tanguy für sie gestaltet, in ihre Sammlung einreihen.

Kurz nach der Rückkehr nach London wird sie jedoch in eine Affäre verwickelt, die sich nur negativ für sie auswirkt. Der beteiligte Mann ist neben dem erwähnten Architekten der einzige in ihrem Buch, der auch in der letzten überarbeiteten Fassung noch mit einem Pseudonym ausgestattet ist. Er ist Künstler und ebenfalls mit einer Künstlerin verheiratet, beide werden von Peggy als »snobbish« geschildert. Es habe als besondere Ehre gegolten, zu den Partys des Paares eingeladen zu werden. Sie nennt ihn »Llewellyn« und kann ihn wegen seiner Frau nur heimlich sehen.

Auf einer Wochenendreise nach Frankreich geschieht das für Peggy Schreckliche – sie wird mit fast zweiundvierzig Jahren erneut schwanger. Zunächst weiß sie ihre Beschwerden nicht recht einzuordnen und glaubt an eine Fehlgeburt, doch die Schmerzen wollen nicht weichen. Eines weiß sie genau: Sie fühlt sich einem weiteren Kind nicht gewachsen. Heimlich läßt sie eine Abtreibung vornehmen, von der sie sich nur langsam erholt.

Eine Umbruchsphase im Leben ist da: Peggy sieht widerwillig ein, daß die Galerie nach zwei Jahren Betrieb immer noch keine schwarzen Zahlen schreibt, und das, obwohl sie immer viel ver-

kauft. Warum also nicht etwas tun, was sie schon lange vorhat und sich bisher nicht zutraute?
Sie möchte ein Museum moderner Kunst gründen. Genau wie – auf der anderen Seite des Ozeans – Solomon R. Guggenheim. Bisher hat ihr nur der richtige Mann gefehlt, der das Know-how für ein solches Unternehmen mitbringt. Jemand, der an Wissen und Kontakten, an geistiger Potenz auf jeden Fall das deutsch-amerikanische Hillachen übertrifft.
In diesem Frühling 1939 findet sie ihn. Sie hat »Papa«, wie sie ihn manchmal liebevoll nennt, in ihrem alten Bekannten Herbert Read gefunden. Noch ist er Herausgeber des *Burlington Magazine*, aber Peggys Angebot ist so verlockend, daß er diesen Posten prophylaktisch aufgibt. Schon im Herbst 1939 soll das Museum seine Tore öffnen.
Peggy beschließt, ihre Geldausgaben drastisch einzuschränken, obwohl das gar nicht so einfach ist, denn zehntausend Dollar im Jahr gehen alleine für die Unterstützung alter Freunde und Künstler weg. Sie verkauft das große Auto, den Delage, und legt sich statt dessen einen billigen kleinen Talbot zu. Neue Kleider werden gestrichen.
Unwillkürlich fühlt man sich an Florettes einstiges Sparprogramm erinnert. Wirklich bringt das Museumsprojekt Peggy noch einmal auf den Gedanken, mit der Familie in Gestalt der Tante Irene, Solomons Frau, Kontakt aufzunehmen. Ob der Onkel ihr wohl für ihr Museum Bilder leihen könne? Denn Geld, welche zu kaufen, hat sie wirklich nicht. Irene ist zwar unzufrieden über die Auskunft, die sie geben muß – aber die Wahrheit ist, daß der Weg zu Solomons Bildern über die Baronin Hilla Rebay führt, und daß eine Anfrage an die Baronin maximal durch die Leihgabe eines Rudolf-Bauer-Werks beantwortet wird. »Papa« hingegen bekommt viele Zusagen, er hat einfach eine Liste mit den Werken aufgestellt, die er gerne zeigen würde – von 1910 aufwärts. Auch die Presse schreibt begeistert über das Projekt. Von besagter Liste übrigens hat sich Peggy ihr Le-

ben lang nicht mehr getrennt. Sie hat sie verschiedentlich mit Freunden überarbeitet, insbesondere mit Duchamp und Nellie van Doesburg, der Witwe des frühverstorbenen Künstlers Theo van Doesburg, der gemeinsam mit Mondrian das wegweisende Magazin *De Stijl* gegründet hatte. Mit Werken dieser Liste wird sie ihre künftige Sammlung bestücken.

Aber noch ist Peggy bei ihrem Museum. Sie braucht eigentlich nichts als Räume und begeistert sich für das Haus des Sir Kenneth Clark. So stark beschäftigt sie ihr neues Projekt, daß sie gar nicht merkt, wie um sie herum Menschen ihre Häuser aufgeben und das Weite suchen, denn der Krieg naht. Auch Lady Clark möchte England mit ihren Kindern verlassen. Ein Zufall will es, daß Peggy den Kaufvertrag nicht endgültig ratifiziert, und so ist sie nicht in der Pflicht, die Kaufsumme zu hinterlegen, als auch sie begreift, was die Stunde geschlagen hat.

Inzwischen fühlt sie sich wegen der aufreibenden Ereignisse des Jahres urlaubsreif und nimmt die Einladung ihrer neuen Freundin Nellie nach Südfrankreich an.

Nellie van Doesburg ist genau die Art von Frau, die Peggy gut ertragen kann. Eine Bombe an Lebenskraft, die das eigene Maß womöglich noch übertrifft, attraktiv, rothaarig, künstlerisch und überschwenglich. Jemand, der einen nicht langweilt wie die allermeisten Frauen, weiß Peggy noch anzufügen und daß sie der Gesellschaft von Frauen die von richtigen Männern oder auch Homosexuellen in der Regel vorzöge. Dies, um nur all diejenigen in die Schranken zu weisen, die schon immer wissen wollten, daß Peggy auch mit Frauen Liebesbeziehungen gehabt hätte.

Der Abschied im August 1939 von ihrem geliebten Yew Tree Cottage ist einer für immer. Diesmal ahnt Peggy, die so vieles ahnt, nichts davon. Friedlich fährt sie nach Mégève, wo Laurence und Kay Boyle mit den Kindern leben. Mit Nellie kutschiert sie weiter nach Grasse und taucht erinnerungsweise in die Welt von Pramousquier ein – wie sie leidet, die Veränderungen an ihrem schönen Haus zu sehen, das von schrecklich spießigen Leuten übernommen worden ist. Während sie das Ehepaar Kandinsky in Le Canadel besuchen, wird die allgemeine Mobilmachung publik. Jetzt fühlt Peggy keine Angst. Mit ihren Freunden möchte sie glauben, daß der Krieg in wenigen Wochen wieder beendet sein wird. Auch Laurence behält die Ruhe und schreibt, er möchte, daß die Kinder auf jeden Fall in Frankreich blieben.

Wie im Jahr zuvor ordnet Peggy an, daß die Bilder aus der Galerie verschwinden und nach Yew Tree Cottage gebracht werden sollen. Laurence rät ihr, sich nicht zu weit von den Kindern zu entfernen, denn Reisen werde gewiß bald unmöglich sein. So muß sie schweren Herzens von der Idee des Museums in London Abschied nehmen. Zunächst jedenfalls, solange der Krieg dauert, sagt sie sich.

Polen wird von den Deutschen erobert, und Peggy hat den Eindruck, in Frankreich verlaufe die Kriegsorganisation mehr als chaotisch.

Da sie nicht mehr ohne eine künstlerisch relevante Perspektive leben kann, kommt sie auf die Idee, für die Dauer des Krieges eine Künstlerkolonie zu gründen: Großzügig möchte sie alle Künstler, die Interesse haben, einladen. Sie sollen ihre Gäste sein und einen kleinen monatlichen Betrag erhalten. Als Gegenleistung stellt sie sich vor, daß die Künstler ihr für das zukünftige Museum Bilder geben sollten. Und trotz Benzinknappheit fahren Nellie und Peggy durch Südfrankreich auf der Suche nach einem geeigneten großen Haus oder Schloß. Allerdings merkt Peggy rasch, daß ihre Idee von großer Naivität zeugt – daß die vorgesehenen Künstler ein so schwieriges kleines Völkchen sind, daß sie sich noch nicht einmal in der Lage sehen, gemeinsam friedlich miteinander Abend zu essen, geschweige denn, in einem Haus zu leben.

Nach dem Aufenthalt im sonnigen Süden geht es für Peggy und Nellie wieder nach Paris. Tanguy, der ewig Verliebte, ist bereits

auf dem Weg nach Amerika – Peggy gelingt es in diesen Abschiedswirren, ein Bild Tanguys, das ihr schon so lange ins Auge gestochen hat, von Madame Tanguy zu kaufen – sie will sie dafür mit monatlichen Zuwendungen unterstützen. In einem anderen Fall streicht sie – ohne dies mit einem Wort in ihren Memoiren zu erwähnen – die Zuwendung, was bei der gerade wegen eines Zusammenbruchs in der Klinik liegenden Freundin – es ist Djuna Barnes – nicht gerade als aufbauende Therapie ankommt. Djuna fühlt sich regelrecht von Peggy Guggenheim weggeschickt, anders als viele amerikanische Künstler in Europa, die jetzt in Scharen freiwillig nach Amerika zurückstreben. Peggy hat sich sicherlich nicht viele Gedanken um die Zukunft Djunas gemacht – jemand reiste fort, gut, er wäre in der Lage, irgendwann wiederzukommen.
Sie hat den Kopf voll mit eigenen Plänen. Schon merkt sie, wie die Künstler ihre Preise reduzieren, und daher verspürt sie nicht die geringste Lust, auch abzureisen. Angst hat sie erst recht nicht. Sie muß eine neue Schule für Sindbad in Frankreich finden, sie muß Herbert Read beibringen, daß es ein Museum in London nicht geben wird, solange Krieg herrscht. Per Brief und mit anwaltlicher Hilfe einigen sich Peggy und Read darauf, daß Read die Hälfte des von Peggy zugesagten Fünf-Jahres-Gehaltes erhält minus des Betrages, den er schon erhalten hat. Er ist enttäuscht, daß das Museum nicht eröffnet, aber er macht Peggy keinerlei Vorwürfe und bleibt weiterhin in freundschaftlicher Verbindung mit ihr.

10. KAPITEL

Peggy als Kriegsgewinnlerin

Das Leben in Paris wird prekär, und viele Menschen verlassen die Stadt, Peggy jedoch beginnt nach den Weihnachtsferien 1939/40 sehr ernsthaft mit der Durchführung ihres neuen Programms: Sie nimmt sich vor, jeden Tag, den Gott ihr gibt, ein Gemälde oder eine Skulptur zu kaufen. Bewußt oder unbewußt folgt sie damit einem Grundsatz, den Meyer Guggenheim einst für sich aufstellte, nämlich in große Geschäfte möglichst zu Zeiten einzusteigen, da alle anderen an solchen Geschäften kein Interesse haben.

Ebenso wie sie vor Jahren in Venedig immer wieder zu den Antiquitätenhändlern ging, um beim siebten Mal endlich den Preis zu erzielen, der ihr gerechtfertigt schien, schachert sie jetzt mit den Künstlern. Brancusi weigert sich lange, überhaupt über Geld mit ihr zu sprechen, nennt dann »astronomische Summen« (Peggy-Ton), verkracht sich mit Peggy, die abwarten kann, denn sie weiß, sie wird *Vogel im Raum* doch noch bekommen. Und so ist es auch – sie machen den Preis in Francs aus, Peggy tauscht die Summe in New York und spart bei dieser Transaktion 1 000 Dollar.

Über Nellie van Doesburg lernt Peggy Jean Hélion kennen, der 1937 in die USA ausgewandert war. Seine Bilder befinden sich über Paris verstreut in Lagerräumen, und gemeinsam fahren sie herum, bis sie gefunden haben, was Peggy sucht – *Kaminkehrer* von 1936, ein abstraktes Gemälde, das sie für 225 Dollar erwirbt.

Gegen Dalìs derzeitige Entwicklung hat Peggy zwar große Vorbehalte, seine faschistoiden Neigungen und nur auf Publikumswirksamkeit abzielenden Aktionen mißfallen ihr, aber weil sie möchte, daß ihre Sammlung ein objektiver Spiegel der Kunstentwicklung seit 1910 sein soll, kauft sie *Die Geburt flüssiger Begierden* von 1931/32, als Dalì unter dem Einfluß der Lektüre von Freud anfing, das Unbewußte auf die Leinwand zu bringen. Mit dem konsequenten Sammeln geht so etwas wie der Einbruch des Objektiven bei Peggy einher, was bei ihr, die in allen übrigen Belangen nur vom Subjektiven, Sinnlichen und Emotionalen ausging, fast erstaunt. Zum ersten Mal mag sie das Gefühl gehabt haben, etwas wirklich Wichtiges zu tun, daß es nicht egal wäre, für welche Werke sie sich entschiede. Und zum Teil ist es auch der Krieg, sind es die Bomben, die ringsum fallen, die ihrer fieberhaften Ankaufsaktion einen Hauch von Größe verleihen.

Sie besucht Giacometti in seinem Atelier bei der Avenue du Maine und findet ihn spleenig, sie besucht Antoine Pevsner und findet ihn mäuseartig, aber nett. Sie kauft und kauft.

Sie bewohnt jetzt auf der Ile St. Louis hinter Notre-Dame eine Wohnung im siebten Stockwerk, die man über die Terrasse betritt, die jedoch nicht genug Platz bietet, um die großformatigen Bilder zu hängen. Peggy stellt sie ungerührt in einen Lagerraum und erfreut sich an den kleinen Gemälden.

Ihr Kaufinteresse ist in aller Munde, so bleiben ihr die mühsamen Gänge in Ateliers und Kunsthandlungen bald erspart: Die Kunstsammler und -händler kommen zu ihr wie zu einer Königin oder königlichen Maitresse, und schon am frühen Morgen kann Peggy im Bett sitzend auswählen, was ihr eventuell für den heutigen Tag genehm wäre.

Noch Ostern 1940 gibt es keinen Grund, der Peggy davon abhält, die Kinder in Mégève abzuholen und mit ihnen zum Skifahren zu gehen. Eine Freundin der Kinder, Jacqueline Ventadour, begleitet sie, und Peggy, die Nichtskiläuferin, kann sich im Hotel von Col da Voza mit einem »kleinen Italiener« amüsieren.

Zurück in Paris, sieht auch sie sich gezwungen, darüber nachzudenken, wie sie die Bilder aus der Stadt bringt, aber das Kaufinteresse ist ungeschmälert: Hitler marschiert in Norwegen ein – Peggy tritt in Légers Atelier und kauft »für tausend Dollar« ein wunderschönes spätkubistisches Bild von 1919 – *»Menschen in der Stadt«*.

Am Tag darauf trifft Peggy ihren alten Freund Man Ray, kauft ein Bild von 1916 und etliche der Rayogramme.

Während sie noch überlegt, wie sie die Fin-de-siècle-Wohnung, die sie gesehen hat und die sich so wunderbar für die Präsentation ihrer Sammlung eignet, zeitgemäß dekorieren kann, rücken die deutschen Truppen immer weiter vorwärts, und selbst sie spürt, daß sie keine Zeit mehr verlieren darf.

Sie denkt an den bombensicheren Keller, den der Louvre irgendwo auf dem Land besitzt, und fragt an, ob man ihr einen Kubikmeter dieses Kellerraums für ihre Sammlung überläßt, doch die Antwort ist niederschmetternd – ihre Werke wären zu modern und nicht wert, gerettet zu werden.

Inzwischen besitzt sie eine Sammlung mit beträchtlichen Œuvren, einen Kandinsky von 1913, *Landschaft mit roten Flecken, No. 2,* verschiedene Paul Klees, darunter *Zaubergarten* von 1926, verschiedene Picabias, darunter *Sehr seltenes Gemälde über die Erde* von 1915, ein Werk von Georges Braque aus der kubistischen Epoche *(Der Walzer)*, einen Juan Gris, einen Léger, nämlich *Menschen in der Stadt* von 1919, einen Gleizes, einen Marcoussis *(Der Stammgast)*, einen Delaunay, zwei futuristische Bilder, einen Severini, *Meer = Tänzerin* von 1914, einen Balla, einen Van Doesburg und einen Mondrian aus der De-Stijl-Zeit. Zu ihren surrealistischen Bildern zählen Werke von Mirò, *Holländisches Interieur II* von 1928, von Max Ernst, Giorgio De Chirico (bei Peggy vertreten durch *Der rote Turm* von 1913), Yves Tanguy, Dalì, Magritte und Victor Brauner. Auch bei den Skulpturen ist sie systematisch vorgegangen, besitzt Brancusi, Lipchitz, Laurens, Pevsner, Giacometti, Moore und Arp. Schon jetzt, kurz nachdem sie überhaupt mit dem Sammeln begonnen hat, besitzt sie eine bedeutende Sammlung von Werken moderner Kunst.

Die Freundin Maria Jolas hilft Peggy aus der heiklen Situation. Sie bietet ihr an, die Werke nach St.-Gerand-le-Puy bei Vichy zu bringen, wohin sie ihre zweisprachige Schule verlegt hat. Dort in der Scheune des Schlosses sind die Bilder und Skulpturen gut in Kisten aufgehoben. Selbst läßt Peggy ihre Reiseerlaubnis ablaufen und vertrödelt die Zeit mit ihrem neuen Freund Bill, Champagner trinkend in den Pariser Cafés.

Drei Tage, bevor die Deutschen Paris erreichen, hat Peggy endlich doch die Entschlußkraft aufgebracht, ihren Koffer zu pakken. Gemeinsam mit Nellie und zwei Perserkatzen setzt sie sich in ihren kleinen Talbot. Benzin hat sie seit Wochen in Flaschen auf ihrer Terrasse gehortet. Niemand braucht jetzt noch Papiere, es ist ein Massenauszug aus Paris – zwei Millionen Menschen setzen sich in Bewegung, Italien ist in den Krieg eingetreten. Während alle Welt sich nach Westen Richtung Bordeaux aufmacht, ist Peggys Ziel Mégève, Laurence, Kay und die Kinder.

Bald schon erfahren die beiden Frauen, daß die Deutschen Paris eingenommen haben und welche entsetzlichen Bedingungen der Waffenstillstand beinhaltet. Insbesondere ist es die »Surrender on demand«-Klausel, die die freien Bürger schockiert: Danach kann die Auslieferung deutscher Flüchtlinge verlangt werden. In der Folge wird der Amerikaner Varian Fry das Emergence Rescue Committee gründen, das es sich zur Aufgabe stellt, politische und intellektuelle Flüchtlinge aus Frankreich zu retten.

Aber noch interessiert sich Peggy nicht für Flüchtlinge. Sie mietet für sich, die Kinder, Nellie, Jean Arp und dessen Frau ein Haus am Lac d'Annecy und überläßt sich einmal mehr der Langeweile. Diesmal entdeckt sie das Haarefärben als neue Tätigkeit – nach vielen Versuchen landet sie bei der ultimativen Farbe: Schwarz – und redet sich kurzfristig ein, sie sei in den Friseur verliebt.

Als der Sommer zu Ende geht, entdeckt Peggy die Kisten mit ihren Bildern und Skulpturen in Annecy auf dem Güterbahnhof, wo sie seit Wochen stehen. Eine sichere Unterkunft für die Bilder findet sie glücklicherweise im Museum von Grenoble, wo sie auch Robert und Sonia Delaunay kennenlernt und rasch noch ein völlig »überteuertes« Werk des Malers kauft.

Auch die Lage der Amerikaner im besetzten Frankreich wird jetzt kompliziert. Der amerikanische Konsul hat sie aufgefordert, Frankreich innerhalb von eineinhalb Jahren zu verlassen. Allmählich überfällt auch die couragierte Peggy die Angst, Angst um die Sicherheit der Kinder, Angst, eventuell von den Quellen aller Existenz, dem aus Amerika für Peggy fließenden Geldstrom abgeschnitten zu werden, Angst schließlich (allerdings unbegründete, denn sie ist amerikanische Staatsbürgerin), man könne sie in ein Konzentrationslager werfen. Sie versucht, nach Vichy zu kommen, wo der amerikanische Botschafter residiert, aber der Winter 1940 auf 1941 ist so schneereich, daß an Reisen nicht zu denken ist.

Auch Laurence plädiert unter den veränderten Bedingungen für eine baldige gemeinsame Auswanderung in die USA – nur dort werde man in Zukunft im Frieden leben können. Im Frühling 1941 will man reisen, die Sammlung muß gepackt werden, um dann per Schiff spediert zu werden. Auch das ist schwieriger, als es sich anhört, denn eigentlich dürfen Kunstwerke zu Kriegszeiten nicht reisen. Peggy erhält daher von einem befreundeten Spediteur (der natürlich zwischenzeitlich ihr Liebhaber wird) den Rat, die Sammlung mit Bettüchern und anderen Dingen des täglichen Bedarfs, so auch ihrem kleinen Auto, als »Haushaltsgegenstände« deklariert zu verpacken, und so wird es gemacht. Inzwischen kommt Peggy doch noch mit dem Emergence Rescue Committee in Berührung – die Dollarprinzessin Kay Sage, Tanguys neue Frau, hat ihr geschrieben, sie möchte fünf hervorragenden europäischen Künstlern die Flucht finanzieren. Ursprünglich dachte das Committee nur daran, 200 ausgesuchte Flüchtlinge zu retten. Verschiedene Persönlichkeiten, so Thomas Mann und Alfred Barr jr., der damalige Direktor des New Yorker Museum of Modern Art, hatten auf der Grundlage von Hilferufen von Schriftstellern und bildenden Künstlern Listen von zu Rettenden, vor allen Dingen Juden, aufgestellt, doch im Laufe seiner dreizehn Monate langen Arbeit wurde es für Varian Fry immer schwieriger, angesichts täglich neuer Hilferufe, angemessene Auswahlkriterien zu entwickeln.

De facto half er über 2 000 Flüchtlingen, Europa zu verlassen, und das, obwohl er auch mit starken Verzögerungsmanövern von seiten Amerikas, was die Ausgabe der Visa betraf, zu kämpfen hatte. Hierbei spielte wohl eine Rolle, daß das verantwortliche State Department selbst antisemitischen Tendenzen unterworfen war. Auf Alfred Barrs Liste – sowohl sie wie die von Thomas Mann sind nicht erhalten – sollen die Namen Picasso, Chagall, Max Ernst, Jean Arp, Kandinsky, Lipchitz und Matisse genannt worden sein. Was Ernst betraf, war die Klausel mit Sicherheit auf ihn anzuwenden – als gebürtiger Deutscher lebte er in Frankreich als »Apatride«, staatenloser Flüchtling.

Fast alle jedoch, die auf den Listen stehen, weigern sich zunächst zu fliehen – sie schätzen die ihnen drohende Gefahr völlig falsch ein.

Im Winter 1940/41 bietet Varian Fry dem exilierten André Breton, seiner Frau Jacqueline und der kleinen Tochter Aube im Château Air-Bel, einem recht baufälligen Gebäude außerhalb von Marseille, Unterkunft und befreundet sich nicht nur mit ihnen, sondern auch mit zahlreichen anderen Mitgliedern der surrealistischen Bewegung, die ebenfalls aus Paris geflohen sind. So versammeln sich die Surrealisten ein letztes Mal gemeinsam auf französischem Boden: Victor Brauner, René Char, René Daumal, Robert Delanglade, Oscar Dominguez, Marcel Duchamp, Max Ernst, Jacques Hérold, Sylvain Itkine, Wifredo Lam, André Masson, Benjamin Péret und Tristan Tzara. Eine kurze, aber produktive Phase ist es, in der zahlreiche kollektive Collagen entstehen, Breton *Fata Morgana* schreibt und Wifredo Lam Illustrationen dazu anfertigt.

Für Varian Fry gilt es, seinen Schützlingen Förderer in Amerika zu beschaffen, die bereit sind, ihnen, wenn sie sich zunächst nicht selbst erhalten können, das Leben zu finanzieren. Was Breton und seine Familie angeht, so will Kay Sage das sogenannte »affidavit of support« erteilen, und auch Max Ernst und den Arzt der Surrealisten, Dr. Mabille übernimmt sie. So erklärt sich also der Brief Kay Sages an Peggy Guggenheim, in dem sie die Bekannte bittet, die Reise dieser fünf Personen nach Amerika zu finanzieren.

Peggy beruft sich leicht verstimmt auf das Diktum, nur ernstzunehmende Künstler seien zu unterstützen, und weigert sich, Dr. Mabilles Überfahrt zu finanzieren. Sie möchte statt dessen dem unglücklichen Victor Brauner helfen, der als Schäfer verborgen in der Nähe des Château lebt – er ist Jude, er ist gefährdet, argumentiert sie, und grummelt gleichzeitig, weder Jacqueline Breton noch die Tochter Aube seien zwar surrealistische Künstler, für deren Reise wolle sie dennoch aufkommen.

Und schon macht sie sich voll Eifer auf den Weg nach Marseille,

um die Sache zu befördern. Sie muß erfahren, daß Fry, seine Mitarbeiter, Breton und alle Bewohner des Château gerade verhaftet worden sind und auf einem Boot im Hafen von Marseille interniert sind – während Marschall Pétains Besuch in Marseille sollen sie keine Handlungsfreiheit haben. Wenig später werden sie wieder freigelassen. Peggy, die drauf und dran gewesen war, mit voller Kraft in die Arbeit des Komitees einzusteigen, bekommt es mit der Angst zu tun und fragt in naiver Verkennung der Untergrundtätigkeit des Komitees den amerikanischen Konsul, was das Komitee denn eigentlich wäre und ob er ihr rät, dort mitzuarbeiten. Natürlich rät er dringlich davon ab, und sie fährt unter Zurücklassen von Geld zurück nach Grenoble. Ende März 1941 reist sie erneut nach Marseille, um sich bei Max Ernst im Austausch für die finanzielle Hilfe ein Bild auszusuchen, doch das lustige Leben im Château ist zu Ende – Breton ist ausgereist, die Zurückgebliebenen sind voller Angst, verzweifelt.
Max Ernst, der kurz vor seinem fünfzigsten Geburtstag steht, wirkt nach mehreren Aufenthalten im Internierungslager gealtert und traurig. Zu allem Übel ist Leonora Carrington mit einem mexikanischen Liebhaber durchgebrannt und scheint auch nicht mehr Herrin all ihrer Sinne zu sein. Die vorgesehene Besichtigung seiner Werke durch Peggy findet am 1. April im Château statt. Zwar macht sie keinen Hehl daraus, daß sie Ernsts ältere Arbeiten den neueren bei weitem vorzieht, und Ernst ärgert sich darüber, aber sie finden schnell zu einer Vereinbarung – für zweitausend Dollar, abgerechnet das Geld, das sie ihm bereits gegeben hat, kann Peggy *Kleine Maschine, von Minimax Dadamax persönlich konstruiert* von 1919 sowie *Flugzeugschnapper-Garten* von 1935 erhalten, dazu zahlreiche Collagen wie der *Pferdebote* von 1932, den Ernst ihr als Dreingabe schenkt.
Am nächsten Tag ist Max Ernsts 50. Geburtstag. Im Fischrestaurant im alten Hafen von Marseille findet das denkwürdige

Essen statt, an dem neben Peggy und Ernst auch Brauner, Varian Fry und der Spediteur René Lefebvre teilnehmen. Der Augenblick ist günstig – sowohl Ernst wie Peggy sind in der besten Stimmung, um sich ineinander zu verlieben. Ernst schlägt Peggy ein Rendezvous für den nächsten Tag im Café de la Paix vor. Sechzehn Uhr. Nur gilt es, Victor Brauner hinters Licht zu führen, der Peggys Schritten folgt wie ein getreuliches Hündchen. Geschickt schiebt sie Ernst, ohne daß Brauner es bemerkt, ihren Zimmerschlüssel zu. Sie erinnert sich: »Als ich meine Affäre mit Max Ernst begann, war sie nicht ernsthaft, doch bald entdeckte ich, daß ich wirklich in ihn verliebt war.«
Wieder einmal ist der enge Zeitrahmen, sind die vielen anderen Verpflichtungen ein Hindernis für die Liebe. Nur zehn Tage bleiben ihnen, denn Peggy hat versprochen, Ostern mit den Kindern in Mégève zu verbringen. Dort hängt der Haussegen schief – Kay Boyle hat sich mit dem Hauslehrer der Kinder nach Cassis abgesetzt, und Laurence ist unglücklich. Peggy verabschiedet sich von dem weinenden Max Ernst, trifft den Spediteur René in Grenoble, wo sie aus reiner Gewohnheit die Nacht mit ihm verbringt, erzählt ihm, daß sie jetzt in Max Ernst verliebt sei, und trifft am nächsten Tag bei Laurence in Mégève ein. Von Ernst hört sie nichts. Laurence und Peggy fahren nach Lyon, um Visa für Spanien und Portugal zu beantragen. Als sie zurückkommen, ist Max da, ohne Papiere. Wieder geht es nach Marseille. Peggys amerikanischer Paß – dessen Geltungsdauer sie eigenhändig verlängert hat – erweist sich als hilfreich, um Warteschlangen zu vermeiden. Sie erleben, wie Marseille systematisch von den Juden »gesäubert« wird, und Peggy kommt die Angst an, als eines Morgens im Hotel bei der Kontrolle durch die Polizei die Fälschung des Datums in ihrem Paß auffliegt. Obwohl sie große Angst um sich, um Max und Laurence hat, dessen Papiere gleichfalls abgelaufen sind, und obwohl sie weiteren Grund zur Angst hätte, da sie Riesensummen von Schwarzgeld an ihrem Körper verborgen mit sich herumträgt,

spielt sie ihre Rolle tapfer weiter. Die Geschichte geht gut aus – Amerikaner sind im momentanen Stadium des Krieges in Frankreich gut gelitten, denn sie haben das Land gerade erst mit einer großen Lebensmittelladung versorgt.
Als Ernst endlich seine Papiere hat, droht seine Ausreise an fünfzig amerikanischen Dollar zu scheitern, die er auf der Reise durch Spanien mit sich führen muß, da es verboten ist, nach Portugal französisches Geld einzuführen. Hier hilft der großherzige Varian Fry. Drei Wochen nach den übrigen besteigt Peggy den Zug Richtung Lissabon – so lange dauerte die Transferierung des Reisegeldes für all ihre Schutzbefohlenen von Amerika nach Frankreich.
Anstelle einer liebevollen Umarmung von Max auf dem Bahnhof Lissabon erhält Peggy einen Schlag – Max hat seine Gefährtin Leonora Carrington in Lissabon wiedergefunden. Peggy weiß, woran sie ist: Max liebt Leonora, die fest entschlossen ist, ihren Mexikaner zu heiraten, um auf diese Weise rasch einen Paß für Amerika zu bekommen. Vor lauter Unglück möchte Peggy alle mühsam eingefädelten Pläne wieder über den Haufen werfen und einen Engländer heiraten, den sie gerade erst im Zug kennengelernt hat.
Laurence ergreift die Partei der Vernunft und ermahnt Peggy, sie habe die Pflicht, ihre Kinder heil nach Amerika zu bringen. Und Peggy verzichtet, ausnahmsweise vernünftig, auf die Idee.
Noch einmal eskalieren die Gefühle auf einer Party, an der neben Leonora und dem Mexikaner Max, Laurence, Kay und Peggy teilnehmen. Erst jetzt wird deutlich, daß Leonora wirklich ein Verhältnis mit dem Mexikaner hat und mit ihm lebt. Peggy versteht die Welt nicht mehr – wie kann Max glauben, daß sie noch an ihm hängt? Aber Max liebt Leonora.
Die Zeit, da alle auf das Flugzeug warten, vergeht quälend langsam. Laurence beschließt, mit den Kindern ans Meer nach Monte Estoril zu fahren, und alle übrigen folgen ihm, mit Aus-

nahme Leonoras und des Mexikaners. Die Verwicklungen zwischen Max Ernst und Peggy beginnen entsprechend aufs neue – fünf Wochen in Monte Estoril vergehen wie in einem langen Psycho-Encounter.

Als Peggy Max nach Laurence' Zimmernummer fragt, nennt er seine eigene, und anstatt Laurence gute Nacht zu sagen, verbringt Peggy die Nacht mit Max. Doch damit nicht genug. Max wartet auf Leonoras Anrufe, Max verbringt den Tag mit Leonora. Peggy ist gekränkt und spricht über Tage kein Wort mit Max, stellt dafür Leonora zur Rede, die behauptet, sie wüßte nichts von Peggys Beziehung zu Max und träfe ihn nur aus Mitleid – sofort würde sie weichen. Peggy ist außer sich.

Eines Tages erscheint Peggy bei hellem Tageslicht der Geist von John Holms. Er brennt ihr zwei Löcher in den Nacken und warnt sie: Sie soll Max Ernst aufgeben, niemals würde sie glücklich mit ihm werden. Leider hörte sie nicht auf den Geist, denn: »Es ist mein Schicksal, immer das Unmögliche durchzusetzen. In welcher Form es sich mir auch darbietet, es fasziniert mich, während ich vor allem, was leicht ist im Leben, flüchte.«

Auch Max Ernst erhält schließlich nach Interventionen »Papa« Herbert Reads in London sein Visum für den Zwischenhaltepunkt Trinidad, und so steigen am 13. Juli 1941 11 Personen in den Clipper der Pan Am, neben Peggy Laurence, Kay, Max Ernst, die sechs Kinder der beiden Ehen und Jacqueline, die Freundin der Kinder. Bei ihrer Ankunft am folgenden Tag nach einer Reise von 36 Stunden auf dem New Yorker Flughafen wird Peggy sofort in ihrem auf dem Zwischenhalt auf den Azoren gekauften Riesenstrohhut abgelichtet, und ihre Gruppe muß eine Fülle von »idiotischen Fragen« über sich ergehen lassen. Am nächsten Tag ist in der Zeitung unter ihrem Bild folgendes zu lesen: »Während die Hauptstädte des alten Kontinents in Schutt und Asche gelegt werden, rettet Miß Guggenheim die Kunstschätze.«

Jimmy Ernst, Max Ernsts Sohn aus seiner Ehe mit Louise Strauß-Ernst (der das Emergence Rescue Committee leider kein Visum für Amerika beschaffen konnte und die daher um dieselbe Zeit, da Peggy Guggenheim nach Amerika einreist, in das Konzentrationslager von Auschwitz ziehen muß), begrüßt seinen Vater. Er ist bewegt, denn er hat Max seit seiner Einreise in die USA vier Jahre zuvor nicht mehr gesehen. Jimmy beschreibt seine erste Begegnung mit Peggy in seiner Autobiographie *Nicht gerade ein Stilleben:* »Eine der Frauen, ich schätzte sie auf etwa vierzig, kam auf mich zu, nach Körperhaltung und Gang zu urteilen mit beträchtlichem Zögern. Ihre Beine schienen lächerlich dünn selbst für ihre zerbrechliche eckige Figur. Ihr Gesicht war seltsam kindlich, aber es zeigte einen Ausdruck, den ich mir beim häßlichen Entlein vorstellen konnte, als es zum ersten Mal sein Spiegelbild im Wasser sah. Alle Züge dieses Gesichtes schienen eifrig darauf bedacht, die Aufmerksamkeit von einer unnatürlichen knolligen Nase abzulenken. Die angsterfüllten Augen blickten warm, beinahe flehend, und die knochigen Hände, die nicht wußten, wohin, bewegten sich wie die Enden abgebrochener Windmühlenflügel um unfrisiertes dunkles Haar. Sie hatte etwas an sich, das mich drängte, ihr die Hand entgegenzustrecken, noch bevor sie sprach.«
Jimmy hat schon einiges über Peggy Guggenheim gehört, auch, daß sie sich stark für die Ausreise seines Vaters eingesetzt hatte, aber so hatte er sich eine Millionärin und Förderin der modernen Kunst nicht vorgestellt.
Auch Howard Putzel kommt zu Peggys Begrüßung. Er kann ihr mitteilen, daß die Sammlung gut angekommen ist. Max wird gleich abgeführt. Die Nacht soll er, bewacht von einem Detektiv, im Hotel verbringen, um am nächsten Tag ein Hearing über sich ergehen zu lassen, das über seine Einreise befindet. Erst das Zeugnis seines Sohnes Jimmy am dritten Tag, zahlreiche gute Leumundszeugnisse, die Peggy herbeischafft, von Rockefeller über Eleanor Roosevelt bis zu Alfred Barr jr. und die Zusage,

daß Jimmy, der einen bescheidenen Bürojob für fünfzehn Dollar die Woche im Museum of Modern Art ausführt, seinen Vater bei sich unterbringen kann und ihn zu unterstützen gedenkt, setzt Max auf freien Fuß.

Peggy schließt Jimmy sofort in ihr Herz und beschäftigt ihn bald schon als Sekretär – es kommt ihr so vor, als habe sie mit Max und Jimmy auf einmal zwei Söhne gefunden, und merkwürdig: Zum ersten Mal in ihrem Leben akzeptiert sie freiwillig – fast gerne – die Mutterrolle. Als sie Max ihr Gefühl beschreibt und ihn ein Baby nennt, das man auf ihrer Schwelle abgelegt habe, antwortet er, in Anlehnung an Peter Pans verlorene Jungen: »Und du bist ein verlorenes Mädchen.«

Selbstverständlich möchte Peggy sich sofort einen Überblick über das Geschehen im Bereich der modernen Kunst verschaffen – sie sieht sich erst einmal die Picasso-Ausstellung im Museum of Modern Art an –, und befriedigt stellt sie fest, daß sie alle Exponate kennt, denn sie hat sie bei Penrose schon gesehen. Er ist der Hauptleihgeber. Die Sammlung des Museums gefällt ihr, auch wenn es keinen Kandinsky gibt.

Regelrecht lustig findet sie Onkel Sols Museum – sie amüsiert sich mit fast hämischer Freude über die hundert Rudolf-Bauer-Gemälde in riesigen Silberrahmen, die die zwanzig Kandinskys bei weitem an Glanz überstrahlen, wenn auch nicht an Bedeutung. Merkwürdig empfindet sie den Kontrast zwischen den Bildern und der lauten Bach-Musik über Lautsprecher, die den Betrachter einhüllt. Da die Baronesse öfter Termine auswärts hat, überläßt sie den Plattenspieler sich selbst, die Nadel bleibt zuweilen stecken, und dieselbe kleine Bach-Phrase wiederholt sich über Stunden. Max Ernst nennt das Museum schlicht das »Bauer-Haus«, in Anlehnung an das MoMA, das für ihn das Barr-Haus ist, während die dritte Sammlung moderner Kunst New Yorks, die Sammlung Gallatin im Gebäude der New York University (später in Philadelphia) für ihn das »Bore-House« ist.

Die Glanzstücke der Sammlung Onkel Sols hängen übrigens nicht im Bauer-Haus, sondern im Plaza-Hotel, wo Onkel Sol und Tante Irene residieren. Sie sind nur auf spezielle Einladung zu sehen – es gibt da wunderbare Werke von Picasso, Seurat, Bracque, Kandinsky, Gleize, Delaunay, Chagall und Lissitzky. Aber niemand darf in Sols Anwesenheit ein spöttisches Wort über Bauer äußern, denn Sol hat ein Vermögen in den Maler investiert. Im selben Jahr 1941 gelingt es Hillas Bruder, dem Baron Franz Hugo von Ehrenwiesen, Rudolf Bauer aus dem Konzentrationslager herauszueisen (die Dollars von Sol haben schon auch eine Rolle gespielt dabei), der inhaftiert worden war, weil er eine provokante amerikanische Flagge aus den Fenstern seiner schicken Berliner Villa hatte flattern lassen. Hilla hat jetzt jedenfalls alle Hände voll damit zu tun, die Lebensumstände ihres Schützlings zu ordnen, d. h. Sol zu überreden, dem Leidgeprüften ein schönes Haus mit Haushälterin zu spendieren.

Peggy, die glaubt, mit ihrer Rettung Ernsts auch ihren eigenen Status als seine Geliebte und – Frau gefestigt zu haben, muß erleben, wie Leonora Carrington mit einem Schwung ihrer Bilder auf den Plan tritt und Max Ernsts Zeit und Interesse absorbiert. In solchen Fällen gibt es nur zwei Mittel – einen neuen Liebhaber (vielleicht diesmal nicht) oder eine kleine Reise.

Sie besuchen Schwester Hazel in Kalifornien. Man fliegt über ganz Nordamerika, man genießt das Leben in San Francisco, besucht das dortige Museum, und Peggy häkelt bereits wieder an ihrem eigenen Plan eines Museums. Wenn nicht in London, dann eben in Amerika. Aber wo in diesem riesigen Land? Wo sollen sie leben? Max und Peggy bereisen ganz Kalifornien auf der Suche nach einem geeigneten Haus. Peggy sieht auch Walter Arensbergs berühmte Sammlung moderner Kunst in Hollywood. Jeder Raum des viktorianischen Gebäudes, selbst das Badezimmer, hängt voll mit den wunderbarsten Gemälden (später hinterläßt Arensberg die Sammlung dem Museum in

Philadelphia). Es spielt diese Kollektion für das Sammelverständnis von Peggy eine besondere Bedeutung, denn ist ihr Ratgeber seit langem schon Marcel Duchamp, so hängt sozusagen alles, was Duchamp je geschaffen hatte, seit den Jahren des *Großen Glas* hier in der Sammlung Arensberg. Und vieles mehr. Peggy ist fast eifersüchtig auf die kubistischen Werke dieser Sammlung, doch sie vermerkt, daß es die Sammlung Arensberg in den späteren Epochen nicht mit ihrer eigenen aufnehmen könne.

Nach drei Wochen im Haus der Schwester reisen Max, Jimmy, Pegeen und sie weiter in Richtung Grand Canyon. Sie treffen Emily Coleman, die begeisterte Reiterin wieder, die vielleicht das Glück ihres Lebens gefunden hat, da sie einen Cowboy geheiratet hat. Vielleicht ist diese Begegnung das Hinzukommende, das nötig ist, in Peggy den neuen Lebensplan zu formulieren: Sie will Max Ernst heiraten. In jedem Staat, den sie betreten, wird Sekretär Jimmy nun losgeschickt und muß sich nach den Heiratskonditionen erkundigen. Max lehnt eine Heirat als zu kleinbürgerlich ab.

Peggy darf – zum wievielten Mal eigentlich – ein komplett neues Leben organisieren; im Lauf der Jahre hat sie Übung darin bekommen, Wohnungen zu verlassen, Möbel zu lagern, von Orten und Menschen Abschied zu nehmen und am anderen Ort neu anzufangen. Fast ist es, als müßte das alles so sein für die von innerlicher Unrast getriebene, ewig wandernde Jüdin.

Eine Schule für Pegeen, ein Haus. Das Museum. Laurence ist mit den Kindern nach Connecticut gezogen. Peggy denkt ernsthaft darüber nach, ihm zu folgen, aber dann findet sie doch das Traumhaus: am New Yorker Beekman Place, mit Blick über den Fluß. Leider ist es nicht im Stadtzentrum, aber ansonsten ideal, Hale House zwischen East River und der 51. Straße. Die große Halle oder »Kapelle« mit dem riesigen Kamin erstreckt sich über zwei Stockwerke, die Fenster gehen auf den Fluß, es gibt eine Terrasse. Im zweiten Stock wohnt Pegeen, hier ist die große

Küche, sind die Gästezimmer. Peggy und Max besetzen den dritten Stock – ein Schlafzimmer und ein Atelier mit Terrasse. Es könnte ein Traum sein.

Peggy möchte Max helfen, in Amerika Fuß zu fassen, und will zu diesem Zweck mit Alfred Barr in Kontakt kommen, dessen Persönlichkeit ihr sympathisch ist, dessen Kenntnisse und Engagement für die moderne Kunst sie respektiert, aber dessen ausweichende Art, wenn es um konkrete Dinge geht, wie den Kauf eines Bildes von Ernst für das Museum etwa, sie haßt. Ein kleiner Deal glückt immerhin – Barr tauscht einen Malewitsch aus den Kellerbeständen gegen einen Ernst (mit Peggy), und Peggy gibt Max Geld.

Gleich auf der House-warming-Party am Beekman Place kommt es zu einer der, wenn Peggy feiert, fast unumgänglichen Auseinandersetzung zwischen zwei Gästen. Jimmy nimmt die Kandinskys von den Wänden, damit sie nicht mit Blut bespritzt werden. Peggy wertet den Kampf als schlechtes Omen: »Vielleicht hat uns das einen schlechten Start gegeben, denn niemals hatten wir auch nur einen einzigen friedlichen Augenblick in diesem wunderbaren Haus. Frieden war das einzige, was Max brauchte, um malen zu können, und Liebe war das einzige, was ich brauchte, um leben zu können. Da keiner von uns dem anderen das gab, was er am meisten wünschte, war unser Bund zum Scheitern verurteilt.«

Selten, außer nach dem Tod von John Holms, hat man Peggy mit solcher Grabesstimme vernommen.

Sie kann Max erfolgreich mit dem Galeristen Dudensing zusammenbringen und erkennt, wie berühmt ihr Gefährte ist. Ständig ist die Presse im Haus, um ihn zu fotografieren, was ihm gut gefällt, vorausgesetzt Peggy ist nicht mit auf dem Bild. Außerdem will er sie nicht malen. Er, der Leonora immer in allen möglichen Landschaften und Posen gemalt hat. Peggy vermutet, daß er sie nicht liebt.

Als Max eines Tages ein neues kleines Bild gemalt hat, ist sie außer sich. Man sieht eine Figur mit einem Kopf in Pferdeform, das ist deutlich erkennbar Max selbst. Er trägt eine glänzende Rüstung. Eine andere Figur greift dem Mann zwischen die Beine, und das ist sie selbst, im Alter von acht Jahren, was um so überraschender ist, da sie Max niemals Bilder von sich in diesem Alter gezeigt hat. Daneben zeigt das Bild Pegeen in Rückenansicht sowie ein zweiköpfiges Monster, eine weibliche Figur im roten Kleid, die ihren Bauch entblößt hat. Peggy erkennt zwar den Bauch als ihren Bauch, aber sie identifiziert sich ausschließlich mit dem kleinen Mädchen, und nicht mit dem Monster. Sie ist so glücklich über dieses Bild, das sie *Mystische Ehe* nennt, daß sie es als Geschenk von Max erbittet – nun, da er dieses Bild gemalt hat, ist die Heirat überflüssig geworden.

Peggy setzt, wie schon in Paris, eifrig die Arbeit an der Liste von Herbert Read fort – sprich: Sie möchte möglichst alle Werke, die er auf ihr verzeichnete, kaufen und den auf diese Weise wachsenden Sammlungskatalog vervollständigen. André Breton und Ernst helfen ihr beim Kauf, Max gestaltet daneben auch den Einband für den Katalog, der sich dank Bretons Anregungen mehr zu einem Buch über die Entwicklung der modernen Kunst von 1910 bis 1941 entwickelt. Der Name ist modern: *Art of This Century.*

Sie könnte zufrieden sein, aber für Peggy gibt es immer einen Grund, sich über einen Lebensgefährten zu beklagen. Das liebe Geld. Peggy stellt fest, daß Ernst zwar seine Bilder immer besser verkauft, aber anstatt sich etwa an den Haushaltsausgaben zu beteiligen oder Geld für seine Einkommensteuer zurückzulegen, kauft er mit Inbrunst indianische, präkolumbianische und neu-guineische Kunstwerke oder Eskimo-Skulpturen. Diese Leidenschaft ist ihm auf der Reise mit Peggy zugewachsen, aber Peggy haßt die riesigen Totempfähle, die Max ständig herbeischleppt. Und sie haßt es noch mehr, immer nur zu zahlen. Sie sagt es ihm deutlich.

Geld und Liebe, Geld oder Liebe – seit Laurence Vail Peggys

Weg gekreuzt hat, lebt sie in dem Versuch, beides miteinander zu verbinden, träumt sie davon, großzügig zu sein. Und wie oft ist sie gescheitert. Das wunderbare, das verfluchte Geld. Die Sache mit den beiden Seiten. Wieder einmal bringt ihr das Geld, das ihr so vieles ermöglicht und so große Freiheit gewährt, in der Liebe kein Glück.

Mit der Bombardierung von Pearl Harbour treten die Amerikaner in den Krieg ein – aus dem gefeierten »König der Vögel« Max Ernst wird schlagartig der feindliche Ausländer, ein Deutscher, der per se verdächtig ist. Zumindest ist das Peggys Argument, wenn sie sagt, daß sie nicht länger mit Max Ernst »in Sünde« leben möchte. Pegeen, die die dunklen Seiten der Beziehung schon kennt, warnt, als sie beide in der Nacht vor dem geplanten Trip nach Maryland, wo die »Sache«, ohne großes Aufsehen zu erregen, über die Bühne gehen soll, in bedauernswertem Zustand antrifft. Eine der üblichen Auseinandersetzungen hat gerade stattgefunden. Schließlich bewegt Ernst die Angst vor einer drohenden Ausweisung, zuzustimmen, daß man sich auf Heiratsreise begibt. Im Dezember 1941 kommt es im Bundesstaat Virginia zu Peggys zweiter und Max Ernsts dritter Eheschließung.

Peggys Erinnerung an die Trauung ist von beeindruckender Kürze und Pragmatik: »Die Zeremonie war sehr einfach, und ich mußte nicht geloben, daß ich gehorchen wolle.«

Sie hat nicht vor, ihre Selbständigkeit aufzugeben. Was sie sich erhofft und auch empfindet, ist ein größeres Gefühl der Sicherheit. Allerdings ist der Beginn der Ehe keineswegs das Ende der Auseinandersetzungen. Im Gegenteil. Zuweilen sprechen sie zwei Tage lang nicht miteinander. Und das Schlimmste: Es geht um die banalsten Dinge der Welt. Max hat unerlaubt Peggys Schere benutzt. Unverzeihlich, denn es ist in Wahrheit die Schere, mit der sich John Holms selig den Bart schnitt. Was Max vermutlich nicht wußte. Oder: Max, der das Autofahren erst in Amerika von seinem Sohn gelernt hatte, es jedoch sehr genießt, läßt Peggy nicht ans Steuer. Oder: Peggy hat die Grippe, Max langweilt sich, weil sie nicht schnell genug gesund wird. Oder: Aus heiterem Himmel, nach Stunden gemeinsamer Arbeit an Peggys Sammlungskatalog, entbricht ein Streit über grundsätzliche Fragen des Layouts. Oder: Die Totempfähle – Max kauft zu viele davon. All diese Kämpfe sind interessanter, wenn man Publikum hat, findet Peggy. Für das Problem mit den Totempfählen findet sich allerdings dann doch eine vernünftige Lösung – Peggy darf sich von nun an monatlich ein Werk aus Maxens Produktion auswählen. So vergrößert sie ihre Sammlung und er die seine.

Es geht um Macht, Empfindlichkeit, es geht um das, was D. H. Lawrence den Geschlechterkampf nannte, um offenbar hormonell gesteuerte, nicht von der Ratio zu beeinflussende Vorgänge. Peggy fragte sich nie, welchen Sinn ihre Kämpfe hatten. Sie ist in ihrer Aufmüpfigkeit, das erkennt sie selbst, ein Kind geblieben. Max kann nicht arbeiten, läuft tagelang ziellos in New York herum. Peggy reut ihr Verhalten meist nach einiger Zeit, und daher startet sie die erste Annäherung. Dann wieder fühlt sie sich nicht geliebt von Max, der sie beispielsweise während der gesamten Zeit ihrer Beziehung nie geduzt hat. Sie sei immer eine Dame für ihn gewesen, vor der er ein leichtes Gefühl der Angst empfunden habe, klagt sie, und daß er ihr gestanden hat, daß er dumme, junge, etwas vulgäre Mädchen anziehend findet. Er trifft sich seit neuestem wieder mit Leonora – ein Grund mehr, eifersüchtig zu sein. Djuna Barnes – sie hat Peggy die kalte Abfuhr verziehen – will beobachtet haben, daß Max in Leonoras Anwesenheit zum ersten Mal erkennbar menschliche Züge aufwies.

Es gibt aber auch oft genug Gelegenheit zum Amüsement – das Haus am Beekman Place wird für die Exilkünstler eine Art Heimat, nun, da sie das Pariser Caféhaus als Ort ihrer Selbstversicherung und Kommunikation verloren haben. Die vielen Partys, die stattfinden, stehen, wenn Peggy und Breton gemeinsam geladen sind, zumeist im Zeichen des Wahrheitsspiels, das sich zusammen mit den Künstlern aus den Zeiten von Hayford Hall nach Amerika gerettet hat. Mit größtem Ernst zelebriert Breton das Spiel und belegt jeden, der spricht, ohne an der Reihe zu sein, mit einem Strafpfand. Man liebt es, sich gegenseitig oder in Gruppen zu fotografieren und frönt der amerikanischen Kunst des Partyfeierns.

11. KAPITEL

Art of This Century *im revolutionären Gewand*

Während Max zu seiner nächsten Ausstellung nach Chicago reist, ist Peggy gespannt auf die Aufnahme ihres Kunstbuchs – und wirklich, es wird ein Erfolg. Viele Buchläden machen spezielle Fenster für Peggy, und Jimmy Ernst führt eine regelrechte Werbekampagne durch.

Nachdem Max eine kurze Affäre mit einem entweder betrunkenen oder auf Benzedrin-Trip befindlichen Mädchen hatte, das ihm dann jedoch von Jimmy ausgespannt wird, muß er sich im Sommer 1942 mit politischen Problemen befassen: Als Max den befreundeten Maler Matta, den er in Massachusetts besucht hat, verläßt, weil Peggy in der Nähe ein Sommerhaus gefunden hat, versäumt er es, seinen Wohnortwechsel beim Board of Enemy Alien Registration zu beantragen – unverzeihlich für einen Deutschen im Zweiten Weltkrieg.

Wenige Tage später wird Max festgenommen. Eine Streichholzschachtel mit dem Zeichen für »freies Frankreich« wird als Beweismittel requiriert. Max erfährt, daß sein Freund Matta ein Spion sein soll. Die Verhöre häufen sich und nehmen schikanöse Form an. Jeden Tag um die Mittagszeit erscheinen die Beamten. Schließlich nehmen sie Max nach Boston mit. Peggy tut, was in ihrer Macht steht, doch man verbietet Max, in die Nähe der Küste zu gehen – er könnte verbotenen Kontakt mit dem Feind aufnehmen.

Unter diesen unerfreulichen Umständen beschließt das Paar, den Sommer in New York zu verbringen. Peggy sucht nach Räumlichkeiten für ihr Museum, was nicht gerade einfach ist. Denn es gibt eine Dame in New York, die mit aller Kraft verhindern möchte, daß der Name Guggenheim ein zweites Mal mit moderner Kunst in Verbindung gebracht wird. Man ahnt: Hillachen hat ihre Finger im Spiel und heizt den Immobilienmaklern ein. Auf keinen Fall sollen sie an Peggy vermieten. Jimmy Ernst warnt Peggy, die sich schon freute, daß der alte Familienstreit begraben wäre, da inzwischen zahlreiche Seligman- und Guggenheim-Verwandte bei ihr mit Vergnügen ein- und ausgehen.

Unter diesen Umständen dauert es seine Zeit, bis Peggy in der 57. Straße West Nr. 30 im obersten Stockwerk zwei ehemalige Schneiderateliers findet. Howard Putzel rät ihr, sich mit dem genialen Avantgarde-Architekten Frederick Kiesler zusammenzutun, der sicher revolutionäre Pläne für die Gestaltung der Räume und Präsentation der Werke hätte. Wie geschaffen füreinander scheint die Arbeitsgemeinschaft Kiesler-Guggenheim, stehen doch beide Namen für ein Etikett, das man den Randständigen, Schrillen, oft Unverstandenen gerne verpaßt: Enfant terrible.

Peggy mit Schreibmaschine und einem ihrer unzähligen Lhasa-Apo-Terrier, die seit den späten New Yorker Tagen nicht mehr von ihrer Seite zu denken sind. (Foto: Archiv für Kunst und Geschichte, Berlin)

Ebenso wie bei Peggy läßt sich auch bei dem jungen Kiesler noch nicht ahnen, daß er, sobald er losgelassen ist, alle Konventionen seiner Zunft sprengen wird: Der 1890 geborene Kiesler aus Czernowitz ist 1912 Inhaber des traditionellen Kaiser-Franz-Joseph-Künstlerstipendiums, wendet sich jedoch schon bald dem Konstruktivismus zu. 1923 gestaltet er in Berlin sein erstes, gleich revolutionäres elektromechanisches Bühnenbild. Er wird sofort bekannt damit, und Theo van Doesburg zieht ihn in seine De-Stijl-Gruppe. Kiesler versucht in der Folge, die Bühne von dem Antagonismus zwischen Zuschauerraum und Szene zu befreien, lehnt Ebenen oder Wände als architektonische Konstanten ab, da sie Elemente einer »Kasernenkultur« seien, denen er sein »System von Spannungen im freien Raum« gegenüberstellen will. Seine Formen sollen organisch-embryonal sein – ovale, große unendlich schwingende Schleifen. Schon 1926 geht Kiesler nach New York.

Peggy Guggenheim schreibt über diesen genialen Architekten ziemlich gönnerhaft: »Nachdem er fünfzehn Jahre lang in Amerika gewesen war, gab ich ihm eine Chance, etwas wirklich Sensationelles zu schaffen.«

Aber auch Kiesler ist mit Selbstbewußtsein gesegnet und gibt der Kunstsammlerin zur Antwort, sie werde der Nachwelt nicht ihrer Sammlung wegen in Erinnerung bleiben, sondern aufgrund seiner revolutionären Art, diese zu präsentieren.

Was Peggy noch nicht weiß, ist, daß die revolutionäre Idee von Kiesler sie siebentausend Dollar kosten soll. Vielleicht hätte sie sonst davon Abstand genommen – zuzutrauen wäre es ihr.

Sie wird allerdings damit recht behalten, daß die Gestaltung ihrer Galerie *Art of This Century* der Höhepunkt von Kieslers Schaffen sein wird.

Vor der Eröffnung der Galerie wird Peggy das Trinken mehr und mehr zur Gewohnheit, und sie leidet an Schlaflosigkeit. Auch nach einer Party kann sie meist keine Ruhe finden, die unbefriedigende Beziehung zu Ernst läßt sie im nächtlichen New

York nach Abenteuern suchen. Einmal landet sie, mit zehn Dollar in der Tasche, in einer Bar des Gangster-Milieus. Es versteht sich von selbst, daß sie ohne Geld und zu Fuß nach Hause laufen muß.

Marcel Duchamp, den sie seit zwanzig Jahren kennt, gibt ihr auf einer Party in ihrem eigenen Haus den ersten Kuß. Max verkauft in der Zwischenzeit im oberen Stockwerk Bilder an Gipsy Rose Lee, die ehemalige Stripteasetänzerin und Unterhaltungskünstlerin, die gerade eben Everybody's Darling geworden ist, da sie in dem Musical *Star and Garter* zu sehen war und außerdem noch zwei geheimnisvolle Romane veröffentlicht hat. An einem anderen Abend, Peggy ist schon ziemlich betrunken, taucht sie plötzlich nur mit einem grünen transparenten Seidenregenmantel bekleidet auf – Marcel und Max sind anwesend und sollen reagieren. Max versetzt ihr Schläge, Marcel sagt, wie es seine Art ist, kein Wort.

Eine nur vermutete weitere Affäre von Max nimmt sie wenig später zum Anlaß, davonzulaufen.

In der Zwischenzeit arbeitet Kiesler fieberhaft an seinen Entwürfen, aber die Dinge sind schwierig, einmalig, neu – außerdem will er alles absolut geheimhalten – und so muß er zähneknirschend erleben, daß André Bretons große Surrealisten-Schau im Whitelaw Reid Mansion doch vor Eröffnung der Galerie im Herbst 1942 ihre Tore öffnet. Immerhin gelingt es Peggy während der Umbauphase der Galerie, ihre Sammlung auf 170 Kunstwerke zu erweitern – sie erwirbt ein wichtiges Werk von Duchamp von 1911, *Trauriger junger Mann in einem Zug* sowie seine *Schachtel im Koffer,* drei Werke von Picasso, *Der Dichter, Das Atelier* und *Pfeife, Glas und Flasche mit altem Marc* und vieles mehr, von Max Ernst alleine sieben Werke aus verschiedenen Epochen. All diese neuen Werke müssen rasch in den im Entstehen begriffenen Katalog aufgenommen werden.

Peggy ist wie jeder Besucher der Galerie von Kieslers Arbeit tief beeindruckt. Ihre einzige Bedingung war, daß die Bilder ohne Rahmen präsentiert werden sollten – Kiesler montiert sie etwa 30 Zentimeter von den Wänden entfernt auf Baseballschläger, die an der Decke aufgehängt sind. Die Abteilung der surrealistischen Werke hat rundgebogene Wände aus Gummibaumholz, während im Eingangsbereich, wo Peggy ihren Schreibtisch hat und die abstrakten und kubistischen Werke hängen, ein ultramarinblauer Vorhang einen großen Bogen beschreibt und Zirkuszeltatmosphäre vermittelt. Hier sind die Bilder in Dreiecken angeordnet, auch sie hängen frei schwebend von der Decke. Selbst die kleinen Podeste für die Skulpturen hängen. Der Fußboden ist türkisgrün. Markenzeichen Kieslers ist der extra für Peggys Galerie entworfene, vielfach verwendbare Stuhl, der auch als Staffelei, Tisch, Bank oder Schaukelstuhl dienen kann.

Die Eröffnung findet am 20. Oktober 1942 statt – Peggy trägt ein weißes Abendkleid, einen von Tanguys Ohrringen in einem Ohr und einen von Alexander Calder im anderen, um ihre Offenheit für die unterschiedlichen modernen Stile zu demonstrieren. Die Eröffnung wird zum großen gesellschaftlichen Ereignis New Yorks – alle sind gekommen, nur eine Person bleibt trotz Einladung fern. Die Baronesse Hilla.

Inzwischen hat Peggy erbost zur Kenntnis nehmen müssen, daß Kiesler seinen Kostenvoranschlag gewaltig überzogen hat. Obwohl sie mit seinen Ergebnissen hochzufrieden ist, bricht sie mit ihm. In Geldangelegenheiten versteht sie eben keinen Spaß.

Wie sie es sich gewünscht hatte, hat mit der Eröffnung der Galerie ein neues Leben für Peggy begonnen, das sie von ihrem Ehedrama ablenkt.

Das Ergebnis: Sie lebt ab jetzt fast nur noch in und für die Galerie. Und: Sie nützt die erste Abwesenheit Max Ernsts – er hat in New Orleans eine Ausstellung – für den lange ersehnten Seitensprung mit Marcel Duchamp. Doch die Zeit einer möglichen Beziehung mit Marcel ist vorbei – Marcel und Peggy sehen sich als Bruder und Schwester. Als Max zurückkommt, demonstriert Peggy die selbständige, erfolgreiche Galeristin. Sie läßt den unselbständigen Mann mit leerem Kühlschrank den Tag über sitzen und bestellt das Dienstmädchen erst auf den Abend, wenn sie selbst hungrig aus der Galerie kommt.

Ihre Lieblingsbeschäftigung ist es, an ihrem Schreibtisch vor dem blauen Vorhang zu sitzen, die Eintrittskarten zu verkaufen und genau darüber Buch zu führen, wie viele Kataloge sie verkauft – man fühlt sich ganz an die über die Haushaltsbücher in Pramousquier gebeugte Peggy erinnert und weiter zurück an all die Guggenheim-Onkel, die ihr langes Leben über Bilanzen und Profitraten brüteten. Sie gibt zu, daß sie damals ein einziger »bore« gewesen sein muß.

Die Galerie wird vom snobbishen New Yorker Publikum gut angenommen, das lediglich vor der Frage steht, welche Werke zum Verkauf stehen und welche nicht, welche in die unveräußerliche Sammlung gehören und welche nicht. Peggy hat mit ihrer Galerie eine Art Zwitter zwischen Museum und Kunsthandlung geschaffen – in dieser Art etwas Neues.

Während der Vorbereitung ihrer zweiten Ausstellung, die Werke von Joseph Cornell, Marcel Duchamp und Laurence Vail zeigen soll, möchte sie bereits mit Ernst brechen, aber es gelingt ihr nicht. Erst als die dritte Ausstellung vorbereitet wird, kommt es zur entscheidenden Wende. Max Ernst wird groteskerweise von Peggy selbst beauftragt, die 31 Malerinnen, die gezeigt werden sollen, persönlich aufzusuchen und ihre Bilder in die Galerie zu transportieren. Auf diese Weise trifft er auch Dorothea Tanning wieder, der er ein Jahr zuvor begegnet war. Wieder gefällt sie ihm ausnehmend gut, und anders als noch im letzten Jahr gibt er seiner Beziehung zu Peggy keine Zukunft mehr. Peggy scheint außerdem in der Galeriearbeit zu versinken. Als jedoch der Brief kommt, der Brief der Tanning an Max – sie ist gerade in ihrem Mittleren Westen –, hat Peggy eine ihrer berühmten Vorahnungen und öffnet ihn heimlich. Dieser Brief in schlechtem Französisch, dieser kitschige Brief mit dem Stückchen blauer Seide, von dem die Tanning behauptet, das sei ein Haar von ihr! Es ist die Höhe, Peggy rast vor Eifersucht und schlägt Max ins Gesicht. Und der behauptet allen Ernstes, es sei kein Liebesbrief. Peggy sieht die Rivalin so: »Sie war eine Angeberin, langweilig, dumm, vulgär und so schlecht wie überhaupt nur möglich gekleidet, aber sie war recht talentiert und machte Maxens Stil nach, was ihm ungeheuer schmeichelte.«

Und es war doch ein Liebesbrief! Peggy reagiert mit ihren jahrzehntelang erprobten und so oft schon nach hinten losgegangenen Versuchen, ihrerseits den geliebten Mann eifersüchtig zu machen. Sie beurlaubt sich offiziell bei Max, um mit Marcel Duchamp eine Nacht zu verbringen. Später wird Max Ernst sagen, das habe den endgültigen Bruch herbeigeführt, in dieser Nacht habe er sich unsterblich in Dorothea Tanning verliebt. In Wahrheit hat Peggy Marcel nicht einmal erreicht und ging statt dessen mit Pegeen ins Theater. Sie ist verzweifelt über die Entwicklung der Dinge, die sie so nicht beabsichtigt hatte, nervlich am Ende, überquert Straßen, ohne auch nur im mindesten auf den Verkehr zu achten, und nur die treue kleine Pegeen kann das Schlimmste verhindern. Peggy nimmt Schlafmittel, und der als Liebhaber vorgesehene Marcel Duchamp spielt den rührenden Krankenpfleger. Max Ernst zieht mit Dorothea Tanning zusammen, doch benutzt gleichwohl sein Atelier am Beekman Place weiter, als sei nichts geschehen – ein unhaltbarer Zustand.

Peggy erwägt sogar eine Psychoanalyse, um ihren Kummer zu beherrschen, aber da André Breton, der einzige, den sie in der Rolle des Analytikers akzeptieren würde, sich als nicht qualifiziert genug für diesen Fall aus der Affäre zieht, wird nichts daraus.

Statt dessen entwickelt sie Pläne für eine neue Ausstellung – Jean Hélion, der einem deutschen Gefangenenlager entfliehen konnte und ein Buch über seine Erlebnisse verfaßt hat, zeigt im Februar 1943 eine Retrospektive seiner Werke und spricht über seine Kriegserfahrungen. Auf der Party im Anschluß daran verliebt er sich in die siebzehn Jahre alte Pegeen, die nichts von allem gewahr wird.

Peggys Rezept gegen den Kummer ist Arbeit, so organisiert sie nach dem Vorbild der französischen saisonalen Salons im selben Frühling eine Ausstellung, die junge Talente ermitteln soll. Die unabhängige Jury zeichnet Jackson Pollock, Robert Motherwell und William Baziotes aus.

Immer hielt sich Peggy zugute, Jackson Pollock »entdeckt« zu haben – vielleicht ist es richtiger zu sagen, daß sie den in eingeweihten Kreisen bereits als schwieriges Talent bekannten Pollock durch regelmäßige Unterstützung – 150 Dollar im Monat – förderte und durch Ausstellungen bekannt machte.

Zur selben Zeit hat sie, was alleine ihr wahren Auftrieb zu geben in der Lage ist, eine neue Begegnung mit einem Mann, unerwartet, merkwürdig und gleich hochbesetzt mit allerlei über ihn umlaufenden Gerüchten.

Beide haben spätestens bei ihrer zweiten Begegnung in der Oper – man gibt bezeichnenderweise *Don Giovanni* – das Gefühl, daß etwas Besonderes zwischen ihnen stattfindet.

Beide brauchen einander für den Moment. Peggy mit ihrem Glauben an die Schicksalhaftigkeit ihrer Männerbegegnungen sagt später schlicht: »Ich weiß jetzt, daß es unausweichlich war.«

Er bietet ihr Freundschaft an, und weil er über einsachtzig groß ist, weiß sie, daß er sie dominieren wird. Er, Kenneth Mc Pherson mit den blauen Augen und den makellosen Anzügen im selben Farbton, Engländer, Kunstsammler, verheiratet, getrennt lebend und bekannt für seine Männerfreundschaften, bringt Peggy dazu, nicht nur definitiv mit Max Ernst zu brechen, sondern auch eine rechtliche Trennung durchzusetzen. Er vermittelt Peggy sofort das Gefühl von innerem Frieden, sie verwechselt es sogar mit Glück. Da sie seit ihrer Bekanntschaft mit den pompejanischen Fresken aber weiß, daß die Liebe zwischen Mann und Frau vollzogen sein will, kann sie auch diesmal nicht von ihrer Obsession Abstand nehmen, und prompt erleidet Kenneth nach der ersten Nacht mit ihr einen Herzanfall und muß seinem Arzt versprechen, künftig Liebeserregungen und Alkohol zu meiden.

Peggy nickt, beide werden keusch, aber trinken ungehemmt weiter. Kenneth schlägt vor, mit Peggy zusammenzuziehen – jeder soll eine eigene Wohnung haben, und es soll eine Verbindungstür geben. Peggy ist zufrieden und macht sich auf die Suche. Beide sind einsam, beide wollen geliebt werden, warum also nicht?

Und wie bei Holms, bei Beckett, später bei Max Ernst glaubt Peggy, daß auch Kenneth noch nicht ganz derjenige sei, der er sein könnte, daß sein Umgang sein energetisches Potential behindere und herabziehe, daß sie allein durch ihre Stärke dazu ausersehen sei, all das Gute, das in ihm steckt, hervorzuholen.

Kenneth ist eitel. Sein Badezimmer gleicht mehr dem einer Hollywood-Filmschönheit. Sein Haar ist blond gefärbt, zu blond, befindet Peggy, und er benutzt auch Make-up. Er kann Peggy bessere Frisuren machen als sie selbst. Nach dem fulminanten Anfang der Affäre reist Kenneth, seiner schwachen Gesundheit wegen, aufs Land, und als er zurückkommt, bemerkt Peggy mit feinem Sensorium die Veränderung, das Vage, die Angst, irgendwie festgenagelt zu werden durch Aussagen und Versprechungen.

Die Wohnungssuche gestaltet sich einmal mehr schwierig, sie mieten schließlich eine für zwei Familien gedachte Wohnung über zwei Etagen. Alles ist für zwei unabhängige Parteien gedacht, außer der Küche, die nur einmal existiert. Kenneth und Peggy sind vergnügt. Alle Freunde schütteln betreten die Köpfe und halten sie für verrückt.

Leider gibt es Geschmacksdifferenzen.

Das große Wandgemälde von Jackson Pollock, das Peggy für die Eingangshalle haben will, sagt Kenneth mit seinem »Vorkriegs-Geschmack« nicht zu, doch Peggy setzt sich durch, und Kenneth beschränkt sich darauf, zu verbieten, daß sie es beleuchtet. Der unterschiedlichen ästhetischen Auffassungen ungeachtet beschließen Kenneth und Peggy, die Sommerferien gemeinsam in Connecticut zu verbringen. Bevor das Haus jedoch bezogen wird, besucht Peggy für wenige Tage Anfang Juli 1944 Sindbad bei der Armee in Drew Field.

Kenneth bittet sie bei der Abreise um einen ihr sehr harmlos erscheinenden Gefallen – sie möge seinen alten Freund David Larkins, der sich bei der Armee die Hüfte gebrochen hat und jetzt im Krankenhaus von besagtem Drew Field liege, doch einen Besuch abstatten. Und Peggy tut es und erzählt dem Verletzten von all ihren Plänen und dem Haus in New York mit den beiden Wohnungen.

Der Sommer in Connecticut kann harmonischer nicht gedacht werden. Da Peggy mit Kenneth keinen Sex haben darf, hat sie welchen mit Paul Bowles, der in der Nähe sein Sommerhaus bewohnt. Sie ist glücklich, und alles hätte für sie immer so weitergehen können, ja, sie kommt sich schon regelrecht wie mit Kenneth verheiratet vor, sie schmieden Reisepläne – es gibt ja jetzt den tüchtigen Putzel, der die Galerie schon schmeißt – wollen nach Kuba und auch nach Griechenland, wenn der Krieg vorbei ist!

Schon während Kenneths Einzug im Herbst jedoch entstehen die ersten Probleme – in allen ästhetischen Fragen sind sie unterschiedlich, Kenneths Einrichtungsstil gefällt ihr nicht, und ihrer findet keinen Anklang bei Kenneth. Kaum ist er richtig eingerichtet, führt er eine strenge Regelung ein: die Verbindungstür hat immer geschlossen zu sein. Peggy hat nicht das Recht, unangemeldet zu erscheinen.

Ein völlig anderer Kenneth entpuppt sich, einer, der sich von ihr abschottet und nur noch mit seinen Freunden lebt. Ersatzweise betreut Peggy nun seinen Hund, den Boxer Imperator, der sich mit ihren beiden Perserkatzen bestens versteht. Imperator geht auch täglich mit in die Galerie, und da jedermann Kenneths Hund kennt, ist auch das ein Zeichen. Sindbad hat kurzen Urlaub und lernt Kenneth kennen, ist aber über die Beziehung keineswegs amüsiert, findet sie dumm und unwürdig.

Im selben Monat eröffnet Peggy in der Galerie eine Ausstellung mit sechzehn frühen Werken von De Chirico, als nächstes zeigt sie Jackson Pollock in einer Ausstellung. James Johnson Sweeney, der große Förderer moderner Kunst in den USA schreibt dazu das Katalog-Vorwort und ersetzt in perfekter Weise den Londoner »Papa« Herbert Read: »Er gab mir immer Ratschläge und half mir. Ich hasse Männer, die mich kritisieren, die mich aber nicht dominieren. Sweeney dominierte mich, ohne mich zu kritisieren. Aus diesem Grunde waren wir in perfektem Einverständnis.«

Die Beziehung zu Kenneth verändert Peggy im Laufe der Monate immer stärker. Sie wird so häuslich wie nie zuvor und empfängt auf Kenneths Wunsch seine Freunde. Für einige Zeit fühlt sich Peggy sogar glücklich. Erst Pegeens Rückkehr von Mexiko und die Anwesenheit von Jean Connolly, der Freundin Peggys, vermögen das Glück zu trüben. Pegeen ist eifersüchtig auf Kenneth, Kenneth zeigt Eifersucht auf sie, Jean Connolly schläft in Peggys Bett – drei Frauen, die noch dazu ihre Büstenhalter und Unterhosen in der gemeinsamen Küche trocknen – das ist zuviel für ihn.

Wie in einer schlechten Komödie taucht auf einmal David Larkins, der Mann mit der gebrochenen Hüfte und Kenneths Freund, in der Doppelwohnung auf, zieht bei Kenneth ein, und erwartungsgemäß gibt es wenige Tage nach der Begrüßungsparty für David den ersten großen Krach. David versucht, einen Keil zwischen Peggy und Kenneth zu treiben, Peggy springt darauf an, und Kenneth platzt der Kragen. Er sagt, er haßt die Wohnung und sein Leben in der Wohnung.

Am nächsten Morgen ist Peggys Glück dahin. Man hätte es sich denken können. Sie ist drauf und dran, die Doppelwohnung zu verlassen, aber erst einmal gilt es, die große Einweihungsfeier zu überstehen.
Trotz bester Vorbereitung wird die Sache ein Desaster, denn am bewußten Abend haben David und Kenneth eine starke Grippe, David kann sich nicht ordentlich unterhalten, der Aufzug bricht unter der Menge der Eingeladenen zusammen, die Leute klingeln falsch, die wichtigsten Leute vergessen, Kenneth als dem Gastgeber gute Nacht zu sagen, und außerdem setzt sich David an diesem Abend in den Kopf, mit Peggy zu schlafen!
Peggy glaubt ihm auch noch, als er ihr sagt, er habe sich in sie verliebt, als sie ins Krankenhaus kam, um ihn zu besuchen. Nun ja, sie ist schon ziemlich betrunken, und Kenneth merkt das auch zum Glück, als sie bei ihm auftaucht und ihm sagt, sie hätte die Faxen dick und werde jetzt mit David durchbrennen. Allerdings kommen sie nicht viel weiter als bis zum Bett, und schon am übernächsten Abend gesteht David ihr, bei Frauen könne er schlicht nichts empfinden, hingegen seien Chorknaben seine wahre Leidenschaft. Peggy glaubt ihm nicht. David liebt Kenneth, genau wie sie Kenneth liebt, und daher liegen jetzt sie zusammen im Bett. Und sie ist wütend, noch in der Erinnerung: »Ich bin wütend, wenn ich an all die Männer denke, die mit mir schliefen und dabei an andere Männer dachten, die zuvor mit mir geschlafen haben.«
Peggy gibt zu, daß es niederträchtig war, Kenneth diesen Tort angetan zu haben, aber so ist sie nun einmal, das ist ihre Lieblingsrolle: Dorn zwischen zwei Rosen. Ihre Ehrlichkeit, die Offenlegung all ihrer Gefühle für Kenneth machen David so eifersüchtig, daß er beginnt, gegen Peggy zu intrigieren.
Nach einer plötzlichen und sehr heftigen Krankheit Kenneths ist die Welt aus den Fugen. Eine Nichtigkeit ist der Anlaß für einen – zunächst – definitiven Krach. Irgendwann ist Kenneth

zwar auch Davids überdrüssig, aber Peggy verliert einen seltsamen Geliebten, um nach einer Pause einen Freund zu gewinnen. Sie freut sich darüber: »Ich denke, wir kamen hier nur an, weil wir alles übrige durchgemacht hatten. Wenn wir nur dort begonnen hätten, wo wir endeten, dann hätte nicht einmal David zwischen uns kommen können. Doch man lebt und lernt ewig, oder vielleicht lebt man zu viel, um daraus zu lernen.«

12. KAPITEL

Wahlheimat Venedig

Peggy schreibt, daß die Förderung Jackson Pollocks in den Jahren 1943 bis 1947 ein Schwerpunkt ihrer Tätigkeit als Galeristin war. Sie hatte Pollocks Monatssalaire von 150 auf 300 Dollar erhöht und dafür die gesamte Produktion des Malers erhalten. Sie hielt Pollock für genial und bezeichnete ihn einmal als den »größten Maler seit Picasso«. Daß seine Bilder jedoch eine derartige Wertsteigerung erfuhren, wie es tatsächlich geschah, überstieg Peggys Vorstellungen, und so erklärt sich, daß sie – insbesondere die größten Formate – in den folgenden Jahren auch immer wieder weggab. Im nachhinein sieht sie das als eine ihrer sieben Hauptsünden als Sammlerin an.

Daneben kümmert sie sich auch immer wieder um das Werk ihres Exgatten Laurence Vail und fördert die sich zu einer naiven Malerin entwickelnde Tochter Pegeen – gleichwohl erhält

Pegeen niemals eine regelrechte Ausbildung im Malen, etwa an einer Akademie. Peggy stellt Hans Hofmann aus, Clyfford Still, Mark Rothko und David Hare.
Howard Putzel hat *Art of This Century* verlassen und seine eigene Galerie in New York eröffnet. Als Peggys neuer Sekretär ist jetzt »Darling« Marius Bewley eingetreten, ein Freund Emily Colemans, der mit seinen Kenntnissen und seinem Humor sofort bei Peggy einen Stein im Brett hat, und das, obwohl ihm das Verkaufen nicht besonders gut von der Hand gehen will.
Peggy genießt ihr Leben in der Galerie, die immer mehr zu einem exklusiven Künstlertreffpunkt wird. Natürlich kennt sie auch den Künstler Alexander Calder, genannt Sandy, von dem sie bereits einen Ohrring besitzt – während andere New Yorker Ladys, die in der Lage sind, sich Calder-Schmuck zu leisten, höchstens eine Brosche, ein Armband oder eine Kette ihr eigen nennen. Sandys Hauptbeschäftigung besteht im Bauen der phantasievollsten Mobiles. Im Winter des Jahres 1946 schlägt Peggy ihm daher vor, er solle ihr doch eine Mobile-Bettrückwand machen, und Sandy stimmt zu. Als er sich schließlich an die Arbeit macht, findet sich kein Eisen, und im Unterschied zu bisherigen Arbeiten muß er nun teures Silber verwenden. Auf diese Weise wird Peggy Guggenheim die erste und einzige Frau, die in einem Bett mit einer silbernen Rückwand von Alexander Calder schläft. Und darauf ist sie stolz.
Inzwischen hat Peggy übrigens eine weitere Liebe kultiviert, die sich bereits zu Zeiten Max Ernsts ankündigte, die erst jetzt jedoch zur wahren Entfaltung kommt: ihre Liebe zu Lhasa-Apso-Terriern. Max Ernst hatte den gemeinsamen Hund Kachina mitgenommen, und obwohl Peggy auch ihr Recht an dem Tier geltend machte, niemals auch nur leihweise zurückgegeben. Großzügig verkauft er ihr allerdings 1946 zwei der Welpen Kachinas.
Peggy Guggenheim hat jetzt, da der Krieg aus ist und kein Mann sie »eigentlich« in New York hält, da die Arbeit in der

Peggy, leicht depressiv in ihrem Palazzo in Venedig, hinter ihr die silberne Bettrückwand von Alexander Calder (Anfang der fünfziger Jahre).
(Foto: Ullstein Bilderdienst, Berlin)

Galerie nach dem Weggang des brillanten Marius Bewley immer anstrengender wird, das unabweisbare Gefühl, daß sie Amerika verlassen muß. Europa ruft, was hält sie denn, ist sie etwa eine Sklavin ihrer Galerie? Hat sie nicht schon vielfach bewiesen, daß sie in der Lage ist, jede Lebensform binnen kurzem abzulegen und eine neue zu erfinden? Ist das nicht genau das, was sie ausmacht, was ihr Leben reich an Erfahrungen, seien sie schön, bunt, lustig oder ernst, traurig und entsetzlich sein läßt?
Von Claude Lévi-Strauß, damals französischer Attaché in kulturellen Angelegenheiten, erhält sie ein Laissez-passer (Passierschein), um nach Paris reisen zu können: Grund der Reise – Miß Guggenheim muß die Kunstschätze studieren. In Paris angekommen, nehmen Mary McCarthy und ihr Mann sie ins Schlepptau, und so sieht sie wenig später ihr geliebtes Venedig wieder.
Endlich! Schon auf dem Weg dorthin weiß sie – es muß so sein, sie ist ein Mensch des Willens, der Berge versetzt –, Venedig wird ihr künftiger Wohnort sein. Nur dort, das fühlt sie, kann sie glücklich sein. Nur dort ist sie wirklich jemals glücklich gewesen. Was sie braucht für ihre Sammlung und für ihre Hunde ist einfach gesagt: einen Palazzo mit Garten in Venedig.
Zuvor muß die Galerie geschlossen werden. Kieslers Arbeit verkauft sie nach der »Cash and carry«-Methode in so kurzer Zeit, daß der Verdutzte das Nachsehen hat und noch nicht einmal ein Erinnerungsstück mitnehmen kann. Die Sammlung muß fürs erste wieder einmal ins Lager.
Inwieweit hatte Peggys Entschluß, New York den Rücken zu kehren, auch etwas mit den Entwicklungen bei Onkel Sol und der Baronesse zu tun? Explizit stellt Peggy diesen Zusammenhang nicht her. Allerdings ist sie natürlich bestens informiert. 1861 geboren, stand Solomon zum Ende des Zweiten Weltkriegs in seinem 84. Lebensjahr. Die Bauer-Rettungsaktion hatte sich keineswegs in allen Punkten als gute Idee erwiesen. Als Bauer endlich sein Häuschen von Onkel Sol bekommen hatte,

verliebte sich der Undankbare in seine Haushälterin und heiratete sie auch noch. Daß Hilla wütend wurde, machte ihm regelrecht Spaß und – wie aus einem Brief Hillas an Sol hervorgeht – trieb ihn sogar in Peggys Haus, die bisher seine erklärte Feindin gewesen war. Hilla schäumt, sie hat seine Eskapaden endgültig satt und überredet Sol, ihm die monatliche Zuwendung zu streichen. Außerdem kann sie es nicht lassen und schickt Bauer einen Brief, in welchem sie seine frisch Angetraute als Landstreicherin und Hure bezeichnet. Im Gegenschlag geht Frau Bauer vor Gericht – und verliert, Onkel Sol holt wahrscheinlich noch einmal die großen Scheine aus der Tasche. Das bringt Herrn Bauer wiederum in Rage, und da immer noch Krieg herrscht, schwärzt er seine ehemalige Gönnerin Hilla als Nazi-Spionin an, woraufhin sie tatsächlich ins Gefängnis einrücken muß. Der Grund: Sie habe nachts mit dem Feind – ein deutsches U-Boot war kurz zuvor vor Long Island Sand gesichtet worden – über Lichtzeichen Kontakt aufgenommen. In Wirklichkeit hatte sie natürlich überhaupt keinen Kontakt zu den Deutschen, sie konnte sich nur nicht die Gewohnheit verkneifen, nachts noch einmal durch all ihre schönen Räume zu wandern, in jedem Raum einmal das Licht anzumachen, nachzusehen, ob alles in Ordnung war, das Licht wieder zu löschen, in den nächsten Raum zu gehen und so fort. Sie hatte achtzehn Räume mit achtzehn Lampen ... erst eine Intervention Sols bei F. D. Roosevelt bewirkt, daß Hilla wieder auf freien Fuß gesetzt wird.
Der böse Bauer bekommt die gerechte Strafe übrigens vom Himmel – die Frau läuft ihm weg, und er selbst wird wahnsinnig und kommt in eine Irrenanstalt.
Hilla weiß nach diesem Erlebnis eines ganz sicher: Kein anderer Mensch als Sol hat all ihre Energie und Genialität verdient. Während Sol ihr leise andeutet, daß sie gut daran täte, ihren Posten als Kuratorin seines Museums niederzulegen, plant sie bereits in anderen Dimensionen. Ein Museum moderner Kunst darf eigentlich nicht in einem alten Gebäude untergebracht

sein, ist ihr erster Gedanke. Allerdings macht sich auch Irene, Onkel Sols Frau, so wird behauptet, zur gleichen Zeit genau dieselben Gedanken, und so bleibt unklar, wem die grandiose Idee nun eigentlich zuzuschreiben ist, den berühmtesten Architekten der Welt mit dem Bau des neuen, großen Museums für nichtgegenständliche Kunst zu beauftragen.

Dieser König der Baumeister ist Frank Lloyd Wright. Im Jahre 1944 kommt es zur schriftlichen Vereinbarung über die von Wright vorgelegten Pläne. Solomon ist begeistert und kauft im selben Jahr ein freies Grundstück auf der Fifth Avenue Ecke 89. Straße, dem er in der Folgezeit noch zwei angrenzende Bauplätze hinzuschlägt. Als der Bau jedoch in Angriff genommen werden soll, schreckt Sol, dessen Gesundheit inzwischen deutlich beeinträchtigt ist, vor einem zu raschen Beginn zurück – vor allem die Baukosten seien derzeit zu hoch.

In dieser Situation, da die Würfel über den Museumsneubau gefallen sind, seine Ausführung aber zurückgestellt wird, verläßt Peggy Guggenheim Amerika. Es wäre nicht von der Hand zu weisen, daß die hochfahrenden Pläne Hillas Peggys Entscheidung mitbeeinflußten. Die Fronten zwischen ihr und der Baronesse waren so verhärtet, daß sie bestimmt keine Lust hatte, auf Jahre hinaus von Unbedarfteren gewissermaßen als das Anhängsel des bedeutenden Museums der Baronesse angesehen zu werden.

Ein weiteres Ereignis mag auch bei der Entscheidung Bedeutung gehabt haben. Peggy schreibt im Jahre 1945 im Auftrag des New Yorker Verlages Dial Press ihre Memoiren. Die Lektorin ändert so vieles ab, daß Peggy sich nicht einverstanden erklärt und alles in den ursprünglichen Zustand zurückversetzt. Diese erste Fassung der Autobiographie erscheint im März 1946, bereits unter dem noch heute gültigen Titel, *Out of This Century.* Was das Buch natürlich von der uns vorliegenden Fassung unterscheidet, ist zum einen die Begrenzung auf den Zeitraum bis 1945, zweitens die Ausweitung dieser Epoche auf Buchlänge und drittens die Camouflierung der Personen – sie werden mit Pseudonym dargeboten. Laurence Vail ist Florenz Dale, Pegeen ist Deirdre, Roland Penrose ist Donald Wrenclose, Douglas Garman wird Sherman, Clotilde Odile, Leonora Carrington wird Béatrice, Marcel Duchamp wird Luigi.

Peggys Buch wird hart kritisiert. So wird ihr von dem bekannten Rezensenten Harry Hansen der »vollständige Mangel jeglicher moralischer Verantwortlichkeit« bescheinigt, die Kunstkritikerin Katharine Kuh nennt ihre Autobiographie »vulgär«, sagt, sie sei unglücklicherweise keine begabte Literatin, sie habe zudem der Sache der modernen Kunst keinen Dienst erwiesen, indem sie sie »unwiderruflich mit einem zwanghaften Bericht ihres eigenen dekadenten Lebens« vermischt habe, und sie schließt mit folgendem Satz: »Als extreme Masochistin ist sie rücksichtslos ehrlich ebenso mit sich selbst wie mit ihren ›Freunden‹. Sie hinterläßt bei uns das Bild einer einsamen Frau, zu hart, zu verletzt, um noch normale Empfindungen zu besitzen.«

Einzig der Rezensent der Zeitschrift *View,* Everett McManus, läßt ein gutes Haar an ihrem Buch – und damit ihrem Leben. Er schreibt: »Das Buch überzeugt uns in derselben Weise, wie Flaubert uns von Madame Bovary überzeugt, denn es handelt von den Gefühlen einer Frau – nicht unbedingt einer speziellen Frau, sondern einer *modernen* Frau... ihr Buch ist nicht das einer Kunstkennerin oder -kritikerin, sondern das Buch eines menschlichen Wesens... sie war immer ernsthaft verliebt und stürzte regelmäßig in die Verzweiflung, deren sie fähig war.«

Es wäre nicht verwunderlich, wenn Peggy diesen Reaktionen hätte ausweichen wollen und daher die erste sich bietende Gelegenheit zur Abreise ergriffen hätte.

Die Geschichten, nach denen Onkel Sol Boten in alle New Yorker Buchläden geschickt habe, um die 6000 Exemplare der ersten Auflage des Buchs aufzukaufen, weil es die Familienehre (insbesondere die von Hilla Rebay) beschmutze, dementiert

Peggy. Es besteht kein Zweifel: Das Buch erregte Aufsehen, es schlug dem puritanischen Amerika geradewegs ins Gesicht. Hier wurden sämtliche heißen Eisen der Gesellschaft angefaßt und vorgeführt, der Antisemitismus, der Haß gegen die Kommunisten, die puritanische Ehe- und Sexualmoral, die Kulturlosigkeit der Amerikaner, die die Elite aus dem Land trieb. Und genau aus diesem Grund erhält dieses erstaunliche Dokument über das Leben einer unkonventionellen Frau auch so flammende Kritiken.

Sie ist übrigens nicht die einzige der »expatriates« oder Exilierten, die sich, kaum daß der Frieden das Reisen wieder möglich macht, auf den Weg nach »ihrem« Europa macht – unter anderem zieht es auch André Breton, Laurence Vail, Marcel Duchamp, Frenand Léger, Charles Henri Ford und last but not least Kenneth MacPherson zurück auf den alten Kontinent. Auch die erwachsenen Kinder Pegeen und Sindbad haben es vorgezogen, ihr Quartier fern von Amerika aufzuschlagen, sind sie doch, mehr noch als ihre Mutter, richtige Europäer. Sindbad ist bereits verheiratet, er wählte Jacqueline Ventadour, die Jugendfreundin, Pegeen hat Jean Hélion geheiratet und erwartet ihr erstes Kind.

Peggy geht, frei von Rücksichten auf irgendeinen anderen Menschen, nach Venedig. Gleich weht ein anderer Wind um ihre Nase, und die Wasserliebhaberin ist endlich zufrieden. Sie macht sich bald auf die Suche nach den modernen Künstlern Venedigs. Man empfiehlt ihr Angelos Restaurant in San Marco und nennt ihr den Namen Vedova. Vedova, der Kommunist, und Santomaso, der sich in der Geschichte so gut auskennt, werden bald ihre Freunde. In Ermangelung des eigenen Palastes bezieht sie mietweise den Palazzo Barbaro am Canal Grande, doch es bedrückt sie, daß die Sammlung schon so lange im New Yorker Lager schmachtet. Daher kommt Santomasos Vorschlag, sie solle sie auf der XXIV. Biennale im kommenden Sommer, 1948, zeigen, wie gerufen. Der griechische Pavillon

steht leer, denn Griechenland befindet sich noch im Krieg. Santomaso überzeugt den Biennale-Chef Rodolfo Pallucchini davon, daß Peggys Sammlung die Biennale sehr bereichern werde. Und wirklich – weder von Arp, von Brancusi, von Malewitsch hat man während des Krieges hier etwas sehen können – ebenso wie Deutschland war Italien von den zeitgenössischen Strömungen der Kunst so gut wie abgeschnitten.
Peggy freut sich, daß »ihr« Pavillon vom modernsten Architekten Italiens, Scarpa, neugestaltet wird. Ganz anders als in Kieslers Dekor hängen jetzt die Bilder auf ganz weißen Wänden.
Bei der Eröffnung am 6. Juli muß Miss Guggenheim sich in letzter Minute Strümpfe und einen Gürtel leihen, denn der Staatspräsident Einaudi beehrt auch ihren Pavillon mit seinem Besuch.
Peggy ist erstaunt und erfreut über den großen Zulauf des Publikums in ihrem Pavillon, doch der Erfolg der Ausstellung hat nicht nur positive Seiten – die »verrückte Amerikanerin mit den Hunden« ist jetzt stadtbekannt, und jeder, der sich zum Künstler berufen fühlt, versucht, ihr seine Werke zu verkaufen. Sie empfindet auf einmal die Notwendigkeit, sich vor der Öffentlichkeit zu schützen, und stellt aus diesem Grund den mit ihr befreundeten Mitbesitzer des Restaurants Angelo, Vittorio Carrain, als Sekretär ein. Nicht nur ist Carrain ein kenntnisreicher, intellektueller und musikalischer Mensch, vor allem kennt er Venedig wie seine Westentasche und erspart Peggy von jetzt an das Zeitunglesen.
Nach Abschluß der drei Monate dauernden Ausstellung in den Giardini Pubblici geht Peggy wie selbstverständlich davon aus, daß ihre Sammlung, da sie sich nun einmal auf italienischem Boden befindet und sie selbst ja in Venedig bleiben möchte, ebenfalls ein dauerndes Gastrecht bekommt. Doch weit gefehlt. Die Erlaubnis für die Sammlung war zeitlich befristet, und also soll Peggy sie wieder aus Italien ausführen, es sei denn, sie ist bereit, 300 Prozent Zoll für die Dauereinfuhr zu zahlen. Das

kommt überhaupt nicht in Frage, sagt sich Peggy und sinnt auf Abhilfe. Sie zeigt die Bilder erst noch einmal in der Strozzina in Florenz und daraufhin im Palazzo Reale in Mailand.
Ihr derzeitiger Begleiter heißt übrigens Roloff Beny, er ist ein kanadischer Photograph und gerade vierundzwanzig Jahre alt. Beny hat Peggy über ihre Memoiren kennengelernt. Ihre Art zu schreiben hat ihm so imponiert, daß er, als eine Bekannte ihm erzählt, Peggy lebe in Venedig, sich im November des Jahres 1948 auf die Suche nach ihr macht. In Harry's Bar in Venedig gibt man ihm ihre Adresse – Palazzo Barbaro ... Es ist ein Abend, wie es ihn nur im November in Venedig gibt, es regnet, die Sicht ist so schlecht, daß man nicht erkennen kann, wo der Kanal anfängt und der Gehsteig aufhört. Beny hat eine üble Erkältung, doch die hält ihn nicht ab, an Peggys Tür zu klingeln. Ein Dienstmädchen öffnet und richtet aus, daß die Signora krank ist und niemanden empfange. Beny antwortet, auch er sei krank, aber er müsse sie unbedingt sehen.
Und Peggy? Sie ist natürlich neugierig, läßt Beny fünf Minuten warten, kommt schließlich in kniehohen weißen Lederstiefeln und eingehüllt in mehrere Wollschichten herunter. Zunächst ist sie grimmig und fragt: »Warum sind Sie gekommen?« Doch kurz darauf verstehen sich die beiden so gut, daß Peggy Beny einlädt, zu übernachten.
»Sie war einsam und elend«, beschreibt Beny ihren Zustand, und: »Wir hatten sehr viele Gemeinsamkeiten und sahen in diesem Winter alles in Venedig.«
Nach Abschluß der Mailänder Ausstellung hat Peggy immer noch keine Lösung für die Zukunft ihrer Sammlung. Und das, obwohl sie bereit ist, sie dem italienischen Staat zu vermachen. Übergangsweise logieren die Werke im Museum für Moderne Kunst in Venedig, der Cà Pesaro. Man erlaubt ihr, jeweils einige Bilder zum eigenen Gebrauch auszuleihen.
Erst 1949 kann Peggy jubeln, weil ihr Wunschtraum in Erfüllung geht. Der eigene Palazzo in Venedig!

Und »der« Palazzo ist in der Tat kein falscher Ausdruck, denn kein anderer Palast am Canal Grande ist wie dieser – so weitläufig, mit solch großem Garten. Und kein anderer ist wie dieser – unvollendet. Unweit der Accademia liegt er, auf der anderen Kanalseite sieht man die Präfektur. Das ideale Terrain für die nimmermüde Peggy, für die Lhasa Apsos, die mittlerweile ihr Markenzeichen geworden sind, und für die Sammlung! 1748 hatte die venezianische Patrizierfamilie Venier, die Venedig gleich mit zwei Dogen beschenkte, den Bau des Palastes begonnen, jedoch nie vollendet. In weißem Stein gebaut, soll er nie über das erste Stockwerk hinausgelangt sein. Weinlaub habe ihn umrankt, im Garten hätten Löwen gespielt, und die Fassade wurde mit achtzehn Löwenköpfen geschmückt – daher der Name: Palazzo Venier dei Leoni.
Zu Anfang des Jahrhunderts, als Peggy noch im Central Park beim Schlittschuhlaufen unter der Kälte litt, hatte die Marchesa Casati, ihres Zeichens Dichterin und Geliebte D'Annunzios, in einem der Flügel des Palastes gewohnt, phantastische Kostümfeste für Diaghilev gegeben und anstelle von Löwen Leoparden im Garten gehalten. Es heißt, ein Skandal habe die Marchesa Luisa ganz plötzlich aus der Stadt vertrieben. Diese Seite der Geschichte muß Peggy besonders gefallen haben, für die der Geist eines Hauses fast so wichtig ist wie das Haus selbst. Während Peggy 1938 in Paris ihre ersten Bilder kaufte, hatte sich die Contessa Castelrosso des verwaisten und heruntergekommenen Palazzos angenommen, sechs Marmorbäder installiert sowie wunderschöne Mosaikfußböden und Stuckornamente an den Wänden anbringen lassen. Ein Jahr später schon überließ die Contessa den Palast Douglas Fairbanks, Jr., und während des Krieges besetzten ihn die Deutschen, später die Briten und Amerikaner.

Im Unterschied zu den allermeisten anderen Palästen steht dieser nicht unter Denkmalschutz und kann daher auch durch Umbau verändert werden – ein wichtiger Gesichtspunkt für die

das Neue liebende Peggy. Das flache Dach lädt zum Sonnenbaden ein, meint sie gleich und läßt es fliesen, während sie die Stuckornamente im Inneren abtragen läßt. Mit den Marmorbädern freundet sie sich an.
Gleich im ersten Jahr, noch im Herbst des Jahres 1949, veranstaltet sie eine Ausstellung moderner Skulpturen im Garten ihres Palazzos. Sie zeigt einen Arp, einen Brancusi, ein Calder-Mobile, drei Giacometti-Plastiken, einen Lipchitz, einen Pevsner, einen David Hare, alle aus ihrer Sammlung, und leiht dazu von den Künstlern selbst einen Mirko, einen Consagra, einen Salvatore und zwei Vianis. Dazu kommt von Marino Marini, den sie eben erst kennengelernt hat, die berühmte Bronzeplastik *Engel der Zitadelle,* die sie ihm in Mailand abgekauft hat. Sie stellt die Plastik, die einen Reiter mit nach beiden Seiten ausgestreckten Armen und erigiertem Glied zeigt, auf der Schauseite des Palazzos, zum Kanal hin auf – Marini hat, als er die Statue für Peggy in Bronze goß, den Phallus als Extrateil gefertigt. So kann er nach Belieben gezeigt oder versteckt werden. Wie eine erwachsene Pippi Langstrumpf amüsiert sie sich, wenn sie durch ihr Wohnzimmerfenster lugt und die entsetzten Reaktionen der Leute beobachtet. Zuweilen nimmt sie aber auch auf die vermutete Empfindlichkeit eines Gastes Rücksicht und schraubt das heikle Teil vorher ab. Es geht sogar das Gerücht um in Venedig, sie habe in ihrer Schublade eine ganze Phallus-Kollektion in verschiedenen Größen, die sie dem Reiter je nach Anlaß passend anschraube.
In diesen frühen Jahren ihres Lebens in Venedig ist die Trennung zwischen dem Haus als Privatraum und dem Haus, in welchem Ausstellungen stattfinden, noch schwierig – zuweilen kommen die Besucher der Sammlung ungebeten in die Schlafzimmer, und auch die Hausgäste Peggys sind sich manchmal gar nicht bewußt darüber, daß sie wildfremden Menschen begegnen könnten, wenn sie im Pyjama im Garten herumspazieren.

Eine Hauptfreude ihres Lebens in Venedig ist der tägliche Ausritt in der Gondel, die Peggy sich nach eigenen Vorstellungen bauen ließ.
(Foto: Ullstein Bilderdienst, Berlin)

Im Jahre 1950 kann sie in der Sala Napoleonica des Correr-Museums eine Pollock-Ausstellung realisieren, die von vielen Menschen besucht wird und eine große Wirkung auf die Maler der jungen Generation hatte, wie Peggy meint. Sie faßt ein weiteres Projekt ins Auge – eine Ausstellung der Werke ihres Schwiegersohns Jean Hélions, doch diese Sache steht von vornherein unter einem Unstern –; es gibt großen Ärger mit dem Katalog, Hélions Bilder werden vom Zoll nicht freigegeben, und es kann als ein Wunder angesehen werden, daß die Ausstellung schließlich dann doch noch stattfinden kann.
Über den endgültigen Verbleib ihrer Sammlung ist immer noch kein abschließendes Wort gefallen. Der Hilfe des Direktors des Amsterdamer Stedelijk-Museums, Sandberg, verdankt Peggy es in der Folge, die Sammlung in drei Stationen im Ausland zeigen zu können, in Amsterdam, Brüssel und Zürich und sie daraufhin mit gutem Grund wieder neu in Italien einreisen zu lassen. Erst jetzt wird ihr die Zahlung der hohen Zollsumme zugunsten einer niedrigeren Taxierung erlassen, und sie kann sich Gedanken darüber machen, wie sie die Werke in ihrem Palazzo hängen möchte.
Die Idee, den Ausstellungsraum durch Errichtung einer zweistöckigen Galerie auf dem Flachdach zu vergrößern, läßt Peggy aus Sparsamkeitsgründen fallen: »Es hätte sechzigtausend Dollar gekostet, nur etwas weniger als das, was ich für den ganzen *Palazzo* bezahlt hatte, und ich konnte es mir nicht leisten.«
Ein kurzer Blick sei daher auf ihre Vermögensverhältnisse geworfen: Peggy verfügt in den fünfziger Jahren über ein Vermögen in Höhe von 2,5 Millionen Dollar – fest angelegt wohlgemerkt, dazu hat sie den Palast, den sie für 80 000 Dollar kaufte, und die Sammlung, deren Wert mittlerweile auf zehn bis fünfzehn Millionen Dollar geschätzt wird. In nur fünfzehn Jahren ist diese Wertsteigerung enorm und hat auch Peggy, die ehedem »arme Verwandte«, zu einer Multimillionärin gemacht. Aber wie oft bei reichen Leuten: Alles ist unveräußerlich, flüssi-

ge Mittel immer knapp. Sie verfällt daher zunächst auf eine patente – und preiswerte – Lösung: Sie verwandelt nämlich die Kellerräume, die bisher als Wohnräume der Dienstboten, Künstlerateliers und als Waschküche dienten, zu Galerieräumen – die Dienstboten müssen mit kleineren Gelassen Vorlieb nehmen, und die Wäsche wird ab sofort im Freien in einem großen Bassin gewaschen. Ende der fünfziger Jahre erst, als auch dieser erweiterte Platz nicht mehr ausreicht, entscheidet sie sich für einen Anbau, die sogenannte *Barchessa*.

13. KAPITEL

Freude und Last – die Sammlung

Mit dem Beginn des venezianischen Lebensabschnitts wird die Sammlung zur beherrschenden Idee im Peggy-Kosmos. Der Bericht von Männergeschichten tritt völlig in den Hintergrund, zum Teil sicher, weil Peggy ab jetzt nicht mehr auf längere Zeit mit berühmten, gleichaltrigen oder älteren Künstlern liiert ist, sondern mit Vorliebe jüngere Freunde hat, die ihr Leben nur für kurze Zeit teilen und nicht die formende und provokative Funktion der früheren Lebenspartner haben. Auch die Kinder sind naturgemäß in die Ferne gerückt, doch auch die Enkelkinder – Sindbad und Jacqueline in England haben inzwischen zwei Kinder, Clovis und Mark, und auch Pegeen hat mit Jean Hélion in Paris zwei Söhne, Fabrice und Davide, ein weiterer wird bald noch kommen – spielen noch keine Rolle für ihren Lebensbericht, wiewohl von allen Zeitzeugen verbürgt ist, wie sehr Peggy speziell ihre Tochter, mit der sie

die weitaus größere Zeit verbrachte als mit Sindbad, liebte und wie sie auch die kleinen Enkelkinder adorierte.
Peggy versucht weiterhin, die Entwicklung der modernen Kunst zu verfolgen und mit ihren Mitteln zu fördern. Noch findet sie junge Künstler oder hört von solchen, die sie für förderungswürdig hält. So im Jahre 1952, als der Maler Tancredi Parmeggiani, der nur den Vornamen gebraucht, in ihr Leben tritt. Von frühen geometrischen Arbeiten löst er sich, um eine Zeit im Stil von Pollock zu arbeiten und schließlich seine eigene Manier zu entwikkeln. Seine Gouachen verkaufen sich gut. Für einige Jahre erhält Tancredi im Keller von Peggys Palazzo ein Atelier – die Verbindung kann enger nicht gedacht werden, doch wehrt sich Peggy dezidiert gegen die Behauptung, Tancredi sei zu irgendeinem Zeitpunkt ihr Liebhaber gewesen. Viele Zeitgenossen und Freunde Peggys behaupteten dies allerdings.
Einen zweiten geförderten Künstler gibt es in diesen Jahren, Edmondo Bacci, der stark von Kandinsky inspiriert ist. Über die Werke dieser beiden Künstler hinaus jedoch sieht Peggy bei den jungen Künstlern Italiens nichts, was für sie das Sammeln lohnte.
Ist es ihr unerbittlicher, die Qualität taxierender Blick, der schon zu viel gesehen hat, ist es ihr Alter, das sie abstumpfen läßt, oder hat, wie sie selbst mit einem gewissen Anspruch der Glaubwürdigkeit sagt, die bildende Kunst des zwanzigsten Jahrhunderts ihre Blütezeit überschritten? Einiges spricht dafür.
Peggys Sammlung steht dem Publikum jetzt an den Nachmittagen des Montags, Mittwochs und Freitags gegen Eintritt offen, und die beiden italienischen Mädchen vom Land, die ansonsten Peggys Hauswesen versorgen, fungieren in dieser Zeit als Museumswärterinnen. Der Schritt in die Struktur einer öffent-

Peggy mit Sonnenbrille – Die 70 Jahre alte Frau hört auf, ihr Haar schwarz zu färben, und beeindruckt mit ihrer Sonnenbrillenkollektion.
(Foto: Archiv für Kunst und Geschichte, Berlin)

lich zugänglichen Sammlung erspart Peggy ab sofort auch die Antwort auf die immer neuen Anfragen, einzelne Werke der Sammlung für Ausstellungen auszuleihen. Was sie in den ersten Jahren in Venedig gerne tat, erscheint ihr jetzt als Einbuße, denn sie sieht ihre Sammlung nicht als Anhäufung von Einzelstücken, sondern als darüber hinausweisende Einheit an.
Peggy führt in Venedig so etwas wie einen Salon, sie lädt ein, sie hat ein Gästebuch – insgesamt Zeichen für ein gewachsenes Gefühl für die Formen. Wer jedoch geladen ist, den überrascht das Informelle, das sie immer noch zeigen kann, ihre scharfe Zunge, ihr knapper Witz. Sie bleibt vielen alten Freunden treu, so Herbert Read, nach dem sie sogar einen ihrer Hunde nennt: Sir Herbert, im Vorgriff auf die dann später erfolgte Nobilitierung Herbert Reads.
1954 ist ein entscheidendes Jahr – so versöhnt Peggy sich anläßlich der Ausstellung Max Ernsts und Jean Arps auf der Biennale offiziell mit ihrem Exmann – auch er ist wieder ein guter Freund. Die Zeit der Ehen ist vorbei, das erkennt sie klar, auch den Antrag Truman Capotes lehnt sie ab.
Schon zuvor hatte sie hingegen einen neuen – um zehn Jahre jüngeren – Begleiter-Liebhaber an sich gezogen, den von nichts als Autos begeisterten Raoul Gregorich, einen Venezianer dalmatinischer Abkunft, derzeit ohne Anstellung. Das Gerücht, er habe auch nach dem Kriege hartnäckig seine Partisanen-Angewohnheiten bewahrt und statt der Faschisten unschuldige Autofahrer auf den Straßen des Veneto ausgeplündert, ist wohl mehr als ein Gerücht: Bei einer seiner Aktionen plündert er den Prinzen von Thurn und Taxis aus und wandert dafür für mehrere Monate ins Gefängnis – dies berichtet verläßlich Gaspero Del Corso, Besitzer der Galerie »L'Obelisco« in Rom. Daß Raoul jedoch einen Menschen umgebracht hat, wie es der Guggenheim-Biograph John Davis behauptete, dementiert Peggy in ihrer letzten Überarbeitung der Biographie vehement, und auch Del Corso bestätigt es nicht. Peggy schenkt dem sportlichen

Raoul nach eigener Aussage »nur« drei Autos, darunter jedenfalls einen Sportwagen, mit dem er mehr und mehr eigene Ausflüge unternimmt. Peggy fängt an, aus Eifersucht zu streiten, und Raoul, erregt und gedemütigt, besteigt – auch das im Jahre 1954 – im Affekt sein schnelles Auto und saust davon. Die Straßen des Veneto sind Alleen, gefährlich für den, der zu schnell saust. So für Raoul, der an derselben Stelle, wo er wegen versuchten Straßenraubs verhaftet wurde, gegen einen Baum prallt und tot ist, bevor er noch im Krankenhaus von Mestre ankommt.

Peggy weiß, was sie zu tun hat – Koffer packen, wegfahren, weit weg diesmal. Abstand gewinnen. Jane und Paul Bowles hatten so von ihrer Insel bei Ceylon geschwärmt – haben sie nicht die südlichste der unbewohnten Inseln des pazifischen Ozeans gekauft, Taprobane, das Traumland? Peggy will mal schauen und außerdem zwei Ziele auf dieser Reise realisieren: einen wirklichen indischen Maharadscha kennenlernen und einen neuen Lhasa Apso kaufen. Den Herbst 1954 bringt sie also zunächst in Ceylon, dann in Indien zu. Von der Insel und der Art, wie die Bowles sich auf ihr eingerichtet haben, ist sie begeistert. Mit zwei weiteren Hunden und zahlreichen neuen Ohrringen kommt sie von der mehrmonatigen Reise zurück. Das achteckige Haus, das sie an das Taj Mahal erinnert, hat es ihr ebensosehr angetan wie der überquellende Reichtum der asiatischen Vegetation.

Die folgenden Jahre bringen Peggy nicht die Ruhe, die man ihr durchaus hätte zugestehen wollen. Als habe der in der Jugend so oft formulierte Wunsch, niemals ein langweiliges Leben führen zu wollen, ihr lebenslanger Kampf gegen die Langeweile, sich dahingehend erfüllt, daß die schockierenden Erlebnisse in ihrer Umgebung sich mehren, stirbt 1956 in einer merkwürdigen Wiederholung des Todes von Raoul auch Jackson Pollock, mit dem Peggy jahrelang eng verbunden gewesen war. Bei einem Autounfall. Peggy muß sich vorwerfen, mit Pollock in den letzten Jahren nicht mehr gut gestanden zu haben. Der Grund: In vielen Publikationen über ihn wurde ihr Name als Entdeckerin und Förderin seines Werks nicht oder in ihren Augen nur unzureichend erwähnt. Dies hat sie ihm als Undankbarkeit ausgelegt. Nicht auszuschließen ist, daß sie glaubte, ihre schlechten Gedanken über ihn hätten die schlechte Wirkung auf ihn nicht verfehlt.

Die beste Therapie gegen schwarze Gedanken ist Arbeit, sagt sich Peggy und beginnt im Herbst 1958, als ihre *Barchessa* fertiggestellt ist, all ihre Bilder neu zu hängen und den überfüllten Korridor des Palazzos großzügiger zu gestalten. Sie streicht ihr Wohnzimmer und Bücherzimmer weiß, denn sie kann das »schmutzige dunkelblau«, das die Räume zehn Jahre lang zierte, nicht mehr ertragen. Mit den neuen Farben, das fühlt sie deutlich, wird auch ein neues Leben beginnen. Ab jetzt will sie die Besucher der Sammlung nicht mehr automatisch auch in ihren Privaträumen zulassen.

Und wieder einmal schweift Peggys Blick in die Ferne. Nach vielen Reisen in den vergangenen zwölf Jahren, da sie Amerika verlassen hat, die sie neben den erwähnten nach Ceylon und Indien auch nach Sizilien, nach Malta, Zypern, in den Libanon, nach Syrien, Griechenland, in die Türkei, nach Irland, England, Holland, Belgien, Jugoslawien, Österreich, Frankreich, die Schweiz, Deutschland, Spanien und Algerien geführt haben, scheint nun, im Frühling 1959, wieder der Moment gekommen, Amerika einen Besuch abzustatten.

Onkel Sol ist bereits seit 1949 tot – er erreichte das stolze Alter von 88 Jahren. Der Baronesse Hilla war es kurz vor seinem Tod gelungen, das für die Stiftung in seinem letzten Willen vorgesehene Kapital um 3 Millionen Dollar auf insgesamt 8 Millionen zu erhöhen (2 Millionen sollten dem Museumsbau dienen, 6 der ständigen Erhaltung, 3 weitere Millionen waren bereits im Vorfeld verschlungen worden). Der großzügige Sol hat die Errichtung des Frank-Lloyd-Wright-Baus nicht mehr erleben dürfen. Auch nach seinem Tod vergehen noch etliche Jahre, bis der Nachlaß geordnet ist – es dauert bis 1952 –, und die ganze Sache geht nicht ohne Stürme ab. An der Spitze der Solomon R. Guggenheim Foundation steht nun ein Mann, der um acht Jahre älter ist als Peggy, ihr direkter Vetter Harry Guggenheim, Sohn von »Mr. Dan«. Man ahnt bereits, daß die Konstellation Harry und Hilla Rebay explosiv sein muß, und so ist es auch. Harry ist ein typischer Guggenheimscher »Macher«, ein Mensch, der wenig mit Kunst, schon erst recht nichts mit ungegenständlicher Kunst anzufangen weiß und dies auch zum Ausdruck bringt. Dabei ist er ein Mann von großer Energie und sehr autoritärem Gehabe. Die Probleme mit Hilla sind sofort zu greifen: Harry beschuldigt sie der Unprofessionalität (Bauer!), Hilla spricht ihm die Kompetenz ab. Hilla verliert in den 15 Jahren des Kampfs nicht nur ihren Job als Leiterin des Guggenheim Museums, sondern auch mehrfach die Contenance.

Hillas Nachfolger in der Leitung des Guggenheim Museums wird James John Sweeney, wodurch die Wende in dem seit langem verfahrenen Beziehungsgefüge Guggenheim New York – Guggenheim Venedig eingeläutet wird. Nicht nur war Sweeney seit ihrer New Yorker Zeit eng mit Peggy befreundet, sondern er arbeitete auch zuvor als anerkannter Kurator des Museums of Modern Art; es muß als kluger Schritt Harrys gelten, diesen Mann zu sich zu holen. Vielleicht ist der Plan, den er sich für die Eröffnungsfeierlichkeiten seines Museums aufhebt, bereits jetzt entstanden.

Leider hat das New Yorker State Department die bereits erteilte Baugenehmigung für das Museum zurückgenommen, mit der Begründung, Wrights Plan verstoße in 32 Punkten gegen die Baubestimmungen. Erst im Jahr 1956 wird die Genehmigung für den überarbeiteten Plan erteilt, nun jedoch gibt es Spannungen zwischen Wright und Sweeney – der Museumsmann beharrt auf genügend Raum für die ständige Ausstellung, genügend Depotraum, genügend Raum für die Museumsverwaltung, der Architekt beharrt auf seinen gebogenen Wänden und Rampen. Wright wird sich bei den Trustees durchsetzen, erlebt jedoch die Eröffnung des Museums nicht mehr – er stirbt im April 1959.

Peggy Guggenheim glaubte schon, der Eröffnung beiwohnen zu können, doch die Dinge ziehen sich hin. Immerhin trifft sie Harry und Sweeney. Harry, den sie 35 Jahre lang nicht gesehen hat, führt sie durch das nagelneue Museum. Frieden wird geschlossen zwischen der europäisierten Rebellin und Förderin der modernen Kunst und dem Repräsentanten des konservativen Clans. Er erkennt ihre Verdienste um die moderne Kunst an, und das tut ihr gut. Peggy versteht durchaus die Schwierigkeit der Lage, die Kompliziertheit des Verhältnisses Sweeney-Wright, die zu massiven Verzögerungen in der Endphase des Museumsbaus führt. Im Grunde freut sie sich für Sweeney, als Wright abtreten muß, denn sie sieht Wright als einen Mann von der Art Kieslers, der sich eigentlich gar nicht für Bilder interessiert, sondern nur für seine Architektur. Wiederum findet sie respektlose Worte für den Bau, der für viele einzigartig in der Geschichte der modernen Architektur dasteht. Sie nennt ihn eine »riesige Garage«, die am falschen Ort errichtet ist, eingequetscht zwischen die angrenzenden Gebäude, so daß er gar nicht zur Geltung käme: »Rund um einen enormen Raum, der für Skulpturen-Ausstellungen vorgesehen ist, windet sich die aufsteigende Rampe, Wrights berühmte Erfindung, wie eine bösartige Schlange... Es ist verwunderlich, wie Kieslers Ideen kopiert wurden. Die Farben waren sehr häßlich, beige an einigen Stellen, weiß an anderen.«

Peggys große Erfahrungen auf ihrer Amerikareise sind der Besuch der Barnes-Collection, der mittlerweile im Philadelphia Museum installierten Sammlungen Arensberg und Gallatin und der allgemeine Eindruck von den Veränderungen des Lebens, und speziell des Kunstmarkts in New York. In der relativ kurzen Zeit von 1947 bis 1959 ist aus dem überschaubaren Kunstmarkt ein riesiges Geschäftsunternehmen geworden, es ist unter reichen Leuten Mode geworden, Bilder zu kaufen, um Steuern zu sparen. Die Preise sind in astronomische Höhen geschnellt, und die Leute kaufen nur das Allerteuerste, weil sie an überhaupt nichts glauben können, am wenigsten an ihren eigenen Geschmack oder ihr Gespür. Das Zeitalter neuer Kreativität sei vergangen, sagt die plötzlich fatalistisch gewordene Peggy, das Zeitalter des Sammelns und Bewahrens sei statt dessen angebrochen. Sie ist schockiert und traurig und kauft überhaupt nichts, denn alles, was ihr angeboten wird, ist ihr zu teuer. Statt dessen begibt sie sich, unverbesserliche Sammlerin, die sie ist, auf neues Terrain: Sie beginnt, sich für präkolumbianische Kunst zu interessieren, kauft Masken aus Neuguinea, dem Belgischen Kongo, Peru, Brasilien und Mexiko.

Sie setzt sich auch weiterhin neuen, unerhörten Erfahrungen aus, insbesondere führen sie Reisen weiter um die Welt. Im Jahre 1960 fährt sie auf Einladung von John Cage, den sie noch aus den New Yorker Jahren kennt, mit ihm nach Japan. Ohne daß sie seine Musik besonders schätzt, folgt sie ihm doch überall hin und nimmt an seinen Konzerten teil. Yoko Ono ist der Name der schönen und hilfreichen Übersetzerin auf dieser Reise.

1961 beginnt Peggy ihre Zusammenarbeit mit Egidio Constantini, einem Künstler, der Glasskulpturen nach Motiven von Picasso, Arp, Max Ernst, Cocteau, Calder, Le Corbusier, Chagall, Matta, Kokoschka und vielen anderen herstellt – Peggy gibt ihm das nötige Geld dafür und erreicht, daß Constantini ein berühmter Mann wird.

Für das Eingangstor des Palazzo sucht sie seit langem schon nach einer ihr zusagenden modernen Lösung und beauftragt die Künstlerin Claire Falkenstein, deren Schmiedearbeiten sie in einer Villa an der Adriaküste gesehen hat, eine eiserne Tür herzustellen, in die Stücke von buntem Muranoglas eingebracht werden.

Im Jahre 1962 wird Peggy – sie hat es fast erwartet – zur Ehrenbürgerin von Venedig ernannt.
Verschiedene Museen beginnen, sie nach der Zukunft ihrer Sammlung zu fragen – ein regelrechtes Werben, diesmal nicht um ihre Person, sondern um die von ihre gesammelten Kunstschätze, setzt ein. Zunächst erweist sich die Tate-Gallery in London als aussichtsreiche Prätendentin, denn sie winkt mit einer repräsentativen Ausstellung. Peggys Bilder werden von Londoner Restauratoren für die Reise präpariert und restauriert, man bittet Peggy sogar, die Bilder selbst zu hängen – ein für italienische Ausstellungen schier unvorstellbarer Vorgang. Besonders der große Zulauf des Publikums schmeichelt ihr.
Im Jahre 1966 erlebt sie die große Flut, die Venedig für vierundzwanzig Stunden vollständig unter Wasser setzt, und bangt mit allen Einwohnern um das Schicksal der Stadt. Es ist ein Glück, daß die Bilder gerade für eine große Ausstellung in Stockholm eingepackt worden sind und daher in Sicherheit. Ebenfalls ein Glück ist die Lage ihres Palastes in dem am höchsten gelegenen Stadtviertel Venedigs, Dorso Duro, wo die Fluten nur die Erdgeschosse der Häuser erreichen konnten. Peggy schließt sich dem Rettungskomitee für Venedig »Save Venice« an und spendet einmal mehr viel Geld.
Zur Eröffnung der von Pontus Hulten in Stockholm gezeigten Ausstellung ihrer Sammlung reist sie persönlich an. Pegeen, die geliebte Tochter, ist an ihrer Seite und begleitet die Mutter im Anschluß an das Ereignis noch für drei Tage nach Kopenhagen und Louisiana.
Es ist an der Zeit, einen Exkurs über das Schicksal Pegeens in der Zwischenzeit einzuschalten: Mit neunzehn Jahren hatte sie sich mit Jean Hélion verbunden, den sie als ein Genie betrachtete – von frühester Jugend an hegte Pegeen (wie ihre Mutter) den Wunsch, mit einem bedeutenden Mann verheiratet zu sein, und glaubte ihn für alle Zeiten verwirklicht, zumal ihrer Ehe in kurzer Zeit, zwischen 1947 und 1952, drei Kinder entstammten. Pegeen

ist bei Geburt des dritten Sohnes 27 Jahre alt. Die Familie lebt in Paris wie auch Bruder Sindbad mit seiner Familie. Auf dramatische Art gerät die Geschichte ins Rollen: Jean Hélion verliebt sich in Sindbads Frau Jacqueline. Es kommt zur Doppelscheidung. Depressionen erfassen Pegeen nach der traumatischen Trennung von Hélion, der für sie gewiß auch eine Vaterfigur darstellte, die die junge Frau als Kontinuum nie in ihrem Leben besaß: Sie ist wie zerstört, all ihre Träume sind zerstoben. Anders als die Mutter, die jede Lebenskrise mit immer massiveren Manifestationen der eigenen Lebenskraft überwand, lebt sie von jetzt an immer ausschließlicher in einer Traumwelt, wie es auch ihre reizenden naiven Bilder zeigen, auf denen weibliche Figuren, wie sie blond, zart und verträumt, meist zentral sind, Figuren, die in keinerlei Kontakt zur Außenwelt stehen, losgelöst, reine Bilder. Aus welchen Gründen Pegeen zwei ihrer drei Söhne bei Hélion läßt, ob aus Überforderung durch drei kleine Kinder oder anderen Motiven – jedenfalls reist sie nur mit Nicolas, dem jüngsten Sohn, nach Venedig zur Mutter. Seltsam ist diese Wiederholung des Verhaltens der Mutter in der vergleichbaren Situation – aber die fragilere Tochter ist weitaus weniger in der Lage als die Mutter, die Trennung von den Söhnen zu ertragen. Allerdings schreibt John Davis wohl die Unwahrheit, wenn er behauptet, Pegeen habe ihre beiden Söhne nicht mehr sehen dürfen. Peggy betont demgegenüber, Pegeen habe die Söhne immer gesehen, was allerdings auch heißt, daß sie immer wieder neu mit Hélions neuem Eheglück konfrontiert wurde. Nach dem von der Mutter als bewährt erprobtes Muster verliebt Pegeen sich in Venedig neu – und sei es aus Trotz – in den englischen Maler Ralph Rumney, den Peggy ablehnt, und zwar aus verständlichen Gründen: Obwohl sie dem Paar ein stattliches Monatsgeld zum Leben gibt (bald will ein weiteres Enkelkind versorgt sein, Sandro Rumney, geboren 1958), kommt Pegeen ständig angelaufen und klagt darüber, daß Sandro alles Geld ausgegeben habe. Ohne selbst auch nur das Geringste zum Lebensunterhalt beizubringen.

Neben diesen Sorgen kämpft Pegeen um ihre Anerkennung als Künstlerin, die die Mutter mit allen Kräften fördert. Pegeen steckt in einem teuflischen Zirkel von Abhängigkeiten und hat nicht die Kraft, sich aus ihm zu befreien. Gut meint es die Mutter und gibt ihr ein Atelier im Palazzo. Zur selben Zeit – wir erinnern uns – arbeitet der Protégé der Mutter, Tancredi, im Palast, sein Atelier ist nebenan. Zwei Königskinder, möchte man meinen, eine schöne Kameradschaft für die desillusionierte Pegeen. Doch Tancredi wird, daran besteht kein Zweifel, in dem Maße, da die Ehe mit Ralph Rumney scheitert, Pegeens Liebhaber. Es ist nicht ausgeschlossen, daß Rumney Drogen nahm und auch Pegeen mit dieser Welt konfrontierte – die abwesende Art, mit der sie in Gesellschaft auffiel, Sandros mehr und mehr ausgemergeltes Äußeres wären die Indizien dafür, auch der ständige Geldbedarf. Peggy selbst betont, ohne diesen Punkt auszuführen, daß sie Sandro ablehnte, daß sie das Leben, das ihre Tochter führte, mißbilligte – und das, obwohl sie selbst ein mehr als unkonventionelles Leben geführt hat, in dem nur ein Ingredienz der unmoralischen Lebensführung immer fehlte: die Droge Rauschgift. Peggy, immer offen in allem, was sie selbst betraf, bleibt in diesen Dingen, die ihre Tochter betreffen, diskret.

Es ist die Zeit, da Peggy alle Hände voll zu tun hat mit dem Bau ihrer Barchessa. Sie wird gar nichts gemerkt haben zunächst, und außerdem standen die großen Ereignisse, die Teilnahme an der Eröffnung des Guggenheim Museums in New York, bevor – Zeiten langer Abwesenheit von Venedig, die Pegeen und Tancredi gewiß für sich genutzt haben.

Außerdem taucht Peggy zur Zeit lieber noch einmal in die seligen Zeiten ihrer Vergangenheit ab, denn sie überarbeitet für den New Yorker Verlag Macmillan ihre Autobiographie. Sie erscheint 1960 unter dem Titel *Confessions of an Art Addict*. Djuna Barnes, mit der Peggy nach wie vor Kontakt hat, fragt, warum sie eine Überarbeitung und Korrektur nach dreißig Jah-

ren für nötig befunden habe, und Peggy antwortet in ihrer klaren Art: »Es sieht so aus, als ob ich den ersten Text als freiheitsliebende Frau ohne Komplexe geschrieben habe und den zweiten als eine Frau, die ihren Platz in der Geschichte der modernen Kunst festschreiben möchte.«
Es ist erstaunlich und befremdlich, daß Peggy ebensowenig wie ihre Familienbiographin Laurence Tacou-Rumney, die Frau des ehemals »kleinen« Sandro aus Pegeens Ehe mit Ralph Rumney, den eigentümlichen Selbstmord Tancredi Parmeggianis – er tötet sich in Rom mit einem Sprung in den Tiber – mit keiner Silbe erwähnt, genausowenig Ralph Rumneys Versuch, Pegeen von ihrer Liebe zu Tancredi abzubringen, indem er die Familie nach Paris verpflanzte – genau dorthin, wo Pegeens Drama begann.
Unvermittelt soll erscheinen, was durchaus klar bestimmbare Gründe hatte. Im März 1967 ist Peggy noch einmal in Mexiko anzutreffen. Hier erhält sie die furchtbare Nachricht: Pegeen ist tot, in Paris gestorben, offenbar nach der Einnahme einer Überdosis von Barbituraten, schreibt Tacou-Rumney, der laut Davis eine Zechtour vorangegangen war sowie vier Selbstmordversuche. Aber Peggy läßt sich nicht auf dieses Terrain ein, sondern findet bewegende Worte, die jedoch wenig erklären: »Mein Liebling Pegeen, die nicht nur eine Tochter, sondern auch eine Mutter, eine Freundin und eine Schwester für mich war. Es schien auch, als hätten wir eine andauernde Liebesbeziehung gehabt. Ihr unzeitiger und mysteriöser Tod ließ mich ganz zerstört zurück. Es gab niemanden auf der Welt, den ich so geliebt hatte. Ich fühlte, daß alles Licht aus meinem Leben verschwunden war. Pegeen war eine äußerst talentierte Malerin. Über Jahre hinweg hatte ich ihr Talent gefördert und ihre Bilder verkauft. Sie war gerade im Begriff, wirklich erfolgreich zu werden, hatte im Winter in Kanada, Stockholm und Philadelphia Ausstellungen.«
Nun ist nach dem Vater, nach Benita und John Holms, nach

Raoul und Tancredi diese meistgeliebte Person ihres Lebens auf unnatürliche Weise ums Leben gekommen. Peggy selbst bleibt am Leben, alleine in ihrem Palazzo, umgeben von fünf Lhasa Apsos, die immer wieder in den Kanal fallen, mit ihrer berühmten Gondel, hergestellt nach eigenen Plänen, die sie im Laufe der Jahre für immer kürzere Zeit nutzt, am Ende nur noch für zwei Stunden am Tag, da sie die luxuriöse Ausgabe scheut. Peggy, die reiche, aber unermüdlich weiter auch um zwanzig Mark feilschende Dollarprinzessin, ist umgeben auch von der Sammlung, die für die glücklichste Zeit in ihrem Leben steht, real und symbolisch zugleich – eine schwierige Schönheit, die ihre Energie bis zum letzten Tag beansprucht.

Im Jahre 1967 erweitert sie ihr Museum ein letztes Mal. Der günstige Umstand, daß einige Haushaltshilfen, die im Keller ihr Zimmer hatten, nun den Palazzo verlassen, bringt ihr vier neue Räume. Einer der Räume im Erdgeschoß wird dem Andenken Pegeens gewidmet – zwölf ihrer Bilder aus den unterschiedlichsten Epochen vom Alter von zwölf Jahren an hängen hier. Ihr Foto, wie sie auf dem byzantinischen Thron in Peggys Garten sitzt, ihre Biographie und ein Glas, das sie in Zusammenarbeit mit Constantini blies, vervollständigen das Ambiente.

Sandro Rumney, Pegeens Sohn aus zweiter Ehe, neun Jahre alt, zu dem Peggy eine besonders zärtliche Beziehung hat, wird in der Familie von Laurence Vails zweitjüngster Tochter Kathe Vail-Kuhn mitgroßgezogen, die selbst vier Kinder hat.

Noch einmal, 1968, reist sie nach Indien, in Begleitung von Roloff Beny, dem Photographen. Es kommt die Zeit des Alterns und der Einsamkeit. Nicht nur die jungen Menschen ihrer engsten Umgebung sterben, ohne daß die Notwendigkeit es gefordert hätte. Auch diejenigen, die große Strecken ihres Lebens begleiteten, treten nun einer nach dem anderen ab – 1968 ist das Jahr des Todes von Laurence Vail, dem geliebt-gehaßten Mann ohne Hut, der einige Jahre zuvor Jean Connolly, seine dritte Ehefrau, verlieren mußte. 1968 sterben auch Sir Herbert Read und Marcel Duchamp, die wichtigen Berater Peggys, André Breton ist bereits 1966 verstorben. Von all den guten Freunden, den Liebhabern und Ehemännern überlebten nur noch Max Ernst und Samuel Beckett.

1969 tritt das Guggenheim Museum in New York an Peggy heran, sie möchte ihre Sammlung dort zeigen. Vielleicht unter dem Einfluß der Krankheit, die ihn ans Bett fesselt, verbindet Harry damit den ausdrücklichen Wunsch, daß Peggy die Guggenheim-Stiftung in ihrem Testament mit der Sammlung bedenkt. Die Prämisse ist, daß die Sammlung in Venedig bleibt, daß sie intakt und unter ihrem Namen erhalten bleibt, lediglich vom Guggenheim Museum verwaltet werden soll. Insbesondere der Terminus »intakt« ist bedeutsam: Peggy, die prinzipiell Leihgaben von einzelnen Stücken zu Ausstellungszwecken ablehnte, arbeitet jetzt eine Liste von Werken aus, die unter allen Umständen immer im Palazzo verbleiben sollen – was heißt, daß es daneben eine andere Gruppe von Werken gibt, die gegebenenfalls ausgeliehen werden dürfen. Hierbei grenzt sie jedoch ein: So etwas darf nur im Winter geschehen – vermutlich, weil im Sommer die Hauptschar der Touristen Venedig und ihre Sammlung besucht. Gleichzeitig wird Peggys Sammlung per Dekret zum historischen Kulturerbe der Stadt Venedig erklärt.

Die Einzelheiten, die mit der New Yorker Eröffnung einhergehen, sind typische Peggy-Anekdoten, die der Erwähnung wert sind. Inzwischen ist Thomas Messer Direktor des Guggenheim Museums in New York. Ihm ist das Verdienst anzurechnen, die Sammlung für Guggenheim, New York gerettet zu haben – nach der Vorgeschichte, die speziell zwischen Sol-Hilla und Peggy so spannungsreich war, gewiß keine leichte Aufgabe.

Selbstverständlich schickt Thomas Messer Peggy für die Eröffnungsfeierlichkeiten ein Erster-Klasse-Ticket von Venedig nach New York, und selbstverständlich fliegt Peggy nicht mit der ersten Klasse, sondern tauscht das Ticket um. Leider geht

Die greise Peggy Guggenheim vor zwei ihrer Jackson-Pollock-Gemälden: Diesen Maler gefördert zu haben, zählte sie zu den großen Lebensleistungen. (Foto: Bilderdienst Süddeutscher Verlag, München)

auf dem Flug ihr Gepäck verloren, in welchem auch das Abendkleid verpackt war, das sie zur Eröffnung tragen wollte. Thomas Messer bietet an, für Peggy ein neues Abendkleid kaufen zu gehen. Sie lehnt ab – in Stiefeln und Regenmantel nimmt sie an der Eröffnung teil. Als sie ihre Sammlung in der riesigen »Garage« von Frank Lloyd Wright entlang der Rampe hängen sieht, sind ihre bezeugten Worte: »Wenn Onkel Sol das sehen würde, würde er sich im Grabe herumdrehen.«
Sie hat es wirklich und wahrhaftig geschafft – von der rebellischen Aussteigerin, dem verrückten »girl of the twenties«, das sie innerlich lebenslang geblieben war, zu einer der bedeutendsten Sammlerinnen von Werken der Klassischen Moderne zu werden. Die Anerkennung ist auch deshalb so vollständig und genugtuend, da sie in dieser Form erfolgt: Indem Peggy im

Guggenheim Museum, New York, ausstellt, wird sie öffentlich von ihrer Familie, die ihr über lange Jahre distanziert bis feindlich gesonnen war, rehabilitiert, und umgekehrt: Indem sie in Onkel Sols Garage ausstellt, erklärt auch sie ihren Frieden mit den geldgierigen »Googs«, zeigt sich souverän und nicht mehr als die (eingebildete) arme Verwandte von einst.
Allerdings, eines muß gesagt werden: Sie findet schon, daß ihre Bilder in Sols Garage nicht gut wirken, gerade über die große Rampe betrachtet, sehen sie aus wie Briefmarken!
Zudem ist sie erleichtert, das künftige Schicksal der Sammlung entschieden und gesichert zu haben. Man kann sich gut das Entsetzen von Sindbad und allen Enkelkindern vorstellen, denen auf diese Weise der Löwenanteil von Peggys Vermögen verlorengeht.
Die siebziger Jahre erlebt Peggy bereits als eine weitgehend mit dem Palazzo und der Sammlung überforderte ältere Dame. Harry Guggenheim stirbt im Jahr 1971 – an seine Stelle innerhalb des Guggenheim-Imperiums, insbesondere aber an die Spitze der Solomon R. Guggenheim Foundation rückt der lange, von zunächst Sol, dann auch Harry designierte Kronprinz, Peter O. Lawson-Johnston, direkter Enkel Solomons, Sohn aus erster Ehe von Barbara Guggenheim, Sols Tochter. Die Einflußnahme der fernen New Yorker Stiftung bleibt gering. Viele Gespräche, die insbesondere Tom Messer mit der eigenwilligen Peggy führt, bleiben ohne Ergebnis. So werden im Winter 1972 fünfzehn sehr wertvolle kleinere Gemälde gestohlen, denn Peggy hat nach wie vor nicht die Notwendigkeit einer Alarmanlage einsehen können und deutet das Gebell ihrer Lhasa Apsos des Nachts oft als ein Verscheuchen der zahlreichen venezianischen Katzen. Glücklicherweise können die Bilder zwei Wochen später gefunden werden, bei Mestre, eingebuddelt in den Bodenschlamm. Zehn Monate später der zweite Einbruch. Inzwischen hatte sich Peggy dazu durchgerungen, sich doch von Guggenheim, New York, bei der Installierung des Alarmsy-

stems helfen zu lassen. Diesmal werden sechzehn kleine Bilder gestohlen, auch sie werden nach einigen Monaten zurückgegeben. Das neue Alarmsystem hat leider nicht den gewünschten Effekt – Peggy vergißt es oft einzuschalten, denn sie ist gereizt über die Tatsache, daß es zum Teil durch Windstöße und andere atmosphärische Schwankungen ausgelöst wird.

Im Jahr 1975 erlebt sie noch einmal einen Triumph – eine Ausstellung ihrer Sammlung in der Orangerie des Louvre. 120 000 Besucher sehen sie – Peggys gutes Gedächtnis freut sich an der lange schon fälligen Rehabilitierung ihres Rufes in Paris. Sie hat nicht vergessen, daß der Louvre im Krieg ihre Sammlung zu retten für unwert ansah und ihr den Stauraum im sicheren Keller verwehrte.

Ein weiterer wichtiger Mensch verläßt ihre Zeit – 1976 stirbt Max Ernst.

Peggy Guggenheim feiert, umringt meist von jüngeren Menschen, 1978 ihren 80. Geburtstag – die Venezianer widmen ihr eine Fahne mit der Aufschrift: »Der letzten Dogaressa«. Ihre bis zuletzt auffälligen Kleidermoden, ihre Vorliebe für riesige schmetterlingsflügelige Sonnenbrillen, ihre Verbundenheit mit den Lhasa-Apso-Terriern, die sie bei den täglichen Gondeltouren begleiten, wenn nicht auswärtige Gäste mitkommen, denen sie begreiflich zu machen versteht, daß ein Kirchenbesuch während des zweistündigen Gondelausfluges diesen nur unnötig unterbreche und daher auf wenige Minuten beschränkt werden müsse – das Fragile und doch Machtbewußte ihres Wesens, das Vornehme und Schüchterne, das Provokante und zugleich Liebesbedürftige, all diese widersprüchlichen Eigenschaften machen Peggy Guggenheim aus. Am liebsten sind ihr die ganz kleinen Seitenkanäle, fernab der großen Wasserstraßen und Touristenströme. Ist sie für die Touristen ebenso zur Kuriosität geworden wie ganz Venedig, so findet die Frau, die immer ihre Natürlichkeit betont hat, daß für sie das Leben inzwischen ein einziger »bore« geworden ist – womit wir wieder beim Anfang angelangt wären. Sie hat alles gehabt, die Ereignisse ihrer Zeit gehen an ihr vorüber. Als man sie etwa zur Frage der Frauenemanzipation befragt, lacht sie: »Ich habe immer getan, was ich wollte, und kümmerte mich nie darum, was jemand dachte. Women's lib? Ich war eine befreite Frau, lange bevor es den Namen gab.«

Als sie im Herbst des folgenden Jahres aus ihrer Gondel steigt, stürzt sie und bricht sich den Hüftknochen. Sie erleidet bei dem notwendigen operativen Eingriff einen Herzanfall und fällt daraufhin ins Koma. Im Krankenhaus in Padua stirbt sie wenige Wochen später, am 23. Dezember 1979. Auf die merkwürdige Weise, mit der Peggy den Personen, die sie am meisten liebte, oft zum Fluch geworden ist, wird ihr am Ende ihres Lebens ihre große Liebe Venedig, symbolisch verdichtet in der selbsterdachten Gondel, zum Verhängnis. Sie starb wie John Holms nach einer »kleinen« Operation. Hatte sie wie Gustav Aschenbach, dem Venedig gleichfalls zum Schicksal wurde, Vorahnungen ihres Todes? Wir wissen es nicht.

Mit ihr stirbt eine Frau, deren Auflehnung gegen die Langeweile eines nur vom Geld regierten Lebens sich von Jugend an auf der Folie ihrer Lektüre zeitgenössischer Literatur vollzog. Mit bemerkenswerter Konsequenz modelte sie ihr Leben nach den gerade herrschenden literarischen Stilen und wechselte dementsprechend oft ihre Begleiter. Als sie den Zugang zur aktuellen Avantgarde in der Kunst und der Literatur verlor, mußte ihr Leben wieder in Langeweile versinken.

14. KAPITEL

Nach Peggy

Schon am Tag nach ihrem Tod ist Tom Messer, der schon längere Zeit einen Schlüssel zum Palazzo besitzt, in Venedig und muß sich gegen die Vorstellungen des Sohns Sindbad, von jetzt an im Palast zu wohnen oder zumindest ein Wohnrecht zu haben, verwahren. Die strenge Schöne, welche die Sammlung seit ihrem Erwerb für Peggy war, fordert dieses Opfer. So sah es jedenfalls Peggy, und bisher ist ihrem Wunsch insofern entsprochen worden.

Tom Messer verwandelt Peggys Haus nach und nach in ein Museum, ohne jedoch ihre Sammlung anzugreifen. Doch auch diese Ordnung ist nur eine temporäre, von Menschenhand getroffene. Seit Messers Rücktritt im Jahr 1988 weht ein anderer Geist im Guggenheim Museum von New York, und weltweit schießen auf Initiative des neuen Direktors, Thomas Krens, sogenannte Guggenheim-Museen wie Pilze aus dem Boden. Es ist ein Konsortium, dessen Ziel die Zirkulation von Kunstwerken ist. Nur der Name Guggenheim verbindet bisher völlig Getrenntes, und die sogenannten Guggenheim-Museen erhalten mitnichten finanzielle Mittel von New York. Zahlreiche Werke aus Peggys Sammlung sind mittlerweile oft unterwegs, und die Peggy-Guggenheim-Stiftung ist längst liquidiert – es regieren die New Yorker Riesen. Lange vergessen ist Peggys Liste und ihre Vorstellung von einer intakten Sammlung in Venedig.

Anhang

DIE QUELLEN

Was wäre unser Wissen über Peggy Guggenheim ohne ihre Autobiographie? Bloßes Flickwerk, blasses Aneinanderreihen von Daten.

Peggy Guggenheim veröffentlicht ihre erste Autobiographie im Jahre 1946 im Alter von 48 Jahren. Das Buch trägt den Titel *Out of this Century,* eine Analogie zum Namen ihrer gerade erst aufgegebenen New Yorker Kunstgalerie *Art of this Century.* Stoff genug, so meint sie wohl, ist vorhanden, selbst wenn sich ihr Leben noch lange nicht dem Ende zuneigt: Immerhin hat sie drei Ehen bzw. eheähnliche Beziehungen bereits hinter sich gebracht, kennt unzählige berühmte Männer, hat auch die große Lebenskrise schon bewältigt und sich danach mit ihrer Sammlung moderner Kunstwerke ein fast heroisches, jedenfalls aber idealistisches Ziel gesteckt. Neben der Stoffülle verfügt sie über die notwendige Bereitschaft, zahllose, auch intime Details preiszugeben. Daß die jeweils mitbetroffenen Personen diskreterweise von ihr mit Pseudonymen versehen werden, ist eine nette Geste – die Insider wissen ohnehin Bescheid.

Dieses Buch von 1946 ist nicht mehr greifbar. 1960 gibt Peggy Guggenheim eine überarbeitete zweite Fassung heraus. Sie kürzt *Out of This Century* auf weniger als hundert Seiten und ergänzt die Ereignisse seit 1946. Diese zweite Fassung erscheint unter dem Titel *Confessions of an Art Addict* 1960 bei André Deutsch in London und der Macmillan Company in New York. 1979 fügt sie ein Vorwort von Gore Vidal und eine Einführung von Alfred Barr jr. hinzu, einen eigenen Essay über Venedig und aktualisiert die Autobiographie zum zweiten Mal. Dieses Buch trägt den ersten Titel, *Out of This Century,* im Untertitel

Confessions of an Art Addict. Es ist bei Universe Books in New York erschienen und ist greifbar sowohl in der amerikanischen Originalausgabe als auch in einer deutschen Übersetzung, der »einzig berechtigten Übersetzung aus dem Amerikanischen«, erschienen in mehreren Auflagen von 1979 bis 1982.
Inzwischen kam es zu einer Neuauflage von Peggys Autobiographie, nicht nur das: Bastei-Lübbe hat eine komplette Neuübersetzung von »Ich habe alles gelebt« veranstaltet, pünktlich zum 100. Geburtstag Peggys im August 1998. Insofern hat sich die harsche Kritik an der bislang inhaltlichen Ausgabe überholt.
Nach einem Vergleich der Übersetzung mit dem Original wurde deutlich, daß immer das Original zu zitieren wäre und ich alle Zitate selbst zu übersetzen hätte. Ich tue dies, weil mich die deutsche Übersetzung in drei wichtigen Punkten nicht befriedigt hat. Zum ersten ist sie nicht vollständig, und bereits durch die systematische Art der Kürzungen wird das Bild der Autorin Peggy Guggenheim verändert. Neben den Kürzungen gibt es Umstellungen von Textblöcken, die vermutlich vorgenommen wurden, um eine größere Homogenität und Stringenz des Ganzen zu erreichen. Auch dies ist, will man Peggy Guggenheim wirklich kennenlernen, nicht zulässig, denn einer ihrer Charakterzüge ist die Sprunghaftigkeit.
Drittens beziehen sich meine Vorbehalte auch auf die Übersetzung an sich. Ich gebe hier das drastische Beispiel der Kapitelüberschriften. Peggy nennt ihr zweites Kapitel *Virginity.* Der Übersetzer wählt *Backfischzeit.* Kapitel 3 heißt *Marriage* – der Übersetzer wählt *Meine stürmische erste Ehe* und beliebig weiter. *End of my Life with Laurence Vail* heißt plötzlich *Das kritische siebente Jahr,* der schlichte Titel *Life in the Duplex* wird mit *Ein trügerischer Seelenfrieden* übertragen. Nicht nur sind diese Titel keine Übersetzungen, sondern Phantasien, sie verfälschen darüber hinaus insgesamt den Charakter des Buches. Sie suggerieren, Peggy Guggenheim habe eine romantische und naive

eine äußerst vielschichtige Person, die auf die Menschen einen recht widersprüchlichen, wenig homogenen Eindruck machte, insofern ist sie eine moderne Person und vermag zu fesseln.
Neben Peggys eigener Stimme sollten auch die Zeitgenossen zu Wort kommen, die Peggy in ihren Erinnerungen gewürdigt haben, darunter Max und Jimmy Ernst, Man Ray, Samuel Bekkett und Djuna Barnes, aber auch viele uns Unbekanntere, die gleichwohl für Peggy Guggenheim wichtige Begleiter auf Wegstrecken ihres Lebens waren. Ergänzend diente mir neben den Erinnerungsbüchern der jeweiligen Künstler und ihren Biographien auch das Buch von Virginia M. Dortch, *Peggy Guggenheim and her Friends,* Milano 1994, sowie Laurence Tacou-Rumneys Buch *Peggy Guggenheim – Das Leben eine Vernissage,* München 1996. Über Peggy Guggenheims langjährige Freundin Djuna Barnes gab zuverlässige Auskunft Kyra Strombergs Buch *Djuna Barnes – Leben und Werk einer Extravaganten* (Fischer TB), über Samuel Beckett die Biographie von Deirdre Bair (rororo TB).
Die große Biographie der Familie Guggenheim von John Davis *The Guggenheims – An American Epic,* New York 1988, soll nicht unerwähnt bleiben, muß aber in kritischer Distanz rezipiert werden. Noch zu Lebzeiten hat Peggy vieles von dem, was Davis darin über sie behauptet, glaubhaft dementiert.

REGISTER

Liebe – Protest – Phantasie

Kompromißlos und fordernd, absolut und knallbunt – das sind die Riesenweiber, die Nanas der Niki de Saint Phalle. Sie löste sich von allen gesellschaftlichen Zwängen, um bedingungslos Künstlerin zu werden. Die Kunsthistorikerin Monika Becker zeichnet ein einzigartiges Porträt dieser außergewöhnlichen Frau, deren Skulpturen die Welt erobert haben.

»Ein faszinierendes Lesestück«
Journal für die Frau

Monika Becker

»Starke Weiblichkeit entfesseln«
Niki de Saint Phalle

Die Biographie

ISBN-13: 978-3-548-60574-6
ISBN-10: 3-548-60574-5

List Taschenbuch

Das ungewöhnlichste Künstlerehepaar der Gegenwart

Spätestens seit der Reichstagsverhüllung und der Installation »The Wall« in Oberhausen haben Christo und Jeanne-Claude auch in Deutschland eine riesige Anhängerschaft. 15 Jahre lang recherchierte Burt Chernow für diese erste, autorisierte Biografie. Er führte Hunderte von Interviews mit dem Künstlerpaar, mit Freunden, Ausstellungsmachern und Sammlern. Herausgekommen ist nicht nur eine brillante Analyse des künstlerischen Werks, sondern auch eine leidenschaftliche Liebesgeschichte.

Burt Chernow

XTO + J-C

Christo und Jeanne-Claude
Eine Biografie
Mit zahlreichen Abbildungen

ISBN-13: 978-3-548-60158-8
ISBN-10: 3-548-60158-8

List Taschenbuch

»Eine persönliche Beichte, ein politisches Manifest«
Der Spiegel

Sie war ein republikanisches Goldwater Girl, engagierte sich dann in der Studentenbewegung und wechselte zu den Demokraten. Sie wurde Amerikas First Lady, galt als heimliche Präsidentin und ist heute Senatorin von New York. Immer wieder schlug sie selbstbewußt und unbeirrt neue Wege ein. In ihrer Ehe mit Bill Clinton durchlebte sie alle Höhen und Tiefen. Die Erinnerungen von Hillary Rodham Clinton – offen, ehrlich, packend, emotional.

»Lesenswert«
Süddeutsche Zeitung

Gelebte Geschichte
ISBN-13: 978-3-548-36703-3
ISBN-10: 3-548-36703-8

ULLSTEIN